舞台芸術

舞台芸術 VOL.24 Spring 2021
特集 言葉と音楽

表1写真／能『井筒』2020年2月11日(火·祝)京都芸術劇場 春秋座
Photo:INOUE Yoshikazu
表4写真／狂言『川上』2020年2月11日(火·祝)京都芸術劇場 春秋座
Photo:INOUE Yoshikazu

舞台芸術

舞台芸術 VOL.24 Spring 2021

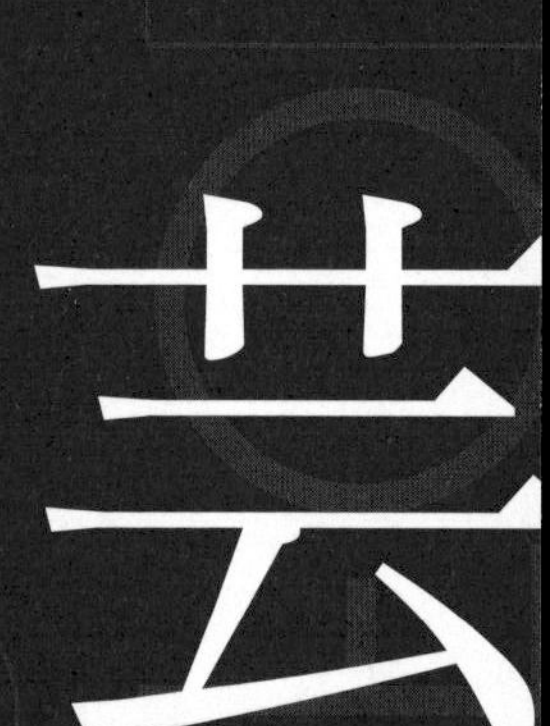

そして なるほど ここにいる
——二〇二〇年三月からの記録 8／31

山田せつ子

まさか、まったく、こうしたことが、あるのだな。

夏も終わり近くなって、空の青みは増し、蝉の声も鳴り響いている。

我が家の庭ではいつにも増して鬱蒼（うっそう）として、ムクゲの花が最後の息をしている。

家にいる時間は長く、たっぷりと膨らんだような空気に取り囲まれている。

この半年のことは、日本の何処かで、世界の何処かで起きる出来事に身を緊張させるのとは違う、不可思議な感覚の日々だ。そうした日々の小さな記録として。


コロナと呼ばれる新型感染症が姿を現し、感染者の増え続ける三月の半ば、日本女子体育大学の学生のダンス作品稽古が始まった。テキストも出来ていて本番は五月末を予定していた。突然の情報、マスク、アルコール消毒、換気、距離を取る、素朴にも感じるこうした事を成立させながら、一九名という人数での作品をこれからどうやってクリエーションしていくか。

ダンスのクリエーションはからだを見なければ出来ない。動かなければ出来ない。この基本的なことに大きな制約がかかる中で、大げさでなく、正体のわからない相手に取り囲まれ、目隠しされたまま歩こうとするようだった。

学生達は不安を抱きながらも健気に稽古に集中してくれたが、二週間後に公演は中止になり、稽古場は解散になった。

クルーズ船、感染者、医療現場、世界の感染状況、日々送り込まれる情報は嫌がおうでも受けなくてならない。私は昨年の暮れに足を痛め、すでにStayhomeには慣れていたせいか、家にいるのは苦痛ではない。しかし一歩家を出ると、からだが虚勢を張るのだ。見えない何か、コロナはもうウイルスの名前ではなくて人の名前のようだ。知り合いが感染して亡くなって、夢の出来事のように感じた。踊るからだは、確か意志的なはずではなかったかな。街の中で今まで知らなかった頼りない立ち方、腰をすえ開き直りたがっている私。浮いている。

　ネット上では、連日たくさんのダンサーが励まし合うように踊っている。

　見ているようで見ていない。次第に見なくなる。

東京で七月にダンサーとして参加する公演はどうなるのか。
年内、秋に予定している札幌、京都の二公演は出来るのだろうか。
取りあえず様子を見ましょう。様子を見る、どう様子を見るのか。
できるのか、できないのか、やるのか、やらないのか、
そう単純なものでもないだろう。

昨年に続いて、私がナビゲーターになって作品作りをすることになっている札幌は、在住ダンサーとの共同クリエーション、新しい参加者も加わって四月には稽古をスタートする予定だった。
四月はじめ、劇場も稽古場も閉鎖、私も行かれない。
この公演は北海道演劇財団の企画で、財団の方針で私達の方向も決まってくる。

　できなくなっても、予定した日々までやろうとしたことをやる、そう決めて、まずダンサーたちに連絡をする。落ち着いて考えましょうといいながら、私が一番うろたえていたのかな、と思う。

　からだは、それぞれの場所にある。インプットする楽しみを持ちませんか。

　自分が生活している場所、部屋の様子を言葉で記録してもらう。

　自分を取り囲む場について文字化してください。ただし、自分の感情や思いは書かないで、あまり短くなく、手が書くリズムを感じながら、書き直しもしないで、自動記述のように連続して手を動かして、手を止めないでください。

　送られてきた文章を読むと、それだけでも、それぞれのからだが見えた。

　次に、それを読み上げてください。何度も読んで、暗唱してください。

　ゆっくり、速く、色々な速度で淡々と読み上げてください。
朗読ではなくて、ただ文字を発語すると思ってください。
暗唱できるようになって暗唱している映像を送ってもらう。
言葉のリズム、呼吸が文字としてどう現れてくるか。
文字を声がどんなふうに送り出すか、そしてからだは声にどう応答するだろうか。こうして稽古を始めた。

　これはとても良かったと思っている。もし、いきなり、それぞれのダンスの映像をお互いに見ることから始めたら、私達はこのゆっくりとした不安な時間に耐えられず、焦り、形にすることに追われていたかもしれない。
五月、お互いの映像を共有し始めて、あらためて劇場、舞台という空間が遠くに見え始める、時々その距離が近くなり過ぎて、いや、こんな機会だからと気持ちをとどめて、仕切りなおす。手元から立ち上がる様子のひとつひとつに集中する。ダンサーは見て覚える、見て習うことに慣れている。そこから外れて、別の入り口から入っていくことを探すのは面白い。私のダンスはいつもこうしたことから始まっていたじゃないか。あらためて、思い出す。

　一方、七月の公演はいくつかの方法を模索しながらも、やはり稽古が出来ない以上、来年に延期しようということになった。

自分達の小さな決断の繋がりが、方向を出していく。幸いにも一方的に中止決定を受けたものはひとつもなかった。時間に触るように、互いにとって最も、いや、比較的良いであろう方向を見つけ出していく作業は、一緒に歩く人の揺らぎや戸惑いをじかに感じ、それ自体が、私達が今作るダンスの方向を示しているように思えた。このことは、私の日々の力を支えてくれた。


六月、緊急事態宣言は解除され、企画者である北海道演劇財団の稽古場が開いた。

公演は、無観客公演はしない、出来る限りの感染対策をして観客数を抑えて上演する方向が提案された。それは、嬉しいことだった。

しかし、全国的に劇場の感染対策が示され、見れば、これでダンス公演が出来るのだろうかと思えるものだった。踊れば息は上がる、小劇場の空間で昨年のように何人かで一緒に踊ることはとても難しいのではないか。

息を潜めたダンスを作ろうか。

ダンスがからだを使い、動き、人と接近し、遠ざかり、距離の変容を見つけ出し、時間の軸を遊ぶことをしないでどうやって作り出すことができるだろう。

静かに歩いたって、呼吸は深く強くなってしまうんだよ。

生身のからだとはそういうものなんだ。

何度も、みんながＰＣＲ検査をする予算なんてないんです。


更に知恵を絞って続けよう。面白いじゃないか。

Ｚｏｏｍでの稽古を始めた。オンラインで出来る事ってなんだろうか。

ダンサーから提案があった。

「同じ時間にオフラインで、他の人のからだを想像しながらそれぞれ稽古をしませんか。それが終わってからオンラインで話しましょう」

それぞれの体感を持って、パソコンやスマホの前に座って話し始める。

この間、他のＺｏｏｍ会議が何度もあり、画面の中には自分も含めた顔が檻に入ったように並んでいて、なんだか幽霊を見ているようだ、遺影のようね、いや、ボルタンスキーの写真みたいだなあ、などと思いながらいた。ごめんなさい。

ダンサー達は、あまり幽霊に見えない。そうか、からだの軸が正面切っていないからか。自分のからだの記憶を読み直しながら話そうとしているからか。

一緒にいたら、つい乗り出していくような時間にすっと無風状態が入る。この間は面白い。こんな時間が舞台にもあったらいいな。

それぞれから出されるアイデアに、ほほうと楽しむ。


それぞれのダンサーと一対一でのやり取りも始まっていて、一〇月末まで稽古は続く。同じ場所で、生身のからだを見合う時間が訪れるだろう。

この間、面白かったね、会ってしまったら面白くなくなったね、なんてことがないだろうね。クチャっとこの間のプロセスを端折って、まとめたりしないだろうね。この方法は、意外といくつもの可能性を開くかもしれない、いや、そうなるだろう。


時間を丁寧に食べるように暮らしていると、記憶がいくつも蘇る。

その時、自分のからだを観察する。

三・一一の直後から、夫が東北に何度も行っていた経緯で、私も陸前高田や、大船渡、大槌町、釜石に行った。初めて行ったのは、瓦礫と呼ぶ暮らしの残骸がすでに綺麗に積み上げられ、道がまるで自動車教習場のように整備されている頃だった。朝が明け始める前に、誰もいない町をひとりで歩くと、この世に居るように思えなかった。けれど、不遜だが、そこには形を変えた幾つもの「物」がまだあって私の想像を許してくれる場所だった。そこから、言葉も生まれてくる。

福島は違った。形もない、匂いもない、放射能に汚染され、生活自体が無に帰するしかない現実。放射線量という数字に制約される生活を想像することは、自分には途方もない力がいる気がした。多くの文章を読み、写真、映像記録を見たが、その分だけ失われた言葉の量が増えてゆく。眼球が揺れる。

日本のそこここにいる、メキシコにいる、インドにいる、サンフランシスコにいる、ポートランドにいる、パリにいる、ロンドンにいる、ソウルにいる親しい友人達の事を思う。

子供の頃は、幽霊が怖かったように得体のしれない不安というものを知っていたように思う。忘れていたんだな。今、人生の終わりに向かう時間の途中で、丸ごと投げ込まれた予想外の日々に学んでいると、素直に言える私がいる。

特集

言葉と音楽

——〈日本語〉を超えて

本号では、「言葉と音楽――〈日本語〉を超えて」を特集する。いうまでもなく、このテーマは、「舞台芸術」というジャンルにおいてきわめて広い射程をもっている。だが、アプローチの仕方によっては、興味深い批評的視点を構築できるのではないか。

ちなみに、「言葉と音楽」とは、二〇一九年に没後三〇年を迎えた劇作家サミュエル・ベケットが、一九六二年に発表した小さなラジオドラマの題名である。この作品では、「言葉」と「音楽」が、それぞれ登場人物として登場し、暴君めいた主人の勝手な要求にしたがって、どちらが主人の心をとらえるかをめぐってお互いに競い合う。興味深いのは、ここでは「言葉」と「音楽」が、否応なく相互批評の立場におかれているということだ。

「舞台芸術」というジャンルにおいて、「言葉」と「音楽」は、実のところ、たえずこのベケットの小品のような関係性にありつづけてきたといえるのではないか。たとえば、ベルトルト・ブレヒトの『三文オペラ』（一九二八年）においては、場面の節目ごとに、その都度唐突に挿入されるクルト・ヴァイル作曲のポピュラー・ソングが、言葉で書かれたドラマの流れをたえず異化する役割を担っていた。「言葉」と「音楽」の「あいだ」におけるこのような関係は、両者を同時に思考することができる「舞台芸術」という問いのなかでこそ、はじめて考察可能になるのである。文学史や音楽史を、それぞれ単独に考察しているだけでは見えてこない、舞台芸術史に固有の領域が、そこにはあるのだ。

「言葉」と「音楽」を、相互批評的な関係性において同時に考えること。このような視点は、今日の日本における演劇文化に対する批評的姿勢としても不可欠であるように思われる。それは、以下の2つの視点に要約できる。

（1）現代日本の演劇文化を考察する上で、「ミュージカル」をどのように批評的にとらえるかは、アクチュアルなテーマとして存在する。今日、日本の「ミュージカル」観劇人口は年間八〇〇万人を越え、宝塚歌劇のような伝統的なミュージカルだけなく、いわゆる「二・五次元ミュージカル」のような新たなコンテンツも生み出している。

ミュージカルは、いまや一九世紀におけるオペラのように、しかもオペラ以上の大衆的な拡がりにおいて享受されている。だが、ミュージカルをたんなる娯楽イベントとだけみなすことは、「音楽劇」全般が、本来持ちうるはずの批評性を見失わせてしまう。ブレヒトの音楽劇が、一九二〇年代のキャバレー文化とレコード文化を土壌に生まれたことに思いをはせるとき、「言葉と音楽」という問題系における「音楽」の批評性の手がかりを、現代に再生させる糸口はどこにあるのだろうか。

（2）同時にまた、「言葉と音楽」という視点は、劇言語としての近代日本語を再考する上でも有効に機能し得るのではないか。現代における「日本語演劇」のベースとなっている「近代日本語」は、明治期の言文一致運動を経て、古典日本語がもつ韻文性を排除し、散文の体系として成立した。新劇以後の日本の現代演劇は、おしなべて、近代日本語をベースとした「日本語演劇」として展開してきたのである。だが、今日、明治以来の日本の「近代」そのものが大きな転換期を迎えるなかで、近代日本語というコンセンサス自体もまた崩れ始めており、外国人労働者や留学生、観光客が話す「外国語としての日本語」にあふれた多文化的な時代を本格的に迎えつつある。

母語の外に出ること。作家・詩人の多和田葉子は、かつてそのことを「エクソフォニー」と名付けた。現代日本の演劇が、「近代日本語」という枠組みの外に出るには、どのような手段がありうるのか。エクソフォニックな舞台芸術への道筋を、「言葉と音楽」をてがかりに探ってみると、何が見えてくるのか。

この特集は、実はもともと前号（一二三号）のために準備が開始されていたが、諸事情により、それは先送りすることになった（たとえば、前号における市原佐都子氏の「音楽劇」の掲載は、当初、特集のひとつとして構想されていた）。しかし、その過程で思いがけず生じたコロナ禍は、「言葉」と「音楽」双方が当たり前のように立脚していた環境を大きく変化させてしまった。そのことは、ひとつひとつの論考や記事にも、たとえ間接的にであっても、何らかの形で反映されているだろう。

ただ、さらに一年間の準備期間をとれたことで、観世銕之丞氏、宮城能鳳氏という、伝統演劇を牽引する二人の偉大な舞台人へのインタビューも可能となった。いうまでもなく、「近代日本語」の枠組みから自由になるために、伝統演劇の「言葉」と「音楽」は大きな示唆を与えてくれる。

おそらく一冊の特集だけで、こうした問題系を隈なく探査することは難しいかもしれないが、ひとまずその一端だけでも示すことができれば幸いである。

（文責・森山直人）

インタビュー Interview

能を支えているもの——謡と囃子、間とリズム、そして掛け声——

観世銕之丞　聞き手：天野文雄

天野 今回で二四号になる『舞台芸術』では特集として「言葉と音楽」というテーマをかかげています。あらためてその趣旨を申しますと、現在、われわれが使っている日本語は近代になって生まれた言葉で、それで近代劇が上演されてきたわけです。しかし現代劇の時代となった現在は、そのような言葉では間に合わなくなってきている状況があるようで、私のような能の研究に携わっている者からみても、そうした状況を打開するために、言葉に頼らずパフォーマンスに向かう傾向が顕著になっているように思われます。テーマの「言葉と音楽」には、音楽がそういう状況を打開する一つのきっかけとなればという思いがあります。また、サブタイトルの「日本語を超えて」には、それにはまず足元の日本の舞台芸術から始める必要があるという意味をこめています。

私は現代劇の専門家ではありませんが、現在、いろいろな試みがなされている現代劇を観て思うのは、いまいいましたように、一言でいうとパフォーマンス中心という印象を強く受けます。これは戯曲という桎梏（しっこく）から脱しようとして始まった現代劇の流れと一体の現象でしょうが、とにかく言葉というものにあまり重きが置かれていません。ところが、同じ時代に上演されている能の場合は言葉がとても重要な位置を占めています。なによりも、能の言葉はたんにセリフというだけでなく、音楽と一体で、言葉＝音楽という関係にあります。世阿弥は「音曲は能の性根なり」と『申楽談儀（さるがくだんぎ）』でいっていますが、能の根底には音楽があって、能という演劇を支えている、いわば基礎中の基礎だということです。『風姿花伝（ふうしかでん）』にも、「音曲は体なり。風情は用なり」とあります。「体」は基本、「用」は応用の意で、「風情」は所作のことです。七〇〇年ほどの歴史がある能は現代においても、状況はかなり厳しいものがあるにせよ、それなりに興行として成り立っているといってよいと思いますが、それは能の言葉が音楽と一体だったことに多くを負っているのではないかと思うのです。もちろん、能が今日まで続いてきたのは音楽の力だけではないとは思いますが、究極的には、世阿弥もいっているように、音楽を基盤にした能の構造にあると思います。

こうしてみると、中世日本の詩的な言葉で構成されている能においては現代の演劇が直面しているような言葉の問題というのは、とうの昔に解決されているというか、そもそも問題にならなかったともいえます。もっとも、能の世界においても、現在はそういう能の構造についての関心はあまり強いとはいえず、現代劇と同じようにパフォーマンスに関心が向けられているように思われますが、本日は能における言葉と音楽の関係をいろいろな角度からお話しいただいて、能という演劇がいかに音楽と不可分につくられているかを考えてみたいと思っています。また、それがこれからの能や現代劇を考えるなんらかのヒントになればと考えています。

前置きが長くなりましたが、このたびの新型コロナウイルスの感染拡大では、銕仙会や青山能も休演せざるをえなかったようですね。

銕之丞　銕仙会は三月の例会まで上演させていただきまして、緊急事態宣言が明けた七月から予防対策をしながら再開させていただいております。公演再開当初は、なかなかおっかなびっくりで、なんとも恐る恐るでした。合間で稽古はしていたのですが、やはり集まっての稽古はいけないということで、それぞれで稽古をする形でやっておりました。

天野　客席はやはり半分にされたのですか。

銕之丞　市松模様のように、前後左右をひとつずつ開けてということです。

天野　銕仙会や青山能としては、いつもとはだいぶ異なる見所（けんしょ）風景だと思いますが、演者の方には違和感はありませんか。

銕之丞　満席ではないので物足りない感じはしますが（笑）、それは仕方がないことですから。ただ、お客様の人数は少なくても、このコロナ禍の中でも来てくださっている方々なので非常に熱心に観てくださって。その分、張り合いにさせていただいております。

天野　私も三月末に予定されていた国立能楽堂の特別企画公演が無観客の映像撮影に切り替えられて、まる三日、能楽堂に詰めていたのですが、そのさなか、企画制作課の担当者から、「長いこと能を観ていないので、能に飢えている」という愛好者の声がいくつも届いていると聞きました。どの分野でもそうなのだと思います。

杉本博司演出、パリ・オペラ座『鷹の井戸』

天野　ところで、昨年の秋、パリのオペラ座でウィリアム・バトラー・イェイツ原作の『鷹の井戸』を杉本博司さんの演出で上演され、銕之丞さんも出演されていますね（二〇一九年九月二二日〜一〇月一五日）（註1）。そのレビューを本誌の編集委員をお願いしている小崎哲哉さんが『婦人画報』に寄せているのですが、その小崎さんから、銕之丞さんが終演後に池田亮司さんの音楽と能役者の身体との関係についてたいへん興味深い話をされていたと聞きました。これはどういうお話だったのでしょうか。

銕之丞　池田さんがおつくりになられた音楽は説明的、状況的な音楽ではなくて、ヘルツ音のようなものの集合体とリズムでした。能は情緒的な文句を支えに動いていく質（たち）なので、これで何ができるのかなと最初は正直、すごく不安なことがたくさんありました。

ですが『鷹の井戸』という題材を説明的ではなくて状況——つまり絶海の孤島で起きるそれぞれの人生の交差点というドラマに仕立てていくために、自分の中にあるリズムと舞台上で聴こえてくる音を、融合させながらやっていくというふうに考えました。

これは杉本さんのアイディアなのか、池田さんのアイディアなのかわからないのですが、大鼓の亀井広忠君に張盤（はりばん）・張扇（はりおうぎ）でいくつか音を出してもらったものを録音し、それを池田さんが

天野文雄氏

観世銕之丞氏

不定期的といえば不定期にパン、パパンッと入れてくれたので、それを頼りにやっていきました。そういうことも頼りにといいますか、それを頼りにやっていきました。

ですが、僕の中では今まで演じたときの地謡ですとか、囃子の具合を頭の中でイメージしつつ実際の音を聴いて「あと何秒ぐらいだな」とか、「この辺で、ベルの音がするな」と構成していきました。

天野　普段、馴染んでいる能の謡と、池田さんの電子音楽との違いがあったということですか。

銕之丞　結果的には、そこにはあまり違いはありませんでした。普段の舞台でも自分がお稽古してきた謡と、舞台上で聴こえる謡や囃子を頭の中で混ぜながら、自分のタイミングと囃子方、地謡方のタイミングを同調させながらやっていくわけですから、作業としてはそんなに異質なものではなかったかと思います。

結局、能というのは囃子方と地謡方、演じ手どちらかだけでも成り立たないものなのです。自分だけ、唯我独尊で演じてもそのときの雰囲気やお客様の観ておられるものと合いませんし、逆に音楽に関しても貴方任せでやりますと、空虚なものに音楽が付くようになってしまいます。ですからいつも内側と外側、いろいろなものを合わせながらやっているので、共同作業として違いはありませんでした。

天野　なるほど。私はかなり異質なものとお感じになったのかと受け取ったのですが、必ずしもそうではなかったのですね。

銕之丞　最初、音楽を聴いたときはびっくりしましたけれど（笑）。

天野　そういう体験もされたわけですね。銕之丞さんは老人を演じられたそうですが、老人の登場は最後の方ですね。

銕之丞　そうですね。杉本さんの構成だと最後に英雄クー・フーリンが眠りこけていると、老人がふーっと立っている、と。

天野　そこで謡も謡われた。

銕之丞　『鷹の井戸』の改作の改作である『鷹姫』の後の出の謡をひとかたまり謡わせていただきました。最初は謡う予定ではなかったのですが、音楽だけでは物足りないものを感じて、稽古の段階で「一度、やってみます」と謡いましたら、杉本さんが「それはいいですね」となりまして。

天野　能の場合、シテでもワキでも音楽なしで登場することは、ほとんどないですよね。今回は池田さんの音楽があったわけですが、最初は謡がない形だったのを、急遽変えられた。

銕之丞　実際に舞台で装束を付けたり、面を付けてやってみますと、舞台の真ん中に出てくるまでに何秒、姿が見えてくるまでに何秒かかるということがわかって、机上のプランと狂ってきます。それを稽古の段階で調整するということになります。

天野　私は小崎さんの話を、池田さんの音楽にリズムのようなものが希薄だったので、銕之丞さんが工夫をしたと思っていたのですが、そうではなかった。

銕之丞　リズムボックスで舞を舞うみたいなところもありましたが、能の動き自体がビートにのってというわけではないので、鮮度みたいなものを大切にしながら、僕の感性と池田さんの音楽とをどこかで引き合わせられたらという計算です。リズムが取れないといえば取れないのですが、カウントをしない、カウントだけで舞わないということです。カウントでやってしまうと空虚なものになってしまいますから。拍子を踏むところなどはカウントしますが、摺り足でいくところは割と大雑把にスッスッと行くと。

天野　その辺が能の音楽性と現代の音楽との違いというところかもしれませんね。

『鷹の井戸』はいまから一〇〇年ほど前にイェイツが書いて、一九一六年にロンドンで初演されましたが、日本ではあまり上演される機会がなかったようですね。それを能にしたのが『鷹の泉』（一九四九年初演）。さらにそれを崩すといいますか、『鷹の泉』があまりにも能そのものだったので、少し能から離れた形にしたのが『鷹姫』（一九六七年初演）ですね。どちらも横道萬里雄先生のお仕事です。銕之丞さんは『鷹姫』は何度もおやりになっていますが、『鷹の泉』はいかがですか。

銕之丞　榮夫伯父（観世榮夫）がアイルランドで上演いたしましたときに、クー・フーリンをさせていただきました。

天野　三作とも構成や演出はだいぶ違うと思い

ますが、これですべて上演されたわけですね。

銕之丞　されているというほど精緻な仕事をしているわけではないですが、出演はしました（笑）。

節と文句

天野　『鷹の泉』と『鷹姫』は、能の音楽構造については玄人以上に精通しておられた横道先生の作ですが、それでも通常の能とは音楽面の違いがあるのではないかと思います。実際に演じられて、違和感など、お感じになられていることがありましたらお話しいただきたいのですが。

銕之丞　子供のときから観ていますので違和感などを感じたことはないのですが、ただ横道先生がおつくりになられるとき、先々代の金春惣右衛門先生によく相談されていたので、いろいろとお考えになっておつくりになられたんだろうと思います。寿夫伯父（観世寿夫）も「ここにはこんな手を入れたらいいだろう」と面白い囃子のエッセンスをいろいろと提案し組み込んでいったんだろうと思います。

天野　それは『鷹の泉』ですか。

銕之丞　『鷹姫』です。『鷹の泉』はおそらく通常の手組みを使っているところが多いと思います。

天野　『鷹の泉』にしても『鷹姫』にしても文句は横道先生がおつくりになっているのですね。

銕之丞　そうですね。『鷹の泉』を元にして『鷹姫』は書き換えられていると思います。

天野　私などはその文句と節の関係が気になります。というのも、世阿弥の芸論をみると、たとえば、能のつくり方を説いた『三道』では、開始直後の「次第」という節で始まる冒頭の「序」は七、八句、次の「破」は「一声」という節で三句ほど、「サシ」という節で一〇句ほどと、能の構成を節を基準に説いています。また、一句は基本的に七五からなるとも書いています。ここから、詞章を書いたあとに節をつけるという手順ではなく、詞章と節を同時につくっていることがわかります。現在はそんな能力をもった人はいませんから、新作能をつくるときには、詞章は作家などの知識人、作曲は能役者が担当するのがふつうですね。

銕之丞　そうですね。文章を考えながら節まで考えるというのは、なかなか想像がつかないですが、横道先生は文章をお考えになるとき、案曲といって節回しも一緒にお考えになられたようですし、囃子も「こんな手がくると望ましい」と手組みも同時に決めておられるときが多いですね。

天野　さすがですね。ただ、詞章と節を同時に考えるという点では世阿弥と同じですが、横道先生は何といっても現代人ですから、古語よりも現代語に馴染んでいるわけです。そういう人がつくる文句と節の関係は、世阿弥などとは違っているのではないかと思うのです。同じことは一八世紀の観世大夫だった元章がつくった『梅』にもいえるのではないかと思うのですが、銕之丞さんは『梅』はされたことはありますか。

銕之丞　うちではほとんど出たことがありませんで、私は仕舞も舞ったことがありません。

天野　それは意外ですが、観世流全体としてはどうですか。

銕之丞　『梅』は記念の曲ですので、ご宗家の方はよくお出しになっておられますし、ご宗家のお弟子の方たちはよくなさると思いますけれども、私の方は単純にいうと苦手と申しますか（笑）。『梅』と聞くと、これはちょっとお断りします。

天野　そうすると銕之丞家では素人に教える場合、『梅』という選択肢はないのですね。

銕之丞　そうですね。親父が謡っているのも聞いたことがありませんので。お弟子さんでも教えてほしいとおっしゃられる方がおられますが、「うちではもう伝承が切れておりますので、わかりませんので」とお伝えします。ただ六世銕之丞（華雪）の**付ケ**がございますが、父が舞っているのは観ていませんので。

天野　『梅』は国学者の詞章に元章が節をつけているのですが、なんかゴツゴツしていて、謡いにくいということを、玄人からも愛好者からも聞いています。私も観たことがないので、今日はそのことについてもぜひ伺いたいと思っていたのですが。

銕之丞　その話になると逃げます（笑）。

天野　同じ観世流でも家によって違うということ

とですね。それはそれでたいへん面白いお話で、勉強になりました。

　銕之丞さんは新作能にお出になることが多いと思いますが、これまでに関わられた新作能を思いつくままに挙げますと、たとえば『道真』（二〇〇二年、国立能楽堂、太宰府天満宮の菅原道真生誕千百年祭にて上演）があります。こちらはどなたの作でしたか。

銕之丞　高瀬千図さんとおっしゃられる作家の方です。『道真』という本をお出しになられて、その中のエピソードをいくつかまとめて能にされました。

　道真の能としては、ご存じの通り『雷電』というのがございます。こちらは完全に祟り神として描かれていますが、『道真』はそうではなく、人間性のある道真に焦点を当てた作品でしたので、道真さんの記念にやったらどうだろうということで、私も参加してつくらせていただきました。

天野　高瀬さんがテキストをつくられて、銕之丞さんが節を付けられたと思いますが、『道真』の場合、この文句はちょっと具合が悪いというような部分もあったのではないですか。

銕之丞　ありましたね。最初に出てきた文章をそのままやると四時間はかかるなと（笑）。**登場楽**や舞の時間を加えると、どんどん長くなるので、いろいろと匂わせるだけで説明などはせず、話を短かくしてしまいましたから、作者の方は、だいぶ不機嫌そうなお顔でしたけれど（笑）。一時間三〇分ぐらいの作品にまとめるために、かなりハサミを入れました。

天野　上演時間としてはちょうどよい長さですね。

銕之丞　だいたい、観やすい時間にしないとお客様も飽きてしまいますので。

天野　新作能を演者以外の方がつくる場合、たとえば登場楽が必要だということなどは意識していないために長くなる。私なども、そういうことに無頓着なほうですが。

銕之丞　そうですね（笑）。いきなり出てくると思っておられるのではないでしょうか。

天野　音楽が担っているのは、登場場面だけではありませんが、『道真』は何回くらい上演されましたか。

銕之丞　多分、三回ぐらいでしょうか。

天野　それからショパンや漱石の『草枕』を題材にしたものがありますね。あれはどなたの作でしたか。

銕之丞　ショパンは『調律師――ショパンの能』ですね。あれはヤドヴィガ・ロドヴィッ

【梅】　江戸時代の作なので、節の扱いや文句が室町時代の能とはかなり異なっている。
付ケ　演技や装束についての書き付け。
登場楽　演者が登場するときに演奏する囃子。

『調律師』　ワルシャワ市内聖十字架教会にて

『道真』　九世観世銕之丞（写真:駒井壯介）

チ・チェホフスカさんという元駐日ポーランド大使がお書きになられました。若いころに能を勉強してらして、自国の大音楽家フレデリック・ショパンの生誕二百年記念祭にお書きになられたものを上演させていただきました。

天野　日本語で書かれたのですか。

銕之丞　最初は英語でお書きになって、それを日本語に直して。それでもやはり長かったので直してと、やりとりに二年ぐらいかかりました。そしてポーランドの詩などを訳しておられる関口時正さん（ポーランド文学・文化論、比較文学。東京外国語大学名誉教授）に文語らしい言葉に訳していただき、それから能本づくりになりました。

天野　英語から日本語、その長い日本語を文語に、それを謡に合うようにした。

銕之丞　二段階、三段階とやりました。やはり英訳から直したときは現代語で訳されていますので、それを謡のような格調ある文語体に直さないといけないわけです。

天野　漱石の『草枕』もおやりになっていますね。

銕之丞　はい。法政大学の方からご依頼があって出させていただきましたが（二〇〇二年）、これは浅見真州（観世流シテ方）さんがおつくりになっています。

天野　こちらは、そんなに手直しをせずに上演されたのですか。

銕之丞　僕の役のところはすでに原作に載っているような文章でしたので、なるべく崩さないように謡っていくだけでしたので。

天野　歌舞伎などもそうらしいのですが、新作能の台本を文化人などがつくる場合、どうも長くなる傾向があるようですね。また、能は詩劇ですから、表現が切り詰められていますが、新作能はどうしても説明的になってしまう。それで長くなる。

銕之丞　やはり能の謡や言葉は、発するのに時間がかかります。ゆっくりなんですね。同じ時間でも普通のお芝居の三分の一ぐらいの量しかしゃべることができないのです。

天野　『井筒』などは素読なら二〇分くらいしかかかりませんしね。

銕之丞　そうでしょうね。

天野　それが上演となると二時間近くかかるわけですからね。最近は能を現代語でという声も聞きますし、梅原猛さんの『世阿弥』のように、実際に現代の言葉で上演された新作能もありますが、現代語による能の上演についてはどう思われますか。

銕之丞　ものにもよるのでしょうけれど。よく考えないとその辺はわからないところがありますね。

天野　梅原版の『世阿弥』については、能はむずかしいと思っていたが、よくわかって面白かったという感想を少なからず聞きました。その気持ちはよくわかるし、それだけ能はむずかしいと思われていることも、それでわかったのですが、能にかぎらず、芸術には、わからないけれど、いろいろ考えさせられて面白かった、ということがあります。現代はわかりやすさが求められている時代なのですね。

声を出すこと

天野　ここからは、能という演劇がいかに音楽を基盤としているかについて、いろいろな角度から伺いたいと思います。まずは稽古始めについてです。世阿弥は稽古始めは七歳からといっています。これは数えで、満なら六歳ですが、現在はどうですか。

銕之丞　四つぐらいからやってしまいますね。

天野　ご自身は何歳から始められましたか。

銕之丞　三つ、四つかと思います。

天野　早いのですね。ご子息の淳夫さんは。

銕之丞　淳夫もそのようなものだと思います。子供のころの稽古というのはオウム返しをしながら、声を思い切り出す。例えばセミが鳴くようにとか犬が吠えるように、猫が鳴くようにでもいいですが、本能として声を出すことを覚え込ませます。そういう稽古なので何歳からやってもいいのですが、逆に七歳ぐらいになってしまいますと、知恵がつきますから簡単に物マネができます。しかしそうではなくて声というのは思い切り出さなくてはいけないんだ、というのを潜在意識に植え付けることが役者の始まりですね。

型ということでいえば動かない、ぐにゃぐ

にゃしない、顔を掻いてはいけない、手が痛くても下ろしてはいけないなどですね。一生懸命やるのが舞台ではあたりまえということを植え付けておいてから、いろいろなことをさせるのが稽古始めだと思います。

天野　大きい声をというときには、謡の一節を歌わせるわけですか。

銕之丞　そうですね。割合と多いのは『老松』の**キリ**ですね。「齢を授くる、この君の、行く末守れと、わが神託の、告げを知らする……」というのをやらせて、そこの仕舞をやるのがほとんどだと思います。それから『猩々』のキリとか短い仕舞を多くやりますね。

天野　キリが選ばれる理由は何ですか。

銕之丞　動きが多いということと比較的短いことです。やはり**クセ**ですと、この文句まで動いちゃダメとか、この謡の文句までは**角**にいなくてはいけない、この節になるところで手を動かさなくてはいけないなど、ある程度、耳で文句が聞き取れるようにならない限りできませんから。最初はとにかく覚えていることをザーッとやる。地謡もその動きに合わせて謡います。

　曲の位に合わせるのではなく、最初は子供の動きたいように合わせていく。それで一生懸命やらせる。少しずつ文句が聞こえてくるようになると、ここはゆっくりとやる、などを教えます。

天野　ここはゆっくりやるというのがわかるようになるまでには、どのくらいかかりますか。

銕之丞　その子にもよりますが、何年やってもわからないものはわからないですね。ただ、それがだめというわけでなく、あるとき、突然いろいろなことがわかったりすることもあります。要領がよくてすぐにわかる子もいますが、それがいいというわけでもありません。

天野　『老松』のキリの謡と所作は一緒に教えるのですか。

銕之丞　僕はそういうふうにしています。これがけっこう、しんどいんです（笑）。子供の高いキーに合わせるので、こちらは一〇分ぐらい謡うと息切れで頭が真っ白になります。だからあまり年を取ってから子供に教えるのはいけませんね。

天野　今のお話を伺うと、世阿弥が稽古始めについていっていることが、だいたい現在でもそのまま継承されているということになりますね。教えるのは「音曲、はたらき、舞」のほかはさせてはならない、細かいことはいわないで、子供のやりたいようにさせる、そこから始まるのですね。やがてこれが「舞歌二曲」へと整理されることになるのですが、ここにはまだ仕草のことらしい「はたらき」が入っています。「音曲」が最初にきているのが注意されます。

銕之丞　舞台に反応できる体をつくっていく。とにかく一生懸命やる、動かない、がまんすることをつくっておく。これをあとから理屈で教えるとたいへんなんです。その部分が大人になってから稽古された方と大きく違いますね。最初に体で反応できる下地をつくっておくということではなかろうかと思います。

天野　その中心の一つが声、謡ですね。

銕之丞　そうですね。

天野　ところで能には「一曲」というい方と「一番」というい方がありますが、玄人のあいだでは、どちらが多いですか。

銕之丞　「一番」の方が多いでしょうか。

天野　そうですか、私などは「一曲」のほうが多いと思っていました。私の周囲でも「一曲」という人が多いように思っていましたが、能界では「番」ですか。

銕之丞　もちろん「曲」も使います。

天野　「曲」が多いのは能の音楽性を示す一例になるかと思っていたのですが、かならずしもそうではないのですね。そういえば、世阿弥の芸論では「曲」ではなく、ほとんど「番」ですから、「曲」が増えたのは比較的最近なのかもしれません。

キリ　能一曲の最後の部分。

クセ　能一曲の中心に置かれる節。能の先行芸能の曲舞（クセマイ）の節を取り入れたもの。

角　舞台に向かって左手前の角、目付柱の近く。

謡の重要性

天野　ところでシテ方は謡はもちろんですが、囃子も習いますね。

銕之丞　だいたい**四拍子**は習いますね。笛などは途中でできなくなって、唱歌だけということもありますけれど。

天野　得手不得手はあっても、ある程度、知っていないとまずいものなのですね。

銕之丞　それはもう、まずいです。できれば「この手をこういうふうにして、ここで組み込んだ方がいいでしょう」と、囃子方にいえた方が具体的なアドバイスになりますし、四拍子が強い人と弱い人では、周囲の役者の信頼度はまったく違ってきます。

天野　信頼度ですね。習う期間や習い始める時期はあるのですか。

銕之丞　「年来稽古条々」（『風姿花伝』）ではないですが、中学生になるぐらいですかね。声変わりの時期は、大人の稽古をしても声が定まらないし、急に背が伸びて体のバランスが悪くて役がつけられないですし、地謡に出ても調子はずれな声になるので、後見などに付きます。ですが成長痛で膝や足首が痛くて座っていられず、いちばんやっかいなときです。そのときに囃子の稽古をするのがいいということで順番は人それぞれ違いますが、太鼓、大鼓、小鼓、笛と習います。いちばん、楽に音が出るのは太鼓なので、太鼓から始められる方が多いです。もちろん笛から始める人もいます。

天野　いつまで稽古するのですか。

銕之丞　全部、マスターすると、「もう、おまえはいいから」といわれますが、僕は出来が悪かったので、つい最近まで行っていました。あまり行くと、お稽古場でイヤな顔をされるので、最近は行っていませんが、三〇代ぐらいまでは行っていました。ただ、一八、二〇歳ぐらいになると地謡に付きはじめ、関連するお稽古が増えるので通えなくなります。それでお素人の稽古の間に「すみません」と入れていただくのですが、それも通えなくなってきて、できあがっていないけれど終わりということになるのです。

天野　だいたい、一〇年ぐらいという感じですね。

銕之丞　その間にマスターできたらいいのですが、なかなかそうはいかないですね。

天野　銕之丞さんがお得意なのは何ですか。

銕之丞　僕は間が悪い男なので、全部不得手です（笑）。

天野　**乱能**のときはどうされるのですか。

銕之丞　僕は狂言ですね。

天野　狂言も習われたのですか。

銕之丞　習っていないです。

天野　習わなくてもできる。

銕之丞　できるなんていったら狂言方にブン殴られますが（笑）、ようするに真似事ですね。謡や型はある程度共通していますから。能の中で間狂言と掛け合いすることがあり、抑揚などは聞いていますから、それを真似するのですね。

天野　囃子方は謡のお稽古をするのですか。

銕之丞　はい。必ずします。謡ができなかったらまったく稽古はできませんから。

天野　そのようですね。その期間はシテ方の四拍子の稽古よりも長いのですか。

銕之丞　だいたい、一〇年間ぐらいが多いですね。その上で「『姨捨』が付きましたので、お稽古してください」と個別で稽古をすることはありますね。ある程度、型がわかれば、あとは謡本と舞台を観れば、だいたいわかりますから。

天野　私はこれまで大槻文藏さんと復曲に関わることが多かったのですが、あるとき、囃子方から「まだ覚えていないんですよ」といわれて何かと思ったら謡のことなのですね。謡もちゃんと覚えておられるんですね。

銕之丞　それはそうですよ（笑）。謡がわからなければ、どうやって打つかがわからないので。

天野　基本的な質問をしてしまいました。お恥ずかしい（笑）。しかし、復曲に出演する囃子方は、謡を謡わないのにたいへんですね。狂言は謡や四拍子の稽古はしないのですか。

銕之丞　必要に応じてお稽古します。**小謡**もありますから。狂言は狂言の節のかかりがありますし、共有しているものもたくさんありますが、狂言の謡は和泉流、大蔵流で節が違います。『鷹姫』などには部分的に狂言謡が出てきます。「乙女は……」というところですね。そういったところなどは狂言方から習いました。

天野　乱能は大槻能楽堂で二、三回観たことがあるのですが、そのときはいつも梅若玄祥さんが小鼓で、大鼓が大槻文藏さんだったのですね。あのお二人は小鼓と大鼓が得意なのかなと思いましたが。

鍈之丞　玄祥先生は鼓がとても得意で、また、文藏先生も斎田さんといって葛野流の大鼓を習得しておられます。

天野　大槻さんとは普段、そういう話はしませんので知りませんでした。鍈之丞さんの四拍子の先生はどなたですか。

鍈之丞　笛は一噌幸政先生、小鼓が大倉長十郎先生（大倉流小鼓方十五世宗家）、大鼓は柿原崇志先生、太鼓は観世元信先生（観世流太鼓方十六世宗家）です。

天野　なるほど、能界では本当に「先生」である場合が多いのですね。

　何で読んだか、今回は確認できなかったのですが、堂本正樹さんがお書きになった文章でしょうか。寿夫さんが鼓の幸祥光（幸流小鼓方十六世宗家）と共演したあと、「全然、舞わせてもらえなかった」という感想を漏らしたというエピソードを読んだ記憶があるのですが、ご存じですか。

鍈之丞　それは知りませんが、お二人方とも天才ですので、とてもハイレベルなお話だろうと思います。主導権をお互い絶対に譲らなかった話じゃないのかと想像します。

天野　主導権ですか。それはレベルの違いはあれ、どの舞台にもあるわけですよね。

鍈之丞　いや、そこまでできるのはやはり、お二方の力量が並大抵じゃないからで、僕らは絶対にありえないです（笑）。

天野　それに近い体験はあるのではないですか。

鍈之丞　亀井忠雄先生には、しょっちゅう付いていく感じになりますので。

天野　なるほど。付いていく。

鍈之丞　ただ必ず、そういった教育的指導ばかりではないですし、こちらがミスをしなければ謡いたいように打っていただくこともあります。その時々ですね。ただ感覚的な問題なので誤解をされるとまずいのですが、先ほどのお話は決して我を張られているのではなくて、それぞれの方がその曲に対する位などをもっておられ、その通りに舞台で演奏されるのを、舞い手や地謡方が細かく調整していくのですが、それがうまくいったか、いかなかったか。それを潔しとするか、ちょっと具合が悪いなと思うときがあったかということだけで、お客様が観ていて違和感のある舞台だったということでは、必ずしもないと思います。

天野　ほとんどの観客には、寿夫さんが漏らしたようなことはわからなかったのでしょうね。幸祥光は寿夫さんとの対談で、「観客はなかなか囃子に注目してくれない」というようなことをおっしゃっていました。その一方で、あの方は悟朗という名前なのですが、ある人から「悟朗さんは偉いね、ちゃんと付き合って」といわれたとも述べています。シテ方にいいたいこともあるけれど、シテに合わせていたということだと思うんですね。そういうことがあるのですね。

鍈之丞　それがどういう状況かわかりませんが、お客様はシテ方がいる物語を中心に据えてご覧になるので、いちおう舞台上ではシテにゆだねるという大原則があります。このエピソードがどのような状況か推測できませんが、そこは難しい問題です。幸先生はとにかく、どんな謡であろうと自分の位を守れるだけの力量、技術をもっておられましたから。

天野　幸祥光という人が天才だというのは、どういうところなのでしょうか。

鍈之丞　単純に演奏を聴くだけでもわかります。掛け声の華やかさとか、声の出始めと切れるところですとか、いかにも音楽としての構成力がしっかりしておられるのです。

掛け声のことなど

四拍子　笛、小鼓、大鼓、太鼓の総称。

乱能　慶事など特別な折に、シテ方・ワキ方・囃子方・狂言方など、出演者全員が専門外の役を担当する遊興的な催し。

小謡　能一曲中の一節を謡として謡うもの。小謡として独立しているものもある。

天野　その声の出始めというのは。

銕之丞　掛け声のことです。

天野　掛け声には、どのような機能があるとお考えですか。

銕之丞　私は囃子のプロではありませんが、ようするに打楽器ですから、音を出しているとき以外は空白なわけです。その次の手までの間を埋めるのが掛け声です。どういう風に打っていくのかが、掛け声でわかりまして、舞台で謡いながら掛け声を聴くことで、リズムが整っていく。それに合わせてリズムを調整していく。また、大鼓と太鼓、小鼓とのコミュニケーションをとったり、笛にここで吹き出しだよ、これぐらいのテンポでやってくれよというサインを出したり、謡にアクセントを付けるとかですね。

　印象的なものでいうと『井筒』の井戸のところで謡が「業平（なりひら）の面影」と謡ったところでチョン（大鼓の音）と入れ、ヤァー（掛け声）と入り、謡が「見ればなつかしや」と続くと。それは、チョン、ヤァーという掛け声の中に、曲の想いや過ぎ去っていった時間、紀有常（きのありつね）娘の想い、業平の想い、舞い手の想いを代表して掛け声をかけてくださるわけですね。

天野　なるほど。

銕之丞　そういったことが、なんともいえない空間をつくるわけです。

天野　一方で、囃子が大きすぎて、シテの声が聞こえないということもありますね。

銕之丞　どうしても謡い手にも大きい声の人と、小さい声の人がいますからね。囃子方も同じように子供のころ、思いきり声を出せということで習っていますから、わざと力を抜くと調整がきかなくなることはありますので、難しいのですが。それでも単純に小さくすればいいかということにはならないですね。

天野　そうでしょうね。

銕之丞　ただ、敏感な人、気を付けられる方だと、ここでは謡が聞こえないとまずいと思われるときに、ある程度声を絞られますね。でもそれは誰にもできる技術ではないです。

天野　やはりシテの謡がかき消されてしまうのはまずいなと思うことはあるのですが、そういうふうに囃子方も稽古してきたわけですね。

謡と仕舞

天野　素人の話になりますが、素人は謡だけでなく仕舞もお稽古するケースがありますね。その場合、素人には仕舞の方が人気があるように思います。しかし玄人の方は謡の方が難しいとおっしゃる。仕舞と謡は能の基本で、世阿弥の用語でいえば「舞歌二曲」となりますが、両者の難易についてはどうお考えですか。

銕之丞　お素人の中には座るのが嫌といわれ、仕舞だけをされる方もいますし、その逆もあります。

　ですが、仕舞だけ習っていても結果的には間、間に謡が入りますし、地謡がどういう構成になっているのか気になって、あとから謡を習われる方もいらっしゃいますね。また、囃子がどういうふうに構成されているかも知りたくなって、笛や太鼓、鼓などを習われる方もいます。ですから能は総合演劇だと思います。

天野　ある程度、形になるのは、仕舞の方が早いといえますか。

銕之丞　手順を覚えるだけなら早いですが、先ほどの子供の話ではないですが、この文句では動いてはいけない、この地謡をきっかけにする、足拍子をどの**コミ**で、つまりどのタイミングをとって足を上げたらいいのかは、やはり謡を稽古しないとできないですね。

　でも謡を稽古しているからすぐにできるものではなくて、間（ま）に合った舞台は難しく、特に音楽的なものもある程度感じて構成していかないと、静かな曲などの動きはできないわけです。ここで三足出て差し込み開きをして左右をして、という手順だけをやっていてもだんだん虚しくなってきてしまいます。ですから、たぶんベテランになってくるほど謡をなさりたくなると思います。そして仕舞をされていると「序之舞」を舞ってみたい、「楽（がく）」を舞ってみたいという欲が出てきますので、囃子を習ったりとだんだん総合的になってくるのだと思います。ただ、それにはお金と時間がかかるので、そこまでお稽古しようという人がなかなかいらっしゃいませんが。ですが、やはり装束を付けて能を舞うのがいちばん面白いのだと思います。

天野　昔はそういうパトロンのような方が、お弟子さんにたくさんいたわけですが、今でもまったくいないわけではないですよね。

銕之丞　そうですね。ですが、それほどのめり込まれる方は少なくなりました。

天野　かつて場合によっては素人の方が玄人より技量が上というケースがなくはなかったと思うのですが。

銕之丞　「はい、そうですね」とはいえませんが（笑）。お素人でお好きな方は、どんどんお金を出して曲をお稽古されていかれますので、玄人よりキャリアが深い方がおられた時代がありましたね。

　ですが、能というのは、技術だけではないんですね。親父なんかよく「息がちゃんと詰んでないと謡というのは面白くない」といっていました。そういう息の詰め方に、さまざまなリアリティが含まれてくるわけです。お素人でも人生経験を積まれている方は、息の詰み方が謡に影響してきて、「あぁ、この人の能はすごいな」と思うわけです。ただ声が出るとか、間がいいとかではなく、そういうなんともいえない説得力が、やはり重要であると思います。

　それがどこから生まれてきたかはわかりにくいのですが『翁』のような祈りの曲、人を弔う、神に祈願をするというようなものでしょうか。最初に子供にワッと声を出させるのは、そういう祈り、息につながっていく声の出し方が基本にあるのだと思います。そこから旋律を歌いこなす、リズムをこなしていく段階になる。その両方が合わさっていないと、演劇としての面白さは出てこないだろうと思います。そういう祈りの息のようなものは、無意識の中でつくられるところがあり、それができて初めて謡は面白いのであって、いきなりカラオケ的にやってしまうとだめです。

　親父は桐朋短期大学の演劇科で新劇の役者（学生）に教えていたとき、「おまえらね、悲しいときに悲しそうな声を出して、悲しそうな顔をして芝居するなんて表現は能では成り立たないのだから、もっと深い所の息をつくることが勉強なのだから、よく謡を勉強しないと能とか芝居はできないよ！」といいながら、僕らなんかには「能の勉強を熱心にした学生は芝居が下手になるね」といっていたことがありました（笑）。だから結局、話すテクニックと、格調をつくった謡を技術的に接続させるのはたいへんな努力と工夫が必要です。あるいは優れた演出家が引っ張っていかれたらできるのかもしれませんが、難しいです。

天野　やはり現代劇と能では、表現の仕方が根本的に違うのですね。乱暴ですが、感情移入があるのが現代劇。もっとも最近の現代劇はそうではないのかもしれませんが。能ではストレートな感情移入は求められていませんから。

地謡と地頭

天野　戦後間もなくのころには、民芸など新劇の俳優が狂言を習うことがあったようですが、今はどうですか。

銕之丞　やっておられる方もいますが、すぐには役にたちませんね。やはり能も狂言も演劇の深い部分の一つをもっています。表現的なテクニックをハウ・ツウ的に勉強しても演劇としての深い味わいみたいなものはわからないので、何の役にもたたないですね。

天野　能の強みは深さですね。意味の深さといってもいい。能でしか感じられないもの、それが深さだと思います。以前、銕之丞さんが『能楽タイムズ』でワキ方の森常好さんと対談されたとき、森さんが「謡は難しい」という発言をされ、銕之丞さんもそれに同意していました。ワキ方もそう思っているのですね。銕之丞さんは同じ『能楽タイムズ』での西野春雄さんとの対談で、これからは謡のもっている意味、価値を見直さないといけないとも語っていらっしゃいますね。

銕之丞　実演者にとって命脈となる謡をきちんと謡いこなしていないといろいろなことが成り立っていかないですね。そうでないと曲の総合的な理解、構成のようなものもわかりません。

　僕は舞台に立つとき、まず共演者に聞かせる

コミ　タメ、間。次の演奏や動作に移るときに、気を込めて取る沈黙の間やひと呼吸。

ことを意識して謡います。ワキ方、狂言方、囃子方、地謡方を味方につけていく。それがお客様に伝わる、というプロセスを踏まないとうまくいかないことがあるのです。親父のいい方でいうと「能は七割方、謡の力でつくらないとできない」ということで、確かにそうだと思います。もちろん曲によって違いますが、謡が格調をつくっていきますし、演出にもなっていきます。ですから自分がどういう演出プランをもっているかを表現するためには謡しかないんですね。謡いこなし、周りの人に納得してもらわない限り、能は動いていかないわけです。

　シテもワキ方も地謡方も囃子方もみんな各々自分たちの習ってきたもの、つくってきたものを当日もち寄るわけですが、そのときに、「シテはこういうふうにこの曲をもっていきたいんだ」「これだけ静かに息を詰んでいきたいんだ」「ここで盛り上げたいんだ」ということが理解できるような謡い方にもっていかなければいけない。つまりシテ方が全体のコンダクターなわけです。

天野　なるほど。

銕之丞　もちろん反発されてしまう場合もあります。その原因を探って言葉で調整するときもあれば、稽古を何回か繰り返して調節する場合もあります。その時々です。

天野　謡が七割というのは興味深くお聞きしました。現代の能の場合、シテもさることながら地頭（ぢがしら）も大事ですね。

銕之丞　そうです。

天野　シテを務める場合と地頭を務める場合の姿勢は違うわけですね。

銕之丞　それぞれに難しいところはありますが、地頭の場合、全員の調子や間（ま）を揃えていかなくてはならず、それにはかなり経験が必要です。地謡がよくならないと絶対、能は面白くありません。ある程度、声量も必要ですし、物を覚えている正確さも求められます。そういう意味でシテを舞える人はいますが、地頭ができる人は限られています。本当の意味でのコンダクター、コンサートマスターは地頭ですね。曲を生かすも殺すも地頭の力量が問われると思います。

　特に静かな曲、**三番目物**や**四番目物**（よばんめもの）のような複雑なドラマの曲であろうと、逆にいえば脇能のようなストレートなものでも地頭の裁量はとても大切です。ですから寿夫伯父は銕仙会という形をつくるとき、地頭をつくっていかなくてはいけないと意識してやっていました。

　しかし、それは至難の技でして。地頭は人間性も必要ですし、技術力、知識量、舞台経験なども必要なので、地頭をつくることが、これからの能にとってとても大切だと思います。

天野　シテだけでなく、地頭もその能をどう解釈して、どう演じたらいいのかということを考える。

銕之丞　解釈はあとからでいいんですけれどね。

天野　そうですか。耳が痛い（笑）。

銕之丞　こういうふうに謡い、シテを受けてやったら結果的にこういう解釈になるという具合にならないと。

天野　なるほど。

銕之丞　先に解釈がたってしまうと地頭はやりにくいと思うので、とにかく技術と度量と物をつくっていくことの熱心さ、まじめさといいますか、それが合わさっていないとできないので、地頭は並大抵な者ではできないですね。

天野　舞台ではいろいろなことが起こるでしょうから、臨機応変の能力も求められますしね。

　私は申し合わせを観る機会が割にあるのですが、印象的なのは申し合わせが終わったあと、出演者が足早やに舞台上に集まってきて確認をしたり注文をつけたりしますね。そういう場で

地頭を務める銕之丞氏。手前のワキ張良は福王茂十郎氏。（国立能楽堂提供）

地頭が自分の意見をいったりすることがありますか。私は養成会の申し合わせを観ることが多いので、そういう場面の記憶があまりないのですが。

銕之丞　そうですね。最終調整の場ですから。まったく考え方が違うというときは基本的なことを二、三注意してあとは何もいわないということもあります（笑）。申し合わせでは考え方の食い違いや囃子方と表現や意識が違うところなどを調整していきます。

能の演奏家は、自分の師匠からいろいろなものを教わっているというプライドをもっていますので、「こういう解釈で、こうやってくれ」といわれても、「ああ、そうですか」と口ではいいますけれど、聞かないことが多いですね（笑）。

天野　確かにね。演出的なことはどうですか。

銕之丞　先ほどもいいましたようにシテなら舞台で自分の謡い方、舞の型などで共演者を納得させる。能というのは、共演者が感動してくれれば付いてきてくれるし、納得してくれなければそっぽを向かれてしまうという世界だと思います。

天野　そっぽを向かれた舞台はどうなるのですか。

三番目物　優雅で美しい舞を見せ場としている能。
四番目物　物狂い能など他の分類に収まらない演目の名称。「雑能」とも。

『鵜飼』　九世観世銕之丞（写真:前島吉裕）

『賀茂』素働　九世観世銕之丞（写真:前島吉裕）

鋏之丞　玄人ならば最低限の仕事はきちんとしますので。
天野　そこはあまり威張れない能の強みでしょうか。
鋏之丞　そうですね。いちばん、具合が悪いのは間違っちゃったときですね。これは本当にダメですね。失敗してしまうときとかね。
天野　我々が失敗というと、絶句とか文句を間違えるぐらいしか思いつかないのですが。
鋏之丞　タイミングとか間とか、ぼんやりしていると違う曲になってしまうとかありますから（笑）。いろいろな曲が頭の中に入っているときなどそうです。謡いながら「あれ、これ、全然違う曲だ！」ということがたまにあります（笑）。
天野　そういうときは後見の出番になる。
鋏之丞　そうです。後見が直してくれます。自分で気が付いて自分で直せたらいいのですが（笑）。
天野　鋏之丞さんが地頭を務められるようになったのは、おいくつぐらいのときですか。
鋏之丞　親父が地頭を育てなくてはといっていたので、割と早くからやらせていただいているのですが、僕には地頭の才能はないと思います。よく間違えるので（笑）。
天野　今、申し合わせの話が出ましたが、一〇年ぐらい前に、大槻能楽堂の自主公演でしたでしょうか、鋏之丞さんがシテをされた『賀茂』の申し合わせを観たことがあります。私は終わりごろに見所に入ったのですが、いろいろとやりとりがあったあとに、「では、もう一回」といって、後場の途中から演じ直されたことがありました。覚えていらっしゃいますか。
鋏之丞　覚えていないです（笑）。
天野　あれは、どこがまずかったのかなと思いまして。『賀茂』の後場（のちば）は動きが激しいですよね。それをもう一度というのはたいへんなことだと。
鋏之丞　おそらく素働（しらばたらき）のところではないかなと思います。**位**（くらい）の感じがもうひとつ囃子方のイメージと合わなかったのだろうと思います。素働のときは普通、**舞働**（まいばたらき）といって割合リズムに合った動きをするのですが、素働の場合は割とリズムに合わないもので、ゴロゴロと遠雷のような表現を太鼓の手でするところがあり、その囃子方がつくられるイメージと、僕の舞おうとするイメージがフィットしなかったのだと思います。
天野　なるほど。そのときは鋏之丞さんからの要望だったように記憶しています。
鋏之丞　そうですね。
天野　それが印象的でした。鋏之丞さんはいずれかというと、全力投球されるタイプですよね。それなのに『賀茂』の激しい動きがあるところを二回されたのが、非常に印象的でした。

世阿弥の音曲論と現代

天野　ここで世阿弥の謡についての発言に戻ってお伺いします。世阿弥は音曲について、こう発言しているが、鋏之丞さんはどうなのか、あるいは現在はどうなのか、といったことを伺いたいのです。
　まず『鵜飼』（うかい）について、世阿弥は『申楽談儀』の中ではじめから最後まで、「闌けたる位（い）」の能だといっています。「闌けたる位」というのは、正風ではなく非風を交えた位で、正風より上の位をいうのですが、『鵜飼』という能について、世阿弥はそのようにいっています。現在もそういう理解でしょうか。
鋏之丞　単純にはいえないですが（笑）。ただ、部分的には『鵜飼』という曲は非常によくできていて面白いですね。特に「鵜之段」（うのだん）は面白くて、いつも舞うときに「おもしろうてやがて悲しき鵜舟哉」という松尾芭蕉の句が僕の頭の中にあります。よく考えてみると最初は面白いけれど、鵜の首を詰めて鮎を獲って殺生するのが、だんだん悲しくなる。因果応報ではないですが、最後は宗教的な救済になっていくという能的に非常によくできていると思います。
天野　「鵜之段」は音楽的にはどうですか。
鋏之丞　面白いと思います。最初、夢中になって途中で、ふと「あ、これは殺生なんだ」と気が付く。月に照らし出されて自分というものの罪が、急に明らかになるというプロセスが、これだけ短時間に明快に表されるというのは、音楽的にも素晴らしい曲ですね。
天野　「初めより終りまで、闌けたる音曲なり」

と、世阿弥がいい切っている部分はどこか、それはなぜかと指摘するのは難しいとは思いますが、「鵜之段」のような段物は、おおむね音楽的にすぐれているものが多いように思います。

銕之丞　独立させて謡ったり、舞ったりすると、明らかに面白いものが段物ですから、そういう意味で「段」と別称しているのだと思います。

天野　現在の『鵜飼』は、古作の能を世阿弥が改作した能ですが、段物には古い時代のものが多いように思いますね。

『砧（きぬた）』は来年（二〇二一年）二月の「春秋座　能と狂言」で上演をお願いしている曲ですが、ある静かな晩に、世阿弥が『砧』の節を聞いて、「このような無上無味の味わいはこの末の世には理解できる者はいないだろう」という有名な言葉を、『申楽談儀』に残しています。(註2) これは自分が謡ったものか、聞き手の息子が謡うのを聴いたときの発言かわかりませんが、念頭にあるのは「砧の段」だろうと思います。世阿弥がいうこの「無上無味の味わい」は、こういうところだと現代の演者としてピンとくるようなことはありますか。

銕之丞　それだけ『砧』というのは世阿弥にとって自信作だといわれる方も多いですね。謡ってみますと、ものすごいテクニックと、いろいろなものが織り交ぜてあって、へたなやつには謡えないだろうという世阿弥のいい方が目に浮かぶようで（笑）。

天野　ハッキリそういっていますね。

銕之丞　たぶん、そういったことと、逆にこういう曲までつくったけれど、これが伝承されなかったら寂しいことだと、味わったことが書かれているのではないかと思います。

天野　『申楽談儀』の中で、『砧』の味わいについて別の箇所で同じようなことを述べています。そこでは、「物憂き也」、つまり残念だといっています。

銕之丞　たぶん、そうだろうと思います。「砧之段」は心理が複雑ですよね。音楽的にそういう仕組みになっているんじゃないかなと思います。後半などは、衰えて死んでいくものの無念さを、ほとんど語らずに表現されていますので。

天野　なるほど。

銕之丞　だんだんに終わっていく命というのを、完全に表現しきっています。現にその後、能の中では亡くなってしまいますのでね。

コトバという節

天野　コトバについて伺いたいのですが、コトバというのは節がついていない文句ですね。世阿弥は『実盛』のコトバで、「名もあらばこそ名のりもせめ」を、きちんと謡えるのは誰もいないといっています。当時、室町幕府の管領だった細川右京大夫から、「ここが謡えるのはお前だけだ」といわれたことを自画自賛しているのですが、そんなに難しいものなのでしょうか。

銕之丞　能には笑うという表現、自嘲的な笑いをする型はないのですが、「名もあらばこそ名のりもせめ」は、「立派な名前があるのだったら名乗りもするけれどね、ふふふ」というような、自嘲的な笑いが含まれているということですね。そういう箇所がいくつかあります。そういったテクニックを、世阿弥という人はもっていたのだろうと思います。そして、それに自信をもっていたのだろうと思います。

天野　なるほど。

銕之丞　ただ非常に危険といえば危険なことで、

『実盛』　九世観世銕之丞（写真:吉越研）

位　能の演出基準。曲の文学的内容、上演の難易、主人公の身分などを総合した概念で、演技、演奏のテンポほか、すべての表現を支配する。位が重い、位が軽いというように用いる。

舞働　神仏や龍神、天狗などが威勢を誇示する場面で舞う働き事（囃子を伴う所作）。『賀茂』では素働の小書になると無働の位や型が変わる。

今日のようなセリフの形でこういうことをやると、その部分が突出してしまうこともあるので、世阿弥はすごくテクニシャンだったのだろうと思います。

天野　「誰もいうものなし」、と断言していますからね。

銕之丞　怖くて誰もできなかった、というのが正しいだろうと思います。それがやれたのは自分が書いたということもあると思いますが（笑）。

天野　自作ですからね。

銕之丞　親父は『殺生石』という曲で、シテが「お僧達は求め給へる命かな」といったあとに、あれはニンマリ笑っているよね、なんていっていましたね。

天野　実は世阿弥はコトバというい方はしてなくて、「只声」とか「只詞」「白声」というい方をしていますね。

銕之丞　はい。

天野　世阿弥が佐渡に流されたときに書いた謡物集の『金島書』をみると、「只詞」という指定がたいへん多いのです。誰もいうものなしという「只詞」がたいへん多い。また、銕之丞さんも何度も演じられていると思いますが、昔の『自然居士』に入っていた「自然居士の謡」と呼ばれている長い仏教的な文句があります。

銕之丞　「花洛の塵に交わり」というところですね。

天野　そうです。「それ一代の教法」から始まるところで、父観阿弥が「移り移り（節を変えながら）」謡ったと、『申楽談儀』で語られているところですが、あの半分ほどが「只詞」と指定されています。これも難しいものなのでしょうか。

銕之丞　難しいと考えるかですが。難しいというより、ある程度、自分で作曲もできて謡えるテクニックをもっているような人は、先ほどの新作の話ではないですが文章をみるだけで節を謡えたりします。言葉と節が毎回、変わったのは即興でできちゃうからですね。おそらく『金島書』は名誉を得ようとして書いたというより、所業として書いてしまった。

天野　それはよくわかりますね。身についていた。

銕之丞　自分で楽しむだけなら節は書かないで、そのときの気分にまかせて謡った方がいいというようなことですね。世阿弥という人は、もうそのころになると変幻自在に謡えたのだろうと思います。

天野　先ほど幸祥光と寿夫さんのところで天才ということが話題になりましたけれど、お二人もそうだったのだろうと思います。「自然居士の謡」の箇所は、義満が世阿弥に「ここは親父にはかなわないだろう」といって観阿弥の謡を絶賛したところですね。義満もそれだけ聴く力があったということですが、「只詞」の指定が多い『自然居士』のあの形での上演は、何回ぐらいされましたか。

銕之丞　僕は一回ぐらいしかしていないです。でも面白いので、また一回ぐらいはやりたいなと思います。長々と謡うのではなくて、よく親父は、「『自然居士』の口上はバナナの叩き売りみたいなもんだから、フーテンの寅さんの口上じゃないけれど、そのぐらいのスピード感をもってやったほうがいいよ」といっていました。

天野　なるほど。自然居士は実在の禅僧で芸能でも知られた人ですからね。

謡の難しさ

天野　本日は、実はこれから伺うことに時間を使いたいと思っていました。今まで能の音楽的な部分について、いろいろな角度から伺ってきましたが、ここからは一曲の能のテーマを念頭において、こういうところが難しい、ここが大事だというようなことを伺いたいと思います。

まずは『隅田川』から。銕之丞さんが一〇年ほど前にお書きになられた『能のちから——生と死を見つめる祈りの芸能』（青草書房、二〇一二）というご本の中で、『隅田川』は謡が難しいというお話をされています。私には少し意外だったので、その辺のことを伺いたいのですが。

銕之丞　『隅田川』は、きっちりといろいろな位を守りながら謡わなければいけないことが、難しいと思います。音楽的には旋律が難しいですね。音痴には謡えない謡の一つです。念仏のところもそうですね。

天野　そうですか。

銕之丞　やはり念仏がきれいに聞こえてこないとダメですね。詠唱というのですか？　讃美歌と一緒で子方も含めてきれいに謡えないと『隅田川』は絶対、面白くないです。そしてワキの語りがあり、それに対してシテが自分の子供のことを問いかけていくとき、あまりにもお情けのお芝居でやりすぎると、能では突出してしまいます。だからといって気が抜けていてもダメで、難しいと思いますね。

天野　念仏はシテや子方も謡いますが、地謡が謡う部分が多いですね。

銕之丞　そうですね。その念仏の部分から最後の留めに至るまでの地謡の旋律のきれいさの中に観世十郎元雅という人の力量があると思います。宗教観ではないですが、そのようなものまで感じさせられます。

武蔵野の大地が冬から春に向かっていて、お日様がずーっと上がっていって、緑が少しずつ芽生える中で、お母さんが子供の死を知り、お墓の側で佇んでいるのを表現するのは、とても演じがいがありますが、これを表現するのは、囃子方を含めて難しいですね。囃子方も地謡も単にベタベタやってもダメですし、ゆったりやってもダメ。かといってサラサラと無神経にやってもダメだし、なかなか良いところの『隅田川』の地謡とシテの謡に出会うことはないですね。

天野　なるほど。

銕之丞　これは難しい。シテのことだけでいえば、シテの一声の位の中で出ていって謡いかけて、**カケリ**になって、ワキとの掛け合いになって、ワキの語りになって念仏になってという、そういうものがうまく構成されている。ですから**『カーリュー・リヴァー』**といったものをつくることができたのでしょうね。そのぐらい強い構成力をもっていますが、それをこなしていく技術はたいへんだと思います。すごい曲だと思います。

天野　確かに展開は情の作品ですよね。難しさとしては、その情をストレートに出してはいけない、ということでしょうか。前場の謡でそのようにいえるところはありますか。情というところにこだわらなくてもいいのですが。

銕之丞　シテの「道行き人に」というところの旋律が難しいですね。「白雪の、道行き人に言伝て」の「道行き人」の調子は、中音から浮かせるのですが、その浮きが、お祖父さん（観世雅雪）も親父もすごくうるさかったです。そこには、ふわっとした、なんともいえない雅びなものやいろいろなものが含まれていると。なんだかよくわからないのですが、特殊な難しさはあります。半音に下がるところがけっこう微妙だったり。念仏の前のところですけれど。それは習っていないとできないことです。

天野　なるほど。それは、たんに技術的なことではなく、その場面の解釈に関係しているのではないかと思いますね。

銕之丞　そうですね。とにかく教えとしても難しい能ですね。

天野　『隅田川』が難しいというのが私には意外だったのですが、それは謡が難しいということですね。

銕之丞　解釈が難しいというより、謡が難しいんです。

天野　続いて『定家』。これは二時間ぐらいかかる長い能です。前場もずいぶん長い。これについても銕之丞さんは、『能を読む』（角川学芸出版、二〇一三年）の松岡心平さんとの対談で、この能は謡の技術、舞の技術、囃子の技術が揃っていないとだめだとおっしゃっていますね。

銕之丞　あれはなんだかよくわからない曲なのですね（笑）。それをいってしまったらワヤなんですが、よくわからないのですよ。なんでこの人はこんなにも苦しまなくてはいけないんだって。その苦しみの、いろいろな意味で抑制されたものから解放されるという、救済のようなことがあるわけです。そういった非常に観念

カケリ　心の高揚を表現する躍動的な所作。

『カーリュー・リヴァー』　イギリスの現代音楽の巨匠ベンジャミン・ブリテンが『隅田川』に触発されて作曲したオペラ。

『定家』 九世観世銕之丞（写真:駒井壮介）

的なことを、実際に体現させていくのは技術がないとできない。それができるのが、高度な能なのではないかと。だから、僕なんかできないんですけれどね（笑）。

天野　金春禅竹の作品には、世阿弥とはまた違う肌触りがあります。観念的というのは、当たっていると思います。

難しいとおっしゃっているのは、どうしてこんなに苦しまなくてはいけないのかという、戯曲的な展開のことかと思います。それは、作者が輪廻ということを主題として出したかったからではないでしょうか。

銕之丞　そうですね。

天野　救いもあるけれど、それは一時的だと。それが人生なのだという思想。

銕之丞　ようするに苦しんで、苦しんで、苦しんできたときに、ほんの少しの救済で救われる。蔦に絡まれて、こんなにも苦しかったのに、こんなに少しの救済で救われるのかと。ほんの僅かなことでふっと力が抜ける。逆にそういう解放感が、無上の喜びというマゾヒスト的な考え方というか、そういうのを間で表現していく曲だと思います。なかなかそんなふうにみえる『定家』はないですね。それができるということが技術なのではなかろうかと思います。僕なんか至らないので、そういうことはわかるけれどできない。何回も地謡も謡わせてもらっていますが、なかなか表現できないでいます。地謡につくのは嬉しいけれど、いつも苦しくてつらい能です。

天野　禅竹の能は『三輪』をはじめ、そういう能が多いですね。

銕之丞　『三輪』ですと、神楽になったりしてあとで絵解きになるので、あまり考えないでよいのですが、『定家』は、また塚の中に戻っていってしまうので。苦しいけれど実はそれが快感だったりするのではないかなと。

天野　そうですか（笑）。

銕之丞　野口兼資先生（シテ方宝生流能楽師）など、伝説的な名演の話を先輩から聞いたりすると、よけいにそういうことがあるのかなとか思ったりするわけです。『定家』は観念の中の世界なのかもしれないですね。

天野　観念の世界だと思いますね。もっといえばそういう世界観、人間の存在とはそういうものだという思想ともいえるものが根底にあると思います。解放も一時的なもので、また元に戻るわけですから。

銕之丞　輪廻して苦しむこと自体が喜びなんじゃないかなと。そして、ほんの少しの恋心みたいなもので救われてしまう。だからお客様もワキも、あぁこれは救われないなと（笑）。

天野　まったく、そうなんです。しかも**序之舞**なんですよね。しかし、面は痩女ですか。

銕之丞　痩女でやる場合もありますし、霊女や泥眼でやる場合もあります。

天野　このような面で、序之舞を舞うのは『定家』くらいですか。

銕之丞　そうですね。

天野　やりにくいことはありませんか。

銕之丞　いわゆる「優美で高貴な女性による雅びな舞」という感じを完全に外して、どちらかというと立ち回りっぽくもっていきます。

天野　後ジテの式子内親王の亡霊が作り物から出るときの囃子は、「習ノ一声」ですね。

銕之丞　そうです。

天野　それは今、話をしている『定家』の後ジテの姿と関係がありますか。

銕之丞　そうですね。説明的といえば説明的ですが、すごく静かな場で、後ジテが「夢かとよ」と詠んで謡につなげていくわけですが、そういうところが音楽的といいますか、囃子方はそういうことに命をかけて位をつくっていくわけです。それに続けて、シテもそうしたことを意識して謡っていくことになります。

天野　『定家』『求塚』『檜垣』の出囃子が、「習ノ一声」ですね。

鉄之丞　『求塚』は**出端**（では）ですが、設定は『定家』とよく似ています。

天野　普段、そういうことを考えないタチなのですが、今回はさすがに囃子が気になりました。また、『定家』は前場の時雨（しぐれ）の場面がたっぷりと描かれていますね。そういうことと謡との関係は意識されますか。

鉄之丞　定家は前ジテも、ちゃんと色彩があるように謡っていかなくてはいけないです。時雨がサーっと降ってきて、あたりの紅葉が雨に濡れて、だんだん墨色に変わっていく。そういったことをきちんと表現できるような謡の位と調子が必要ですね。そういう意味では技術的な型らしい型はほとんどないです。それで前半の一時間十何分をね。

天野　シテの謡に、「時雨時を知る」という文句があります。これは引用されている定家の歌の詞書（ことばがき）で、季節が来たら時雨は忘れずに降ってくるという意味ですが、それと後半の輪廻が関係付けられているような気がしますね。

鉄之丞　時雨によって、自分の中で閉じていたものが開くわけです。観念の世界のようなものを、どう現実に表現していくかという曲でテクニカルな曲です。ですからテクニックがない人は、絶対『定家』なんてやっちゃだめなんですね（笑）。

天野　夢幻能の前場はなくてもいいとか、退屈だとかいうことを、たまに聞くことがありますが、前場がもつ意味は絶対にあるわけですから。

鉄之丞　たぶんそうだと思いますが（笑）。ただ、僕ら実演者からすると、素晴らしい前ジテをしたいと思って『定家』に挑戦して、挫折するんです（笑）。

天野　素晴らしい前ジテを目指しているというのは、わが意を得たりという気がします。

鉄之丞　時雨が音もなく降っている中で、色がスッと変わってくる。京都の秋の風情みたいなものが、イメージできるような調子と位ができたら素晴らしいと思います。

天野　私は禅竹の能には、情緒やムードが濃厚にある曲が多いと思います。それが「曖昧模糊」とか「ヴェールをかけたよう」だとかいわれているのだと思いますが、私は情調と呼んでいます。

鉄之丞　濃厚ですね。『芭蕉』などそう思います。

天野　そう思われますか。

鉄之丞　はい。風に揺れる芭蕉といったようなもののイメージなどをものすごく大切にしています。

天野　それを伺って、私が考えていることが、さほど見当外れでないということがわかりました。

　さて、観世元雅の『隅田川』、金春禅竹の『定家』と来て、最後に世阿弥の『井筒』についてお伺いしたいと思います。これもご本で謡が難しいとおっしゃっていたと思うのですが。

鉄之丞　何でも難しいのですが、ただ、何が面白いか、どこで面白くなるかというのがあると思うのです。実演者は面白く観せたいと思っているのですが、説明してしまうと面白くないわけです。

　そういう意味で『井筒』の面白味は、先ほどから申していますように、永遠性のようなものをどう表現していくかということですね。今やっていることは、うんと過去に起こったことかもしれないけれど、実は今起こっていることかもしれない。これから起こるようなことかもしれない。『井筒』の井戸はタイムトンネルのように、時空を超えてつながっている。その場面をたまたまワキが観ちゃって、つながっちゃった。それで井筒の女は永遠にそこにいて、消えていって朝になった。それだけの曲をどうやって表現するかということです。

　能の強みというのは、その音楽構成を昔から何回も何回も繰り返し役者が塗り重ねていったものを、今もつなげていることだろうと思います。その厚みが『井筒』を支えているのだろうと。それが音楽性もつくっていますし、演劇性をもつくっている。それを形だけで伝えていくのではなくて、その時々のシテ方とワキ方、囃

序之舞　ゆったりとしたテンポで舞われる優雅な舞。

出端　後場に神、霊、鬼神、天狗などが登場する際に奏される囃子。太鼓が入る。

子方、狂言方ががっちりと組んで、お互いにやりたいことをある程度やりながら構成していく舞台をつくり、新たな色を塗り重ねていくのが能の面白みじゃなかろうかと思います。

天野　ところで『井筒』の序之舞で、後ジテが「恥かしや、昔男に移り舞」と謡うと、地謡が「雪を廻らす、花の袖」と受けますね。世阿弥は不思議なことに、「その舞に入る前の文句が大事だ」とさかんにいっていますが、現代では舞に入る直前の文句は、地謡が謡っているんですね。当時はそこはシテも謡っていたと思うのですが、あるいは序之舞と謡との関係はどのように考えておられますか。

銕之丞　世阿弥が昔から、そこを序之舞で考えていたかわかりませんが、たとえば『半蔀』の序之舞は、「折りてこそ」という地謡からワカのあとの「折りてこそ、それかとも見め、たそかれに」となりますし、『江口』なら地謡の「おもしろや」、**小書**のときは舞上げにも「おもしろや」と付けます。本当は舞がなくても成り立つのに、あえて序之舞を入れているのです。これに意味は何もなく、エアポケットみたいにポカッと何もない空間を、わざと挿入するところに能の演出があり、その技術を獲得するために、みんながんばっている。その、よくわからないことに時間を使うわけです。それが能の一つの要素なのだろうと思います。『井筒』は、そういう意味ですと、特殊です。

天野　どういうことですか。

銕之丞　序之舞が入ることが無意味なのではなく、何とはなしに「移り舞い」という、業平への思いを少し尽くすようなところがあるので、『半蔀』や『江口』のような雰囲気とは少し違うと思います。

天野　確かに『江口』などはそこに舞がなくても、内容的につながっていますからね。しかし、『井筒』はそうではないと。

　また、『隅田川』に戻りますが、ご本では、この能は人情物だけれど、母親が亡くなろうが、子供が亡くなろうが、そんなことは関係なしに、関東平野に隅田川が昔から現在、そして将来に向けて流れ続けている、そういう能でもあるんだとおっしゃっているのが非常に印象的でした。そういう解釈は、私には初めてでしたので。

銕之丞　実をいうと、親父がそういうふうにいっていまして。

天野　そうでしたか。

銕之丞　もし映画だったなら、そこでずーっとカメラを引いて関東平野を流れる隅田川の場面になっていくだろう。そういう小さい悲しさの中でも、自然はずっと変わらず流れていくし、過ぎていく。そして春の再生の息吹が一つの癒しになる。『隅田川』は御し難い四番目物ですが、唯一の出会いのない四番目物です。その中で唯一救いがあるとすると、春の再生の息吹みたいなものがあるのだろう。だからシテは最後、あまり**シオリ留め**にしない方がいいと感じていたりはします。逆に地謡の調子がよく、シオっているところで、ずっと世界感が広がっていたら、シオリ留めでもいいかなと思います。そういったところはその時々じゃないかなと思います。

天野　先ほどの繰り返しになりますが、それは感情移入をどう処理するかだと思いますね。能はある程度、感情移入から距離を置いている演劇だと思うのですが、しかし、その一方で、感情移入は何らかの形でなされなければならないとも思います。

銕之丞　はい。

天野　『隅田川』の場合、テキストだけ読んだら、どうしようもない悲劇ですよね。

銕之丞　はい。

天野　それをストレートに演じるのではなくて、能らしく演じる、そういうことなのかなと、お話を伺いながら考えていました。

　今までお話ししてきたことは、私なりの言葉でいえば、能を観て感動する、しかし、その感動がどこから生まれてくるのか、それは簡単に言葉にできることではありませんが、能に関わっている者としては、なんとか言葉にしたいと思っています。なかなか難しいのですが、それは能が象徴性というものを基盤にしていて、その象徴性を現前させているのが、本日、お話を伺ってきた音楽であり、詞章と一体の謡であり、囃子という音楽である。それがわれわれの感動の根源にあるのではないか、というのが今の思いです。

鋳之丞　音楽などといったものは、ストレートにポンっと入ってきますからね。置き換えとかではなく、それぞれの体験、例えば自分にとってドレミファソラシドのミの音がたまたま琴線に触れる音で、ミを聴いたときにいろいろな記憶がよみがえったり、恐怖がよみがえったりするということで、音楽はほとんど説明ではないですね。それを演劇に組み合わせていくということが、表現として強いのだと思います。

言葉だけでは実感できないことが謡（歌）になり、それに囃子などが入って、その中にお客様の心が巻き込まれる。能だけでなくミュージカルでもそうですが、そこに演劇としての醍醐味があるのではないでしょうか。

天野　ですから、私はあまり能の将来を悲観していないのです。これだけの独自性があり、しかも、それが七〇〇年ものあいだ積み重ねられてきているのですから。それを活かせば、悲観する必要はないと思うのですが、現在はとりわけ若い人に危機感が強いのではないでしょうか。

鋳之丞　いやぁ、なかなか。稽古して伝承していくということはたいへんなんです。自信をなくしてしまうので。それを乗り越えるように、助けてくださる方が、以前よりだんだん減っていっていますね。ですから一生懸命バックアップすることを考えないと。若い人は意欲があってもみんな自信がないので。

天野　大阪の中堅の囃子方から「植物の精が出てくる能、あれはなんとかなりませんかね」といわれたことがあります。つまりわからないから対応しようがないと（笑）。

鋳之丞　あはは（笑）。

天野　そのときは、そういう能があることこそが、能の良さであり強みではないのかと答えたのですが。

鋳之丞　どうしてもイメージするのがむずかしいところを支えてあげる指導が必要です。

天野　そうですね。

鋳之丞　ですから『芭蕉』にしても、『藤』にしても、『六浦（むつら）』にしても、そういったものから自分が救われていく象徴性が必ずあって、そういったところを解き放ってあげるのが、人間にとってどのぐらい救われることなのか、ということをちょっとアドバイスして、そういった能の見方ができるんだ、ということをいってあげられる人が少ないですね。昔でしたら能の周りにいる文学者や愛好家、お弟子さんがいたのですが、今は、能は効率的に悪いといわれる。『定家』にしても『芭蕉』にしても曖昧なものの中に何か意味がある。右でも左でもない、イエスでもノーでもないところに意味がある。そこに人間の人間たるところ、苦しみや楽しみがあるということをちゃんとわからせてあげて、それが表現になっていくのだという自信になっていけば、なんとかなるんですけれどね。それが今、難しい時代になってしまって。そこを天野先生などに一生懸命フォローしていただきたいのです（笑）。

天野　私も研究者のはしくれなので、その義務はあると思っているのですが、それは演者の義務でもありますね。

鋳之丞　そうだと思います。苦しいと思います。

天野　最後になりますが、鋳之丞さんには、毎年二月ごろに春秋座で開催している『春秋座能と狂言』と、五月の『瓜生山薪能』で、年に二回、大学に来ていただいています。『春秋座能と狂言』は歌舞伎劇場での上演になりますが、能舞台とは勝手が違って、いろいろと工夫が必要だろうと思います。われわれとしても、これからの劇場能について考えることは、大きな課題だと思っています。そこで、劇場能にはどういう課題があるのか、あるいはどういう可能性があるのかについて、提言をいただければと思います。

鋳之丞　『瓜生山薪能』は、とてもオープンな環境でさせていただいているので、気持ち的にも楽というと変ですが、開放感があります。お客様は普段、能に触れられていない方が多いの

小書　通常とは異なる特別の演出。番組の曲名の下にその名称が小字で書かれる。特殊演出とも呼ぶ。

シオリ留め　泣くことを表す型。手を顔より少し離れた前方に上げて、涙をおさえる所作。シオリ留めは曲の最後に留拍子を踏まず、シオリで留めること。

で、なるべく単純で楽しめる曲をやるようにしていきます。魅力的でわかりやすく、楽しくなるような曲を選びながら、こちらも開放的に発散できるものを目指しております。

一方、春秋座は歌舞伎劇場なので、能舞台と構造が違うことを意識しています。何といっても橋掛かりと花道では、これだけ構造、効果が違うということがわかるために、必ず花道は使うようにしています。やはり橋掛かりというのは、それなりに機能よくできていますし、花道はまったく用途が違うなと再確認します。まず橋掛かりと花道の違いは、常座があるかないかです。常座があるのとないのでは、能の場合、安定感がまったく違います。ですからいつも苦労するのは、常座の位置をどこにもっていくかです。

天野　なるほど。

銕之丞　七三のところが一の松の代わりにはなるので、一の松に関してはそんなに苦労はないのですが、常座はないので、それらしい位置をつくることになります。ただ、演劇的な力の配分でいうと、ちょっと無意味な位置になってしまうんです。僕の感じ方でいうと、歌舞伎劇場の場合は、あとはセンターしかないんです。ですから常座をやめて、なるべくセンターで演技を進めるようなことを考えています。

あとは服部基さんという優秀な照明家が入っておられますので、その方にできるだけ力を発揮していただいて。服部さんとはちょうど囃子方と同じような位置でお付き合いさせていただいていますので、基さんの考えてきたことをリハーサルで合わせ、実際問題として具合の悪いところを調整し、できるだけ基さんの考えてこられた照明通りにやりたいと思っております。とにかく今度は『砧』という大物なので、どういうことが考えられるか、またどんなことを考えないといけないかだと思います。

天野　それまでにこの感染症が終息しているといいのですが。本日はありがとうございました。

（二〇二〇年八月　オンラインにて）

註

1　『鷹の井戸』二〇一九年九月二二日～一〇月一五日　パリ・オペラ座 ガルニエ宮。原作：ウィリアム・バトラー・イェイツ、舞台・照明演出：杉本博司、音楽・音響制作：池田亮司、振付：アレッシオ・シルベストリン、衣裳：リック・オウエンス、ビデオ制作：杉本博司・池田亮司、照明：杉本公亮、出演：リュドミラ・パリエロ、ユーゴ・マルシャン、アレッシオ・カルボーネ、ほか（以上、バレエダンサー）、観世銕之丞、梅若紀彰（以上、能楽師）。

2　静成し夜、砧の能の節を聞きしに、かやうの能の味はひは、末の世に知る人有まじければ、書き置くも物くさき由、物語せられし也。しかれば、無上無味のみなる所は、味はふべきことならず。又、書き載せんとすれ共、更に其言葉なし。位上らば自然に悟るべき事とうけ給はれば、聞書にも及ばず。たゞ、浮船・松風村雨などやうの能に相応たらんを、無上の物と知るべし。（『申楽談儀』）

インタビューを終えて

今回のテーマはあまりに大きく深く、しかもリモートでのインタビューということで大変苦しい状況でした。

数ヶ月を経て読み返してみますと、舌足らずで何のことを話しているのか分かりにくいことばかりですが、すでにお話ししてしまったことですので、今回は何卒ご容赦頂き、今後の課題として精進努力させて頂ければと存じます。

（観世銕之丞）

このインタビューでもくろんだのは、第一には、いうまでもなく能という舞台芸術がいかに多くを音楽あるいは音楽的なものに負っているか、第二には、六百年前の世阿弥の音曲についての言説がどのくらい現代にまで継承されているか、第三に音楽がその場面の「表現」、さらには一曲の能の「作意」にどうかかわっているか、それを銕之丞さんから聞き出すことだった。能の音楽に疎いわたしには、いささか荷が重い課題だったが、どんな話題でも、オンライン画面上の銕之丞さんの発言にはわたしの予想を超える豊かさがあった。終わってみると、強吟と弱吟のこと、世阿弥がいう音曲上の序破急のことなど、話題にできなかったことも少なくないのだが、それは欲張りすぎというものだろう。なにしろ、インタビューは予定の二時間を三十分ちかくも経過していたのだから。（天野文雄）

座談会　Discussion

「地点語」と音楽

話し手：野口順哉（空間現代）、安部聡子、石田大、小林洋平（以上、地点）
聞き手：森山直人

コラボレーションの経緯

森山　空間現代と地点のコラボは『ファッツァー』（二〇一三年）を皮切りに、もう八年ほどが経過しています。その後、『ミステリヤ・ブッフ』（一五年）、『ロミオとジュリエット』（一七年）、『どん底』（一七年）、『正面に気をつけろ』（一八年二月）と続いていきて、いまのところ、『グッド・バイ』（一八年一二月）が、最新のコラボということになりますね。こうしてあらためてみると、太宰作品は『グッド・バイ』だけなんですね。もっとあったような気がしていたんですが。

安部　劇団地点の単独としてなら、『駈込ミ訴へ』（一三年）で、オペラ歌手の青戸知さんの歌唱が入っているのがありましたけど。あとは、『トカトントンと』（一二年）。こちらはナグリでガンガンやるという……。

森山　それから、地点といえばチェーホフですが、チェーホフ作品がひとつもない……。

安部　ないですね。

小林　チェーホフは空間現代と出会う前から作っているので、そこに入り込む余地がなかったというのは大きいですね。

安部　でも今度、『桜の園』を作り直したいという話もあって、そのときに現代さんの力を借りる可能性はあるかも。

石田　三浦（基）が演出家としてどう考えているかわからないのですが、やはり私たちのレパートリーの中でも、チェーホフはいちばん物語性が強いですよね。その点、空間現代と一緒にやるときは、そうではないところで舞台を作っていくことが多いかもしれない。

小林　チェーホフをやる場合は、俳優それぞれに役が割り振られているけど、他の作品はそうではなかったりするし。

石田　最近だと『シベリアへ！シベリアへ！シベリアへ！』（一九年）もチェーホフなのですが、あれは戯曲ではなく旅行記でした。それでもやはり音楽劇にはしなかった。

安部　『どん底』はありましたけど。

石田　だけど録音なんだよね。基本的に空間現代とコラボするというのはライブが強い。

小林　『ファッツァー』の初演では、ライブバージョンと録音バージョンがあったんです。でも、やってみると、やはりライブの勢いに録音バージョンが負けて、再演では、録音バージョンはもういいやと。どうしたって熱量が全然違うので。

安部　『ファッツァー』は海外公演もたくさんあって一緒に行きました。それから六本木のライブハウス（スーパーデラックス）でやった空間現代のライブに、地点が『ファッツァー』でお邪魔するみたいな取り組みもありましたよ。

森山　それは『ファッツァー』のすぐあとぐらい？

安部　二〇一四年だから、そうですね。

石田　ダイジェスト版みたいな感じでやったりとか。

安部　『ミステリヤ・ブッフ』も『ライブハウス』でやったよね。

石田　実験のようなものをやりましたね。バンドの音と俳優の生の声と、どうやってパフォーマンスができるか。曲に合わせてシュプレヒコールをやるとか。みんなでマイクもってやったんでしたっけ。

野口　シュプレヒコールは、役者が呪文のようにリズムにのせた言葉を叫ぶ。バンドの音に対して生声でどうやるかというときに生まれた手法のような感じでしたね。

　空間現代の演奏は音が大きいから、それを負荷にして新しい手法が編み出されていく過程は、僕も一緒にやっていて楽しめました。役者は大変だったでしょうけれど。

森山　『ファッツァー』は戦争ものでしたね。第一次世界大戦における脱走兵の物語で、バンドの音が、あたかも銃声のように聞こえてくる……。

小林　たしかに、あの作品では、空間現代の激烈な音のひとつひとつを弾丸に見立てていました。役者が舞台上で台詞をしゃべっていると、音の弾丸が飛んできて、当たったら死ぬという「設定」でした。

野口　戦争という舞台背景と音をかいくぐっていくところが、うまくハマりましたよね。

森山　そもそもどういう話の流れで、コラボが実現したんですか？

安部　ライプツィヒ大学教授のギュンター・ヘーグさんが、たまたま『光のない。』（一二年）の稽古を見にきてくれていたんです。それで、次の新作でいいのないかな、と聞いたら、『ファッツァー』がいいんじゃないかと提案してくれたんです。

小林　もともとブレヒトをやりたい、というのもあったので、「ブレヒトだったら何だ？」といったら、『ファッツァー』が出てきた。とはいえ、これは完成した戯曲じゃなくて、そもそも切れ切れの断片だから……。

安部　それで慶應義塾大学の平田栄一朗さんを介して、津崎正行さんが、『ファッツァー』のすべての残されたメモを、翻訳してくれたんです。

言葉を分割していくこと

野口　そもそも地点と空間現代が一緒にやるようになる順序としては、僕らがまだ東京に住んでいたときに、京都のメトロでのライブに地点をお誘いしたら、皆さんで見にきてくれて、ライブのあとに三浦さんから「すごく気に入ったから今度、一緒にやろうよ」といわれたんです。そのときは『ファッツァー』の話はまったく出てなかった。「『ファッツァー』というのがあるんだけど」というような感じでいわれたのは、そのあとですね。

石田　ブレヒトはわりとみんなが気にしていて、いつかやりたいとは思っていた。でも、いざやると、やはりブレヒトだから音楽劇、というところに引っ張られたところもあったかもしれないですね。

　そういえば、メトロのライブに招待してもらったとき、ちょうどKAAT（神奈川芸術劇場）でやる太宰治の『駈込ミ訴ヘ』の稽古をやっていて、地点としてはいつものことですが、いろいろな方法論を新しく試していて、どれもうまくいかなくてボロボロだったんですね。稽古も行き詰まり、みんな稽古したくない雰囲気になっていたときに、ちょうどお誘いが来たので稽古を早上がりして、みんなで行ったんです。

　そのとき、空間現代がやっている音楽が、居合抜きのように三人同時にドンッと出して、沈黙があって、再びダッダッダッと音が出るみたいなもので、それがすごく印象に残った。これはぜひ稽古場で真似しようとなって……。

安部　「同調発狂」ね。

石田　そうそう。「同調発狂」っていう名前を三浦が付けたんです。同時にみんなで発狂する。

一つの台詞を俳優が同時にしゃべれないか。それも小学校の卒業式みたいな感じにならずに格好良くできないかなという話をしていたときに空間現代のライブで見たものが、まさに「同調発狂」だという話になって（笑）。

森山　そういう名前がついた（笑）。

石田　そう。同じ台詞をみんなが一文字、一文字区切って同時にしゃべるんです。最初の単語の最初の音が「お」だったとしたら、「お！」と同時にしゃべる。たとえば「六日前のことでした」なら、同時に「む！」と入るんです。同時に「む！いかまえのことでした」って。

小林　そのとき、空間現代がやっていたことが『ファッツァー』に直結したんですね。もしも彼らが違う手法をやっていたら、また違うことになってたかも。コラボも『ファッツァー』じゃなくて、もしかしたらチェーホフだったかもしれない。

　というのも、同じ空間現代の音楽といっても、七年前と最近とは全然違いますからね。最近は、むしろ物語のようなものがあるように感じるから。一時間、まるまる一曲というのをやっていて、リズムになんとなくストーリーがあるんです。もしも一発目に出会ったときの音楽がそっちだったら、『ファッツァー』は生まれていなかったかもしれない。

野口　いま話していたように、ドラムがダッダッダッと叩いているとき、ベースとギターもそれに同期してダッダッダッと弾くという方法で一曲演奏しきるのは、ロックバンドではあまり他に見ないです。それは、ギターがいて、ベースがいて、ドラムがいて、各々の格好良いフレーズを合体させてアンサンブルにするという作り方に限界を感じていた時期だったからこそ生まれた方法なのだろうなと。

森山　最初は普通のバンドだった（笑）。

野口　最初はもちろん普通（笑）。普通のパンクバンドというか。それがある時、三人とも完全に同期したリズムを主体にした曲を作るようになった。作曲の方法もまったく変わりました。スタジオでの休憩中にタバコを吸いながら、タッタタと机を叩いてリズムを一個作ったら、まったく同じリズムを三人でやってみるという作り方になっていったんです。

　つまり、ギターはこういう旋律を弾ける楽器です、ベースはリズムをキープする楽器です、ドラムは打楽器です、みたいなそれぞれの楽器の特性のようなものを全部捨てたくなった時期だったんだと思います。同期すれば、もうそういう世界じゃなくなるからと。演劇でいえば、ある意味、登場人物を一人にしたようなものかも。だから『駈込ミ訴ヘ』をやっていた地点が、空間現代のライブが印象的だったというのは必然かもしれないですね。

森山　演劇とのコラボはそのときが初めてだったんですよね。

野口　初めてですね。

森山　どうでした？

野口　びっくりしました。それなりに地点の作品やいろいろな劇団のも観ていましたけど、どう作るのかはまったくわかっていなかったので。これは地点ならでは、かもしれないですが、演出家が「じゃあ、みんな持ち台詞もったね、やってね」みたいな。最初から即興でとりあえずやってみるなんてまったく想像していませんでした。どちらかというと、すでに台本が書いてあって、それをしゃべって「じゃあ、ここの台本を変えよう」という作り方だろうと思っていたんです。それが、いざやってみたら、延々と即興の稽古が何時間も毎日続けられるから、びっくりした。

　でも、よく考えたら、うちらもわりとそういう作り方をしていたんですよね。誰かが楽譜を書いてきて、みんなでやってみて修正して、また配ってみたいなことは一回もなかったから。とりあえずやりながら「そこはもうちょっとこうやってみようか」みたいな感じで、セッションみたいになってきたら、それを録音してあとで聴いて、「このときのこの感じがよいから、この感じを延々ループしてみよう」という感じだったので。だから、なるほど、そういう感覚か、とわかってからは一緒に作っている感じになりましたけど、最初のうちは、「何やっているんだろ、この人たち？」みたいな。

小林　こっちも同じです。アンダースローの喫煙所で、野口さんを含めたバンドの三人が、膝を叩き合いながら、「ここはダダッでいこう」

とか、「ここはジャッジャッで」みたいなことを口伝でやっているんです。楽譜がないんですよね。こっちこそ「何をこの人たちはやっているんだろうな」と（笑）。

安部　野口君がね、『ファッツァー』を全部読んでから、原稿用紙に「聞こえた音が間違っている」という詞を書いてきて。

野口　テーマソングを作ってほしいと三浦さんにいわれたんですよ。「とりあえず『ファッツァー』を読んでテーマソングを作ってもってきてほしい」といわれた。

うちらは演劇と一緒にやるとどうなるのかなんてまったく見当もついてないし、そもそも言葉ありきで曲を作るというのは初めてだったんです。でも初めての挑戦なら、言葉から作らないと生まれないような曲にしよう、と。まず野口が詞を書けということになって、一文字を、さっきいった三人がダンッと同時に鳴らす音──一打と一文字を照らし合わせて作っていったんです。

たとえば「聞こえた音が間違っている」なら原稿用紙に一文字ずつ書いて、これをどういうリズムにしたら面白いかとメンバーの三人で話すんです。「〈き／こ／え〉なんじゃない？」「〈チャッ／チャッ／チャッ〉なんじゃない？」となって、その次は「〈たおとが〉なんじゃない」みたいな。こうやって「き／こ／え／たおとが／まちが／つている」というフレーズを作ってみたら、あまりにも音がでかいし、鳴りっぱなしだと台詞が聞こえないから、分割しろ、空白の時間を作れ、といわれて。でも幸いにも言葉から作ったリズムなので、じゃあ「き／こ／え」で一回空白にしよう、「え」のあとで空白にして「た」から復帰しよう、と楽譜がなくても共有がしやすかった。

森山　ある意味、一個一個のリズムに名前をつけていったわけですね。

野口　そうです。一打一打に文字を割り振っているので、ある意味、言葉が楽譜になった。だから「安部さんのこの台詞からやり直して」といわれても「〈たおとが〉のところですか」とすぐにわかる。言葉から作ったというのは、そういう意味でもよかったですね。

「恥ずかしい」という感覚

森山　日本語にはわりと一般的な言葉のリズムがあると思うんです。演劇は演劇であるし、ポップスにも聞き取りやすい日本語のメロディや譜割りがきっとあると思います。空間現代としてはそういうものに引っ張られたりしないですか？　あるいは、わざとそういうものを壊そうという意識がありますか？

野口　歌詞を書いているとき、メロディやリズム先行で歌詞を当てはめていくんですけど、リズム的に叫んで強調されるようなところに、たとえば「涙が出る」みたいな情緒的な言葉が来てしまうと、ちょっと恥ずかしいなと感じることがあるんですよね。それはポップソングだと積極的に使うけれど、僕らの音楽やリズムに、言葉の情緒のようなものが、どストレートに出るとバランスが合わないので、あえて変な区切り、たとえば〈だ／がでる〉というように叫ぶことにしちゃおうか、みたいな。

そういうわけで、僕らは言葉の意味をなくそうとしていたけれど、逆に地点は意味がすごく重要だから、「ここで涙が出るとはいわない」、「それはちょっと恥ずかしいからやめて」みたいなことがあって、もし「涙」というのなら発狂したように叫ばなきゃダメだとか。そういう感覚やいい方のようなものをいろいろと実験していることには共感をもつ一方で、演劇と音楽の違いも感じました。何かその言葉に「批評を加える」的なところがありますよね。

小林　確かに「涙が出る」とか「愛している」というのは恥ずかしいからいえないというのがあって、それを断ち切るのを分担してくれるのが音楽だったんです。「愛して」の台詞でバンッ（音）と来て死ぬみたいな……。「圧倒的他者」である空間現代が、その恥ずかしいことをぶった切ってくれるのがすごく助かりました。

野口　だから『ファッツァー』や『ミステリヤ・ブッフ』のときは、「かき消す」というのをメインにルールを考えましたもんね。とにかく役者の台詞をぶった切る役目、みたいな。

小林　音の洪水に呑まれていくところが、空間現代とやっていて楽しいですね。通常の地点の公演だと、演出家と俳優が、自分たちだけでルールを作って同じことをやるわけですが、そうなると自分で自分をぶった切る、もしくは役者同士でやるしかない。それはけっこう難しいところがあって、だから空間現代が、台詞ではない、ただのエレキの音をもち込んでくれるというのは新鮮でしたね。

「地点語」は存在するのか?

森山　いわゆる「地点語」といわれることがあるでしょう? それについては、一度俳優のみなさんの声も聞いてみたかったんです。「地点語」は、ともすると「意味の解体」みたいな文脈で見られがちですが、「意味を伝える」ということは、地点の俳優にとって、どういうものですか。

小林　チェーホフだとはっきりしたストーリーがあるじゃないですか。たとえば『桜の園』だったら、地主が破産して土地をどうするか、となったあげく、ロパーヒンがその土地を買う、という結末があります。その流れだとラストに「買う」という言葉が来ることになるのですが、地点の感覚では、それだとまどろっこしいところがある。そこを、古典だしみんなわかっているだろうから、冒頭で「私が買いました」といってしまえたら、あとが楽になるというのがあります。それこそドラマツルギーや時系列をぶった切るじゃないですけどね。ただ、「地点語」というのがあるのかといわれると……。

石田　たぶん「ないんじゃないか」というのが役者の総意ですね。おそらく作品ごとに「地点語」を開発するというのが正しい気がします。「私が買いました」という時系列を崩すというのもそうです。ひとつの作品に取り組んでいるそのときどきで、そういうことを発見していくしかない、というか。

野口　一緒に稽古する前に舞台を観たときには、すごく音楽的だなって思ったんですよ。僕らが「愛している」という歌詞を実際に叫んだら恥ずかしいけれど、極端な話、「てる／愛し」にすればいえるというのを感覚としてわかっているから。意味を脱臼させていく、意味を脱臼させたら恥ずかしがらずに叫べるみたいな感覚は、それは僕らの立場と一緒なのじゃないかという目線で、最初は見ていたんです。

だけど一緒に稽古すると、必ずしもそうではなく、むしろ「愛」という言葉を取り巻く他の要素——たとえば生理感覚とか背景とか、歴史なんかにアクセスするために叫び方を変えているんだという気がしてきました。だから「愛している」を「観客を殺すように叫んでほしい」とか「『モウ、ヤッテラレナイ!』という感じで叫んでほしい」とか、いい方にいろいろな指示が飛ぶじゃないですか。そして、それに応えるかたちで俳優側が「こんな感じかしら」とやっていく中で定まってくるとか。それは、いわゆる「愛している」という言葉の意味——たとえば金のあるやつがないやつに対して「買う」といったら、奪うとか、暴力とか、権力とか、そういう背後にあり得る文脈にもアクセスできるように作っていくということですよね。そこにアクセスするように身振りとしゃべり方を変えているんだなというのがわかったんです。恥ずかしいから意味を脱臼させるのとはまったく別。むしろ逆で、意味をもっと多層化させるみたいなことなのかなと。

森山　そういうのは音楽だと音色やコード進行などでやっていくんじゃないですか。

野口　普通はそうです。歌に関してはやはり感情などのところで言葉とメロディのアンサンブルがありますが、むしろ僕はちょっと恥ずかしいというか、ベタすぎてつまんない。たとえばギターは悲しげなフレーズだけれど、一緒にやるドラムとベースはまったくそれと違うことをやってお茶を濁す、とか。関係ないリズムでギターの甘ったるいメロディをぶち殺しにいくみたいにやらないと。

森山　異化効果ですね（笑）。

野口　そういうのは感覚として普通にやっていたので。

森山　いまの野口さんの言葉についての話を聞かれていていかがですか。

安部　さっき話にあがっていた、野口君の「聞こえた音が間違っている」という歌詞を『ファッツァー』の中盤から後半にかけての場面転換みたいなところで、ぶつ切れにしてちぎって放り投げるみたいな発語をして歌うところがあって、そのとき、「きこえたおとが、まちがっている」の「まち」も一瞬、どこかの夜の「まち（街）」がイメージできたりしたことがあります。これもひとつの異化効果なのかもしれないけど、ブレヒトのテキストと音楽のテキストが交差できたんじゃないかなあと思っています。

言葉を（で）批評する方法

石田　でも台詞をしゃべるときは意味を考えるんです。それは言葉の意味を伝えたいというよりも、この言葉をどう批評するか。流れや言葉の意味も考えますけれど、その言葉を発する自分は一〇〇パーセント渦中にいるのではなく、演出の指示だけではなく、この意味をもっている言葉をどう批評するかで少し変えるというか手を加えていく。それがたぶん、「地点語」と呼ばれるのかなぁという印象をもっているんです。

　いま話されたように、あるところの文節で切ることによって、一つの単語の中に違う意味の言葉がいきなり現れるとか。この間、久しぶりにやって面白いなと思ったのは、『ブレヒト売り』（一六年）の小林君の台詞で「世界観」というのがあるのですが、「せ／かいかん」というふうにいったんですよ。これは攻めた！と思って。「せかいかん」の中に「かいかん」と入っていて。

小林　そのとき、銃を構えている場面だったので、ちょっと『セーラー服と機関銃』の薬師丸ひろ子が叫ぶ「カ・イ・カ・ン（快感）」が入っているという（笑）。

石田　そこで「世界観」という言葉のイメージが膨らむ。というよりも「世界観」という言葉自体への批評というか。そういうところを常に考えていますね。意味を伝えるというよりも、こちら側が、どういうふうにそれを批評したのかということのほうがすごく重要です。

野口　「せ」と「かいかん」に分けると、普通に「せかいかん」っていえない何かがそこに働いているんじゃないか、とも見えてくるし。

安部　意識の寸止め、というか。

石田　うまくいくと言葉の中に、何か批評性を孕んでいたりする単語がポンッと出たりするときがあるんです。実は同じことを、野口君の歌詞でも何回か気がついたことがある。つなげて歌うと一つの言葉なんだけれど、途中で切ったことで違う単語が出てくる。同じことしているなぁと思って（笑）。それは面白いなと思ったことがありますね。

野口　「聞こえた音が間違っている」は、まさにそれに特化して書いた歌詞で。一文字、二文字抜くと違う単語になるように設計したんです。

　たとえば「きこえた」だったら「こ」を抜けば「き　えた」になるという感じで。それをやれば歌詞は短くても、何文字か歯抜けにするだけで、けっこう長くなるし、意味もリズムもバリエーションができるから、これは面白そうだぞという感じで、一時期ライブでもやったりしていました。一つのフレーズを延々と三人でループするのですが、言葉を歯抜けにすれば「きこえた」が二周目には「き　えた」になったりとか、そういう遊びができると思って作った最初の歌詞だったんです。

石田　そういう言葉遊びや言葉の分断以外にも、単純に演出からの指示もあるんです。急に「その単語だけ奥歯がないの」とかいわれることがある。奥歯がないとフニャフニャでしゃべれないですから。ほかにも、「そこだけ歯が痛いの」とか「そこだけ泣いて」とかあるんですよ。そうすると俳優としては意識をものすごく細切れにするんです。とにかく感情を切っていく。ウワッと怒っていた人が急に笑うとか、淡々としゃべっていたのに、そこだけ泣くことによって感情を分断していく。だからものすごい多重人格みたいになっていくんですけど。その感情の分断もその状況にいる俳優、しゃべってる言葉や状況、俳優自身の批評だったりもしている。

野口　だから稽古を通して、この一文字というレベルで言葉と向き合っていく作業になってくるわけですよね。「その二文字だけ泣いて！」とか。

森山　感情が置き去りにされるじゃないですか。リズムが複雑な音楽を聴いていると、ときどきそういう感じがすることがある。微妙に一六分休符が入ったり、キュッとブレーキがかかってから、言葉が途中からまた始まる、とかね。そうすると、何か置き去りにされたままの感情の状態がそこに見える。

石田　物語って、普通はクライマックスを頂点とする一つの山として進んでいきますよね。これは僕たちにはないんです。ものすごい細かく、そういう感情を出していっているので、そういう部分が音楽的という印象をもたれているような気はなんとなくします。

小林　あとは、これは地点独特のやり方で、「持ち台詞」というのがあるんです。

森山　「持ち台詞」に関しては、三浦基さんの『おもしろければOKか?』（五柳書院）に詳しく出てくるので、興味のある読者はぜひ参照してほしいのですが。

小林　ええ。たとえばストーリー自体が破綻しているエルフリーデ・イェリネクのような戯曲だと、ひとりひとりの俳優が、このページとこのページね、というふうに「持ち台詞」を割り振られるんです。それぞれが、即興稽古で時系列も何もなく、ここだと思ったタイミングでしゃべっていく。

　でも、ただしゃべればいいというものでもなくて、最初の稽古のときは、そのもっている武器をどう料理するかも任されているんですね。だから、さっきいっていたように気持ちを分断したり、この音で切ろうとプランを立てて役者が稽古場でぶつけ合う。それを即興でやって、うまくいけば「じゃあ、安部さんの台詞のあと、石田さんで次は小河原さん」みたいに、だんだんに本番での台詞の順番が決まっていくんですね。

　それをサンプル取りというんですけど、持ち台詞を即興でぶつけ合って化学反応を起こして、それを台本化するみたいなのが最近は多いですね。

森山　何か、俳優ひとりひとりが、ソロミュージシャン化している雰囲気もありますね。

野口　そうなのかもしれないですね。持ち台詞という概念を聞いたとき、音楽用語でいうところのまさにサンプリングだなと。レコードのこの部分だけこのボタンに記録させるというのを集積して、気持ちのいいタイミングでボタンを押すのと似ているかなあと思って。でも、それを集団で制作する面白さというか。

森山　DJひとりでプレイするわけじゃなくて。

小林　持ち台詞の稽古を始めたのは、京都に拠点を移してからですね。

石田　即興の稽古では最初の頃、チェーホフなどでもやっていた気はします。でも、そのあとに役が割り振られるかたちでなくなってからは、もっと細分化されたというか。チェーホフの頃だと即興するにも特定のキャラクターは決まっているので。お墓参りに来たという設定で、振られている役のキャラクターで墓の前でどんな台詞がしゃべれるか。

森山　まさに三浦さんの本に書いてある逸話ですね。

石田　ところが役がなくなっていくと、ぶつ切りの台詞を持ち玉として覚えておいて、ヨーイドンで即興して、誰かがしゃべって、ここがタイミングだと思ったとき、その台詞に対してどう批評性がある台詞を返せるかが重要になります。それで何かうまい状況ができたら、「それ、イキ。録音して!」みたいな感じになる。

小林　『ファッツァー』にはファッツァーとかビュッシングとかという役はあるんですけど、僕がファッツァーをしゃべったあとに、また石田さんがファッツァーの台詞をしゃべったり、続きを違う人がしゃべったりとかいうのが、すごくある。だから一つの役というのはあるんだけど、みんながファッツァーであり、ビュッシングであり、コロコロ変わっていくというのは『ファッツァー』以前はなかったんじゃないかなあ。

安部　『ファッツァー』のときはとにかく、自分のもっている台詞をいい残すことがないようにしようと思って（笑）。

小林　ネタをね。

野口　全部消化してやろうと。

安部　そうそう。とにかくいいそびれちゃいけないことからいおう、みたいな（笑）。

森山　そういうときの、持ち台詞って、どのくらいもっているものなんですか。

安部　どのくらいだろう。『ファッツァー』だと、全体が分厚かったからけっこうあって三分の一ぐらいしか消化できなかったです。

小林　だから振られない台詞もあるんですよ。

森山　誰の持ち台詞にもならないものが。

小林　たとえば僕が全部の台詞を消化している

のに、「もっとないの?」といわれたとき、その振られてない台詞からリサイクルするみたいな。

安部 ボツ台詞をね（笑）。

ルールを作ること

森山 でもチェーホフだと特にバラードっぽい台詞が必ずあるじゃないですか。ああいうのは逆にやりづらくありませんか?

安部 モノローグの長いやつをどうするかね。

石田 きっと俳優それぞれ、長台詞をどうやって構築するかというのをもっていると思う。

野口 それぞれのプレイスタイルがありますよね（笑）。

石田 いちばん、わかりやすいのでいうと『ワーニャ伯父さん』。あれは出てくる人たちが自分の考えていること、感情みたいなのをただしゃべるというモノローグ合戦のような芝居なので、みんなに長台詞があるんです。俳優それぞれの特色で、自分のやり方でやっている感じはありますよね。

チェーホフはその後、演出が変わっていくのに『ワーニャ伯父さん』だけがわりと原型に近いかたちで残り続けているのは、最後の有名なバラードの長台詞にどういう批評を加えるかという演出が成功したから残っているんじゃないかなという気はします。

小林 地点の芝居は、だいたい最初の二〇分くらいまでに、「ルール見せ」みたいな部分が来るんですよ。そういう場面があって、観客がそのルールをなんとなく共有したと思われるあたりから、比較的普通に台詞をしゃべるようになったりするんです。

森山 そういえば、ちょっと普通になるときがありますね。二、三〇分経ったときに。

小林 そうなんです。

森山 チェーホフの話が出ましたが、同じ近代文学という点では太宰治作品もあります。『グッド・バイ』は、『ファッツァー』とはずいぶん印象が違うように思いましたが。

安部 『グッド・バイ』では、究極的に台詞が左から右に流れていくものになっていて（笑）。音楽も反復だし、発語の順番もループしてた。

森山 『ファッツァー』とは全然違う作品ですね。

安部 空間現代との音楽の変遷じゃないけれど、それもあると思います。

野口 爆音で役者と関わることを諦めて（笑）、本気でがっぷり四つの並走をするという。

小林 その中で、どうやって台詞がいえるか。リズムに合わせてしゃべったり、台詞が音楽と並走するんです。

森山 『グッド・バイ』では、いくつくらいのルールがあるんですか。

安部 曲は三、四曲あるの?

野口 そうですね。四つのフレーズをバリエーションを変えたりしてやる感じですね。

森山 それにのる場合と、外す場合と。

小林 そう。最初に「グッド・バイ」と、タイトルコールみたいなのを音楽にのせて、ある一定の周期で発語するんです。その間、普通の台詞は音楽と並走してしゃべって隣の人が合いの手を入れたりとかして。だから、そこは完全に音楽と分離されていますね。

石田 空間現代とコラボレーションして、回数を重ねるごとに俳優が音楽をよく聴いて台詞をいう流れになりますよね。

野口 ああ、『ファッツァー』は完全に分離していましたもんね。

石田 『ファッツァー』はとにかくどう同時にできるかを考えて、音が鳴ってないときにしゃべる。持ち台詞をとにかくこの隙間の沈黙で全部いい切ろうという。

野口 うちらは完全に役者に阿（おもね）らないというか、まったく役者のことを考えずに音を出すというのを頑張っていた。

石田 でも、何回も公演を重ねていくと、ミュージシャンが台詞を聞く余裕が出てきて、この台詞をいい切ったときにダーンと入るとノリが出るとか、カッコいい感じで決まるんだとわかってきちゃうので、その都度、演出が芝居を変えたりしてタイミングをずらしたりする必要が出てきました。とにかく俳優がこの隙間の中に入れようと思っている台詞を全部、わざといい切れない状況に作り直して再演していたんですね。

本当にいつ鳴るかわからない音が鳴ったとき

にバーッとしゃべる。しゃべり切れなくてバーンと当たるときもあるし、しゃべり切って、もうすぐ音が鳴ると思って黙ったのに鳴らないから、再びしゃべったら当たっちゃったとか。そういう生の部分が面白かったので、そういうやり方をしたんです。

『ファッツァー』での作業から、そのあとにどんどん更新していって、ほかに何かできないか、どういうふうにやったらもっと面白い関わり方ができるんだ、と試行錯誤してきたいまのところの最終形みたいなのが『グッド・バイ』ですね。常にフレーズを聴いて、その音が来たら必ず「グッド・バイ」と音楽に合わせていう。

野口　たしかに『グッド・バイ』では、初めてうちらもきっかけ台詞を多く取りましたね。いままでは俳優に寄り添わなかったのに、『グッド・バイ』ではものすごく寄り添うことにしたので、うちらが止まるタイミングをミスると俳優陣もタイミングがズレてリズムが壊れちゃう。だから本当に一緒にやっている、お互いに聴き合ってやって成功した初めての作品が『グッド・バイ』ですね。

石田　初期の頃、俳優が音楽にもっとのっている感じでやれ、みたいな演出の指示は「スウィングしている感じなんだよね」って（笑）。そんなのあり得ないから（笑）。そのときにはそこまで同調はとてもできなかったから、回数を重ねたからこそできている気がする。

小林　『グッド・バイ』はみんな酒瓶を持って、ちょっと酔っ払っているみたいな感じの作品で。バーの音楽じゃないけどのらせるみたいな。

野口　そうですね。酔っ払いというのがありましたからね、あれは。

小林　そう考えると『ファッツァー』は戦場なので尖った音楽で、『グッド・バイ』はリズムがちゃんとしていてノリがいい音楽が多い。やはり作品から明確にアソートされていますね。

野口　それはありますよね。それでいうと、だから松原俊太郎戯曲の『正面に気をつけろ』を、最初、『ファッツァー』と同じ感じでやったときにはすごく違和感があったんですよ。『ファッツァー』のように銃弾っぽくやるとまったく手応えがないし。むしろもっとヌルッとしたフレーズのほうがいいんじゃない？という話になった。この前（二〇年）の再演で、やっと完成形になったという感じがしました。というのも、『正面』の初演では、冒頭シーンで俳優がこうやったら音が鳴る、こうやったら止まる、みたいな明確な音のルールがあった。でも、再演では「謎ルール」のシーンがある。手をパチンとやったら音が止まらなくてはならないのに、安部さんのある特定のシーンのところだけやっても止まらなくて、でも、もう一回安部さんが叩くとなぜか止まる、といった、演奏者や役者にとっても理由のわからない「謎のフェイク」が導入された。『ファッツァー』では絶対にやらなかったのに、『正面に気をつけろ』ではそういう謎ルールを入れた方が手応えを感じた。松原俊太郎の言葉の質感ともすごく似ているなと思いました。

森山　松原さんの言葉って、ちょっと息が長くありませんか？だからわりと長く聞かないと何だかよくわからないみたいな感じがある。

野口　わかります。

森山　何でチェーホフやブレヒトは逆にそう感じないんだろう。

野口　『ファッツァー』の言葉はすごく歌詞っぽく読めました。

小林　単語なんだよね。

野口　単語だし、断片だし。

小林　そうそう。松原君の息が長い台詞は、『ファッツァー』みたいに分断すると違和感があるんだと思います。

安部　『ファッツァー』は寸止めでいけるけど、松原君は引き攣れというかケロイド的な一瞬、ピリッとする薄いの（皮）でつながっているイメージがあるのかもね。

だから『正面』の導入部分で、音楽で何かしらの状態を作ってくれっていわれて。情緒でいいから薄～くねと。それが効果的だったもんね。

野口　最初にムードを作るBGMで始めようと。いままでは禁じ手にしていたことをあえて冒頭に入れることで、かえってよくなりましたよね。だからやはり言葉ありきなんですよね。

小林　『正面に気をつけろ』は英霊の話だし。銃弾で撃っても死なないというか。

安部　もう魂なんだ、キョンシー的な動きもあるし。

野口　ルールを作っていく段階ってある意味ではけっこう、その作業ですよね。言葉の性質というかムードを含めた世界観と、それを生かすためのルールを作っていくわけですよね。

森山　じゃあ、ルールが決まっていくのは作品によって、かなり時間がかかるんですか。

安部　そうなんです。

小林　それこそ即興を何回もやっていく。『どん底』は基本設定や役があるのでけっこう、楽でしたけど。

安部　足を踏んだらドン、ドン。間にしゃべって、ドン。座ったらゾコみたいな（笑）。

野口　ルールって発語のルールですもんね。

安部　まあね。

小林　『どん底』も、酔っ払っているけれど一歩、歩くごとにドンと鳴らす。そのドンというのは擬音でもあるし、『どん底』の「どん」でもあるというのを挟んだら、「こんにちは」が「こん／ドン／にちは」みたいに分断していく。どうやって台詞を分断できるか、常に稽古の初期にサンプル取りをしていますね。

森山　でも「こん／ドン／にちは／ゾコ」ってワンフレーズで覚えてしまえば、またそれも違うわけですよね。逆に分断してないことになっちゃうから（笑）。やっていくうちにフレーズ化しそうになったらまた崩していくんですか。

小林　でも最終的にはやはりフレーズ化はしますね。「百姓」という台詞があったら、「ドン／びゃくしょう」みたいにそこだけ完全にフレーズ化するときもあるし。台詞を覚えるということは、ほぼフレーズ化するという。最終的にですけれどね。

石田　感情をいじって細かくスラッシュを入れていく。自分の状態にスラッシュを入れていくということで、かわしていくんでしょうね。

森山　その自分でスラッシュを入れるやり方は、人それぞれにいろいろあるということですか。

石田　あるし、そこがうまくいってないと必ず演出からダメが来ますね。

「飽きっぽさ」という批評性

森山　地点は耳の印象が強いですね。逆にいうと、ほかの普通の日本語の芝居はあまり耳を感じないんですよね。僕も地点の芝居を見はじめてけっこう長くなりますが、最初の頃に思ったのは、地点の芝居の方が、あんなにもイントネーションを崩しているにもかかわらず台詞が入ってくるんですよ。逆に蜷川の芝居とかの方が全然入ってこない。なんでこんなに入ってくるんだろうと。それはいまも変わらないし、謎のきらめきのようなものなんですけど（笑）。

小林　謎のきらめき（笑）。

石田　音楽とやっていても、あるフレーズのあとにグッと入るのと同じように、俳優同士で台詞を差し込んでいくときもタイミングとか、どこで切るかとか考えます。グッと切るときもあるし、少し語尾を伸ばしたり前の人の台詞の高低に同じ音でグッと入っていくのがいいのか、全然違う音でカツッと入ったほうがいいのかは、それぞれが判断して入れていっているので。そういう意味ではすごく音には注意しているし、敏感ではないかなとは思います。

森山　やはり、リズムや息があるということなのかなあ。つまり一般のお芝居の台詞は色が付いているように見えるけれど、ブレスの入り方はあまり変わらないから、結果として言葉の色は変わらない。でも地点の場合はリズム（ブレス）の入り方がその人で変わってくるから、そこで何か言葉に違う色が付いたりするのかなあと。

野口　ちょっと遠回しない言い方になるかもしれませんが、バンドで初めてステージに立ったとき、気持ちがよくてフワッと開放的にやったものでした。しかしそのあと、自分たちと似たようなノリでやっている共演者のバンドを見ていて、めちゃくちゃつまらないなと思った。曲がどうとか、そういう話ではなく、態度としてそういうふうにされちゃうと音楽を聴いていられなくなる。その場から逃げたくなる。なんで無理して聴かなければならないのと。だから自分たちの演奏もたぶんすごいつまらなかったんだろうなと反省して。

だから曲を作るときもそうした「聴いてられない人」や「ライブハウスは疲れる」と思っているような人をどこかで想定している節があります。そういう人も耳を傾けてしまうようなものはできないかと。そういう意識で曲を作るようになってから、どんどん曲の構造が変になっていくというか。ルールや構造を操作することで面白いフレーズを作るみたいな手法になっていったように思います。

だけど一個あるいは二個ぐらいのフレーズを作るので、もう精一杯になっちゃう。持ち台詞でいうと一行みたいなものを相当、時間をかけないと三人で作れないんですね。持ち台詞は一行しかないけど、五分やらなくてはいけないとき、それをループしたら結局、飽きちゃう。でも武器はこれしかないから、たとえば、とにかくこの端っこの最後の三音部分だけループしようと。そこから、ループ、ループ、音飛び、音飛び、ループみたいな感じにしていくと、抑揚があって飽きない、となる。ハプニングというか、つまずきがあるから普通に流れている時間が変わって聞こえるみたいな。地点の反復とか「地点語」といわれる手法もそれに近いなと思ったんです。ここで重要なのは「飽きちゃう」という感覚だと思うんです。

森山　三浦さんの演出家としての最大の批評性は、飽きっぽいところだと思う。

小林　演出が細かいんですよね。すぐ飽きちゃうから、何か手を打っておいても、二日後にはもう飽きちゃって、またもう一手加えてというのを繰り返していくと、どんどん手が増えていって役者がどんどん汲々とするのですけど。でも、客を飽きさせないとか、オッと思わせるというのはやはり大事ですね。

たとえば『三人姉妹』(一五年)の台詞で「おとうさま」だったら、「お/とうさま」で、やはり「お」で切るんですよね。で、「お」だと「おっ」という感嘆詞なのか、まさか次に「とうさま」が来るなんて初めて観る人はわからないので。そこで注意を引きつけておいての「とうさま」なんで。そういう小手先といっちゃえば小手先ですけれど、興味を引かせる演出は随所にありますね。

森山　けっして滑らかに流れない。

小林　最近、僕がちょっとラップっぽいようなことをやるんですけど、それも苦肉の策で、どうやって面白く持ち台詞をしゃべれるかなということなのですが……。たとえば『ハムレットマシーン』(一九年)はもともと難しい戯曲なんですけれど、戯曲の中の単語だけを抜いて、しかも三文字の単語「痛み」や「道化」とかを抜き出して、それを全部、母音に振り分けて並べるとラップっぽくなるんですね。

コレット・ウシャールさんという衣裳デザイナーがそれを聴いて「洋平のラップはやっぱり日本語ね」と。なんでかというと、日本語はA・I・U・E・Oの五つの母音しかないんです。英語とかだと子音で終わることもある。たとえば「SPEAK」だったら「K」というように子音で終わる。子音でも母音でも終われて、しかも子音で終わると、ちょっとボイスパーカッションみたいに、リズミカルにもなる。なので、ラップは英語のほうがカッコよく聞こえたりするんですけれど。だから五つの母音で振り分けて、発語して、それをコレットさんが聴くと、「日本語ラップ」って感じるんだと思います(笑)。

マヤコフスキーからドストエフスキーへ

小林　そういえば、『ファッツァー』があってからの『ミステリヤ・ブッフ』の音楽って、どういう感じで作ったんだっけ?

安部　『ファッツァー』でロシアに行ったの。それで三浦君にネフスキー通りはここだぞとかいわれて。

野口　でも、あれは三浦さんがマヤコフスキーの本を読んで「ネフスキー通り」という言葉が印象的だったらしく、僕らの新曲を聴いて「これ、『ネフスキー通り』というタイトルにしよう」みたいになったからいっていたんですけど。でも『ブッフ』はやはりすごくたいへんだった印象があります。『ファッツァー』以上の面白いルールというか、関係性を作れるんだろうかと。

森山　『ファッツァー』が非常にうまくいっちゃったから、同じことを繰り返してもしょうがないしね。

野口　そうなんですよ。でも音が大きくないと空間現代の持ち味も出ない。かといって、大きい音を出しているだけだと『ファッツァー』の二番煎じになってしまう。なんだかもがいている感じがすごく強かったな。

小林　結局、空間現代の音と役者の台詞は並行でいっていたもんね。

安部　笑ったり、頭に乗せたイスを落としたりとかね。

野口　笑う、イスを落とす、あと二回単語をいうとか。

　だから『ブッフ』は本当に過渡期というか、いろいろ試行錯誤しまくって、あらゆることをやっていた感じですかね。

安部　舞台装置もサーカス小屋みたいな感じで。

野口　円形でね。

安部　うん。すべてが一緒くたになったみたいな。

野口　やはりマヤコフスキーの言葉の格好よさみたいなのに僕はすごくやられたので、それを手がかりにしていた感じかなと。「サーカス」だったり「革命」だったり、「暗殺」とか、そういうキーワードを手がかりに作ったような感じがしましたね。

安部　言葉のフレーズと音のリズムを合わせたシュプレヒコールみたいなものを五つぐらい作ったよね。それを組み合わせながら場面をつないでいった。あれけっこう、いろいろと盛り込んでいる。

小林　シュプレヒコールは『グッド・バイ』につながりましたね。完全に音楽と同期して合いの手を入れるみたいなのは『ミステリヤ・ブッフ』のシュプレヒコール。「でっかい黒パンを食わせろ！」をどうやって音楽と同時にいえるかみたいな。

安部　『ミステリヤ・ブッフ』はいちばん実験した。舞台芸術研究センターで実験（一五年九月）させてもらったというのもあります[註]（笑）。

小林　公開実験では、即興を三〇分ぐらいやって。

安部　それでゆっくり、いろいろとできたのかもしれない。

野口　そうですよね。音が大きくても観客席に近づけば聞こえるから、二、三回台詞を繰り返すという発見も『ブッフ』でしたね。

石田　じゃあ、禁じ手がいちばん多いのが、いまの『グッド・バイ』ということか。

野口　『ファッツァー』のときに封じ手にしたいと思っていたものが、逆に前面に出たのが『グッド・バイ』なのかな。

森山　ちょうど裏返しになったんですね。

石田　俳優のイメージとして、爆撃音とかは役者にとっては外圧としての音なわけですが、『グッド・バイ』の場合は、酔っ払いの頭の中で流れている曲だから。だから、お客さんには聞こえてなくても、役者ひとりひとりの頭の中では鳴っている。で、気持ち悪くてウエッと吐いちゃうときだけ音が止まる。よーし、また呑むぞといったら、また音楽が流れるっていうイメージですね。ミュージシャン側、音楽側からいう禁じ手を使っているということが、うまくいっているんじゃないかなという気はする。BGMになってないというか。

野口　なるほど。

石田　BGMになるから嫌なわけでしょ。

野口　そうですね。禁じ手といったのは、単純にその頃は手法の斬新さみたいなことだけに固執していたときだったから。でも、地点と何作品かこなすことによって、一緒に一つの作品を作るのにバンドも参加していいんだというのがあるから、そういう変な手法論みたいなのに固執する必要性が薄れていったのかもしれない。原作や言葉というものをいちばんにおいてやっていく方がいいというのがたぶん、わかってきたのかもしれないですね。

小林　来年（＝二〇二一年）は、空間現代と二作品作るんです。

野口　『地下室』と『ギャンブラー』と。

森山　ドストエフスキーで二つ新作ですか！

野口　『地下室』は録音系で、『ギャンブラー』は生演奏を想定しています。

小林　それこそ持ち台詞を振られると思います。それが空間現代を触発してドストエフスキーの言葉がどうなるか、どういう音楽になるかが楽しみです。

森山　そうか。空間現代と地点とのドストエフスキーは初めてなんですね。

安部　初めて。

小林　しかも録音と生演奏でどう違ってくるのか。

安部　一周回ってね、またはじまる（笑）。

吉増剛造と空間現代

森山　ところで、日本語とパフォーマンスという観点で、地点とは少し離れてしまうのですが、詩人の吉増剛造さんと空間現代のコラボはご覧になりましたか？　私は観られなかったのですが吉増さんの言葉、日本語は一緒におやりになってどう感じました？

野口　関わる前までの印象としては、言葉が降りてくるというか、「降りてきました」みたいなスタイルで詩作をされている方なのかなと思っていたんです。いや、降りてきてはいるんですけど、書く人なんですよね。宇宙と直接つながっているわけじゃなくて、まずペンと紙と机とつながっている。だから書いているときに握っているペンによっても出てくる言葉が違うし、紙とか、紙の下の机によっても全然違う言葉や文字、あるいは音が出てくるらしいんです。そして、そのことをとても楽しそうにお話しされる。

その違いについて伺ってみるとすごく具体的で、たとえば机がザラついているのかツルツルなのか、ペンがキュッと鳴るのか、鳴らないのかとか、そうした即物的な表現で違いを語るわけです。だけど、そのザラついた机がキュッとなるペンとマッチすることで、こういう言葉になっちゃった、みたいな。その省略された過程の中に詩人としての深みのある経験や感覚があるのだろうなと、話を聞いているだけのこちらにもなぜだか伝わってくる。

話を聞いていると、発語としての言葉が先なのか、文字としての言葉が先なのかは、多分どちらもあるというか区別できない体験なのかなと思うんですけれど、行為として最初に行われるのは「書く」ことなんだろうなと思います。だから、こう払いたくなっちゃったんだ、机がこれだからこうじゃなくて、こうなっちゃった、みたいな。それによって次の言葉がそれをバネに出てくる感じなのかなと。だからモノとセッションしているみたいな。意味なき声同士で対話しているというか。そこにあるモノとセッションする中で出てきちゃった文字を書いちゃった。そうしたスタイルの詩人だったのか、というのが一つ驚いたところでしたね。だから、時として読者には伝わらないぐらいの熱量でたった一文字を深く掘り下げている時間もあるし。こんなに深いところまで文字とか言葉というのと向き合っている詩人なのだなと。こういう人を詩人というべきだよなと、そう思わせてくれる人です。

森山　俳優として吉増さんのパフォーマンスに何かお感じになったことはありましたか。

小林　即物的にその場にあるものを柔軟に使ってやる人だなと思いました。ちょっと三浦もそういう気があって、見えるものでしか考えないというか。

森山　地点の芝居と同じようなところを感じるということですかね。

小林　見えたもので発想するというのは、近い気がします。

野口　ただ、吉増さんの場合は、あたりまえですけど自分以外に演出家がいない。そのとき、即興的に一瞬だけ立ち上がった出来事そのものにこそ価値を置くタイプだと思うので、僕からすると吉増さんと地点はやはり全然違う領域という認識でいます。演劇とかパフォーマンスというよりは、即興演奏家の方が近いのかなぁと。地点のような演劇は最終的にコンポジションされた手順や段取りがあって。それがどういうふうに観客に届いているかを重要視している。だからこそ演出家が観客席にいるというのがあると思うんです。だけど吉増さんはそういうのとはちょっと違う。

でも、ものづくりの本質的な共通項というのはあると思います。それが即物的なところから始める。そこにあるものと対話していくというか、セッションするところから始めるというところでは共通しているのかな、と。

小林　吉増さんはね。衝動が純粋っていうか。

安部　確かに、見えない天と交信しているわけじゃなくて、そのときの環境の中でしかパフォーマンスできないってことは共通していますよね。いちばん手近にあるものを手がかりに。

野口　でも吉増さんの場合は、朗読せずとも詩を体現できるというか、佇まいだけで、一文字も朗読しない時期もある。これは大きな違いだと思います。

安部　それはご自分で書いているから。

小林　自分の言葉でしゃべるって、なかなか労力がいるというか、それこそ恥ずかしいではないけれど。僕が観たパフォーマンスは吉増さんが石を糸で結んで下の歯に引っ掛けて発語してました。しゃべりづらいし、しゃべるとカチン、カチンと鳴るっていう（笑）。自分の台詞をしゃべるということに負荷をかけていると思うんですね。自分で書いた言葉に自ら負荷をかけるというのは、なんかすごい通ずるものがあるなって思いますね。

安部　そういうのを間近で見ていて、どうなんですか。見ながら演奏しているんですか。

野口　もちろん、見ながら演奏しています。この前、初めて吉増さんと即興に挑戦したんですが、即興になるとますます吉増さんがいま何をやっているのかをバネに音を出さないと。それこそ自分の思い通り即興するのってすごい恥ずかしいので。状況を作っていくということに重きをおいて即興をやっていましたね。

地点はバンドか？

森山　地点って音楽的だという人もいるけれど今日、思ったのは作業のプロセスがすごく音楽的だということです。

野口　バンドっぽさがありますもん。だって絶対、全作品に全員が出る。

安部　あっ、それもバンドっぽいか。うん。

野口　ゲストが追加されるのはバンドでもありますけど。山田（英晶）じゃない人がドラムを叩いていたらバンドとしてはどうなのって。

小林　サザンオールスターズがKUWATA BANDになったみたいなね。

野口　そうそう。違うユニットみたいな。

森山　あとは三浦さんの絶妙な飽きっぽさが。

小林　絶妙で、よかったな。

安部　うん。絶妙で。

石田　でも演劇の中では、僕たちは作家との距離の取り方が独特なのだと僕は思います。基本的に僕たちは既成の台本を使うときでもそのままやるということがないので。必ず僕たちなりの批評を加えたかたちで構成台本を作る。そういう意味ではやはり、作家との距離の取り方が、こういうものづくりの根本にある気がしますよね。

　それが一つの戯曲であったとしてもその物語だけではなくて、作家に対する批評性みたいなものが必ず含まれてくるので、ある意味ではその作家の作家性みたいなものはものすごく考えていると思います。そのまま使っていないからすごく暴力的に捉えられるかもしれないけど。

野口　この前、初めて地点の芝居を観た友達がいっていたんですけど、演出の人がひとりひとりに細かく指示してコントロールして思いのまま作っているんじゃないか。そうでないと、こんなに複雑なことが起きないんじゃないかと。

　僕も最初はそうなのかなと思ったんですよ。だけど実際は俳優ひとりひとりが作ってきたり、現場で演出とのまさに対話の中で折り合いつけながら、結果、こういういい方になったというのを見て、演出と俳優で役割は異なるけれど全員で考えながら、一個のものを作っているのが面白いなと思って。それもバンドっぽいというか。全員一緒に作っているのがすばらしいと。これがいちばんの強みじゃないかなと思いますけどね。

森山　その上で石田さんがおっしゃったみたいに、もしかすると音楽を作ることと、この地点が演劇を作ることの最大の違いは作家がいるということかもしれないね。

野口　そうですね。

森山　これは逃れられないですよね。作家なしに何かその場で物語を作っていくのは違いますもんね。

安部　どうなるんだろう。作家なしだとね。

小林　まず言葉がないとねえ。

野口　持ち台詞を各自で作ってきてください、になるんでしょうか。

安部　やべ（笑）。

小林　やばい。それはもうやばい。吉増さんみたいに、歯に石をぶらさげないとしゃべれない（笑）。

（二〇二〇年一二月一一日、アンダースロー〈京都市〉にて）

註
舞台芸術研究センターの「文部科学省の共同利用・共同研究拠点」公募研究として開催した、地点と神戸大学（当時）・楯岡求美准教授の共同チームによる研究会「マヤコフスキー研究会」にて実験。

「日本語ラップ」から「ダブ・ポエトリー」へ

いとうせいこう　聞き手：塚原悠也

初めて東京でコンタクトゴンゾとしてパフォーマンスを行った際、なんだか僕はお客さんがいったいどういう反応だったのか、いまいちよくつかめないまま大阪に戻ってきた。音楽や照明の効果などが一切ない、男がダラダラと思いつき？でぶつかり、殴り合うようなパフォーマンスを、どのように観てくれていたのだろうかと想像していた。数日経つと友人から連絡があり、「いとうせいこうさんがブログにゴンゾのこと書いてるで」っていわれて見に行くと数行、フランシス・ベーコンが描く男性像などとなぞらえてコメントしてくれており、思わずパソコンのメモアプリにコピペしたことを覚えている。その後、いとうさんが近畿大学でもっていた授業に呼んでもらったり、自分が企画に携わった美術展のトークイベントなどに来ていただき、徐々にいとうさんの脳内の知識と、さらに加速しているようにさえ見える探究心の深みを知るようになった。それはお会いするたびに愕然としながら「知の滝」を浴び、自分の感性もアップデートされるような体験だった。このインタビューもその一端で、いとうさんが言葉と音のヴィヴィッドな関係性を身体的に、現場で構築された過程が語られている。

ヒップホップは「路上の現代音楽」である……

塚原　いとうさんは「言語」というものを使ってさまざまな表現活動をしてこられたので、活動を言語というテーマに絞るだけでも多岐にわたり、とらえきれないほど莫大ですよね。そこで今日はパフォーマンスにおける言語、方法論についてお伺いできたらなと思っております。とにかくバラエティに富んでおられるので、どこからお聞きし始めたらいいのか……。

いとう　そうだよね。

塚原　いとうさんといえば日本で初めにヒップホップ、ラップを始められた方というのが僕にとって衝撃的なことなのですが、その辺から伺いたいと思います。

いとう　はい。

塚原　日本において参考例となる人があまりいない時代に、ラップをやろうと思われたきっかけというのは何だったのでしょうか。

いとう　高校生ぐらいのときに、アメリカン・トップ・フォーティ[1]や極東放送[2]などを聞いていたので、カントリーもソウルも知っているし、アメリカンポップスもなんとなく耳で聴いて知っていたんです。だからシュガーヒル・ギャング[3]などのオールドスクール・ヒップホップ[4]を極東放送で耳にしたとき、それはすごく魅力的だった。ただ、これ、カントリーにも同じ手法があるよなと気が付いたんですよ。つまり「語りと音楽の中間」のようなものですよね。だったら日本にも浪花節があるよな、と。そういうことはすぐに思った。いってみれば、各人種の土着的な言語の使い方、芸能的な言語の使い方をアメリカの黒人が始めたんだなと思ったんだよね。それはとても面白かった……数年後、ヒップホップを理解しているDJは日本に数人しかいなかったけど、その中の藤原ヒロシや、MELON[5]にも参加していたDJ K.U.D.Oこと工藤昌之さんや、ダブ・マスター・X（Dub Master X）が、たまたま僕の周りにはいたんですよ。そうすると、ああ、こうやって音楽を出していくんだ、音楽は切り貼りなんだということがわかってきて、またすごく興奮した。

ヒップホップって「引用の音楽」だから、たとえば右のターンテーブルからAという16小節を出して、それから同じAのフレーズを左のターンテーブルから出して、それを真ん中のミキサーでつなぐとそれがトラックになっていく、というすごく荒っぽい発想だけど、そのことがあまりにも面白くてかっこよかったんですよね。「路上の現代音楽」だな、って思った。

ただ、いくらヒップホップに対する僕のそういう捉え方があっても、実際にやってみせないと、他人にはわかってもらえない。それに、当時はパーティラップという楽しいラップが主流だから、自然と自分もやってみたいと思うわけじゃないですか。歌がうまいわけではないのは、自分でなんとなくわかってはいたけれど、言葉で何かやることならできそうだなと思っていたら、そんなときに藤原ヒロシとやっていたあるラジオのコーナーで、ポール・ハードキャッスル（Paul Hardcastle）のヒットソング『19（ナインティーン）』の曲の上に、ふざけて放送禁止用語をラップのようにのせていくというのを、ラジオのノリでやってたわけ。そんなことをしていた――当時はラップっていっていなかったかもしれないけれど――らヒロシに「Club D[6]で回しているから遊びに来ない？」と誘われて、行ってみたらヒロシがヒップホップ的な皿をかけて突然、僕にマイクをわたしてきた（笑）。それで適当にラップをやったんだよ。そうしたら客が喜ぶんだよね。だって、ずっと英語の曲で意味もわからず踊っていたところに日本語が混じったんだから。

それがきっかけといえばきっかけですよ。それで「業界こんなもんだラップ」（一九八五年）になるんじゃないかな。僕はその後、出版社に入って雑誌の『ホットドッグ・プレス』に配属されて、『業界くん物語』という業界の仕事を紹介する漫画を見開きでやるようになったんだよ。それがウケたから、今度は確か東芝がハウスマヌカンをテーマに何かできないかといってきて。それなら『夜霧のハウスマヌカン』はどうだとつくったんだけれど、ほとんどの詩は大人に直されちゃった。でも僕と押切伸一さんでつくったサビの辺りはそのまま残っている。

ともかくそんなふうに、パロディソングのような、ノベルティソング[7]といわれる音楽の流れは、当時まだあったんだよね。そして東芝に、「ネタはたくさんあるからアルバムをつくらせろ」といったら、任せてくれたんです。今考えたら、よくつくらせたと思う。そのとき、僕はもう講談社は辞めていたんじゃないかと思うけど、誰にサウンドプロデューサーを頼んだらいいかわからなくて、僕はスネークマンショー[8]にも参加していたから、桑原茂一さんに相談したら「トミやんとかいいんじゃない？」といってくださった。

塚原　うわー。ヤン富田さんですね。

いとう　そう。僕はWATER MELON GROUP[9]でスティールパンを演奏しているヤンさんを見ていたけど、プロデュースをするのはそれまで知らなかったのだけど、お願いしたら「あぁもう全然ＯＫよ」っていってくださって……。結果的に、当時から今にいたるまで、たぶんいちばんヒップホップを聴いて、トラックをよく知っている人に頼んだことになったんだよね。当時、ヤンさんもアウトプットするところがなかったと思うんですよ。

塚原　うーん。

いとう　僕もその辺りの新しい音楽はかなり聴いていたし、ヤンさんも僕と同じように、ヒップホップを現代音楽として捉えている部分がすごく強かった。だからすぐに気が合ったんだよ。それで「Z-3MC's（＝ジースリー・エムシーズ）のリズムが好きだから、そういうトラックがいいんです」とお願いしたら、トラックができたとき、ヤンさんのアイディアで、さっきいった三人のＤＪ（藤原ヒロシ、工藤昌之、ダブ・マスター・X）が来てくれて、スクラッチバトルをやることになった。当時、ＮＹでもこんなパターンはないですよね。それが「業界こんなもんだラップ」。僕は「東京ブロンクス」（一九八六年）が自分にとってのラップの最初だと思っていたけれど、その前にすでに「業界こんなもんだラップ」があって、自分は十分いい感じに日本語をのせていたわけですよ。

塚原　はい。

民謡や音頭にならないように……

いとう　じゃあ、なんで日本語がうまくのったのか、と考えてみると「業界こんなもんだラップ」の平歌のヴァース、例えば「Zulu King なら　ヘマしねえ」という歌詞は、リズムを早めに食って入っているんです。「ずうーるー　きんぐなら」って、表のリズムだと完全に音頭になっちゃうけれど、そうならないほうが当時はよ

1 **アメリカン・トップ・フォーティ（American Top40）**　米プレミア・ネットワークス社（iHeart Media傘下）が制作しているアメリカ合衆国のラジオ番組。愛称はＡＴ40。
2 **極東放送（Far East Network）**　在日米軍向けラジオ局。愛称はＦＥＮ。
3 **シュガーヒル・ギャング（The Sugarhill Gang）**　ニュージャージーのヒップホップ・グループ。
4 **オールドスクール・ヒップホップ**　ヒップホップ黎明期のラップを指す音楽用語。エンジョイ・レコードやシュガーヒル・レコードなどのラッパー、ＤＪらが代表的な存在。
5 **ＭＥＬＯＮ**　中西俊夫、佐藤チカらを中心とし一九八〇年代に活躍したセッションバンド。
6 **ＣｌｕｂＤ**　一九八四年一〇月、ピテカントロプス・エレクトスの跡地にオープンしたクラブ。
7 **ノベルティソング**　コミックソングの一ジャンル。
8 **スネークマンショー**　一九七五年末に桑原茂一と小林克也により開始された日本のＣＭクリエイターユニット、ラジオＤＪユニット、コントユニット。一九七六年から一九八〇年にかけて同じ名前のラジオ音楽番組も放送。
9 **WATER MELON GROUP**　MELONの別バンド。

かったんです。民謡的に言葉をのせるのは、あまりにも誤解を招いて危険だったんですよ。じゃあどうやって民謡っぽくのせないようにするかと思って、考え出したのが、「ズゥルーッ(16分休符)キーングならヘマしねェッ」って食って入って、「なんとかなんとかだ」と三拍で終わるところがあるんだけれど、そのあとに高木完や藤原ヒロシが「money money!」って合いの手を入れてくれるようにしたわけ。つまり休符を消すということ。——たとえば、「ナントカナントカだ　ウン(=休符)」って、ウンが入っちゃったら、急に日本の民謡になっちゃうわけ。このウンを消すためにどうするかということで、まず一つは僕が言葉を埋めたんだけど、言葉が埋まらないところは、「周りの人が何かいう」ってシステムを開発しちゃったわけ。あとで完ちゃんに「あれは誰が考えたアイディアだっけ?」って聞いたら、全然覚えてなくて、「なんとなく、ああなっていたんだよね」って。だから誰が思いついたのかはまったくわからないんだけど、とにかく共通の意識、僕の強烈な意識で、「休符を全部詰めるぞ、全部消すぞ」というのがものすごくあったの。そうでなければ、あんなのせ方するわけないから。

　それからもうひとつ。これもよくいうんだけど——さっきもいったように、僕は高校時代からトップ・フォーティを聞いていたからさ、「東京ブロンクス」をつくった当時、韻を踏むのはもう古い形式だと思っていたんだよね。アメリカンポップスが「AB、AB、AAB」とか、「AB、AB、AA」といった構成で、ラップ以前にさんざん韻を踏んでいたし、高校生のとき、自分で英語の曲をつくって韻を踏んだりするのが好きだったの。だから、ラップみたいな、「AA、BB、CC」というような、あまりに単純で暴力的な、子供じみた韻はまして使いたくない、ってヒロシにいったら、ヒロシもよくわかっているから「踏まなくてもいいんじゃない?」といってくれた。でも結局、

TOKYO BRONX,BABY,THANX
FOR MACHINEGUNS & TANKS

と[-anks]で韻を踏んでいるんですね。サビだけはいちおう踏んで。「韻を踏むのを知らないわけじゃないよ」って(笑)。

塚原　なるほど(笑)。

いとう　でも「東京ブロンクス」は「業界こんなもんだラップ」の一年ぐらいあとなんだけど、韻を踏む、踏まないということさえ考えていない。多分、頭の中はとにかく日本語のリズムをどうのせるかってことで、いっぱいだったと思うんです。

出版業界　入って　エディター　すぐに編集長

　重ねていうけど、「こんなもんだラップ」で、(カウントの)頭から「出版業界〜」って入ると、どうしても音頭っぽくなるから、「シュシュ出版」って食って入っているんだよね。よくあんなことやったなって思うよ。いわば自分でスクラッチして入ることで、頭からジャストで音頭的なのせ方をしないようにしている。「シュシュ出版」とか、さっきの「Zulu King」[10]みたいなのせ方は、シュガーヒル・ギャングやカーティス・ブロウといった初期のソウルの流れにあった人たちがやるラップにすごく影響を受けていると思う。オールドスクール以後の、それこそたとえば、ラン・D.M.C.[11]とかパブリック・エナミー[12]になると、そんなふうにソウルフルには言葉をはねたビートではのせてこない。そういう意味では、僕はオールドスクール的な日本語ののせ方をしたと思うし、それでよかったと思っています。

　その後、リアルフィッシュの戸田誠司さんたちから誘いがあった。桑田佳祐さんとのラップ[13]。戸田さんから「東京ブロンクス」みたいな曲をやりたいと依頼があって、実現したんだけれど、曲の中で、

桑田さんが僕にちょっとだけわたすところがあるんですよ。

湯のみ 茶わん 土鍋 なべ かま こげちゃった おぼん～

とかね。そこで僕が短く面白い言葉を超ソウルフルなリズムにのせているわけ。そこのところは今、僕も忘れていえなくなっちゃったように、いまだに自分がコピーできないぐらい異様にうまいんだよね（笑）。びっくりする。それは頭で考えていったとは思えない。リズムを聴きながらやったらそうなっちゃった。――そこが言語化できない部分なんだけど、でもそれによって日本語がのるんだと、自分の中で確実にわかっていったわけです。

押韻と倒置法をどう使うか……

いとう　あとね、よく僕がいうのは、日本語は膠着語法だということです。韓国語で「～スミダ」という語尾が多いのと同じで、日本語は「～です」「～だ」と文末で価値を決定するから、普通に言葉をのせたら「～です」「～だ」の連続になってしまって、韻が面白くなくなっちゃう。だから逆に近田春夫さんなんかは、全部、最後に「サ」を付けたりした。「勇気を出してサ」「今夜こそはサ」とか、わざと「サ」で踏んだりしたんだよね。

結局、僕は韻を踏むことを知っているんだとわからせるために、一度はちゃんと踏んだほうがいいなと思って、アルバム『MESS/AGE』（一九八九年）を境にすごく韻を踏むようになるんですよね。そのかわり、まだアメリカでもやっていなかった頭韻も踏むし、中間韻も脚韻も踏む。そうすると、「～だ」「～です」ばかりにならないようにするために、やたらと倒置法が出てくるわけ。「高い山だぞ、富士山」とか。でも僕の印象では、当時の観客はまったく倒置法に慣れていなかった。

塚原　今、お聴きするとすごく親近感がありますけどね……。

いとう　でも当時の客は聴き取れなかったと思う。今なら意味がわかるけれど、まず「高い山だぞ」といってしまうと、次の「富士山」という言葉が来るまで、「高い山」ということを覚えていられないんですよ。現在の僕らは、もう倒置法に慣れているから、「高い山だぞ」といったとき、「富士山」と結論するまでを覚えていられる。でも、その当時だと一つ目はよくても、二つ目、三つ目ぐらいの歌詞から、もう覚えられなくなるんだよね。多分、頭の中にパソコン的な演算部分があって、そこが覚えてくれて、あとでアクセスして部位を形成していくんだけれど、それをリズムの上で聴かされると、とたんにわからなくなる。

塚原　しかもライブハウスで爆音ですからね。

いとう　だからやっていて、いっていることがほとんど伝わってい

10 **カーティス・ブロウ**（Kurtis Blow）　アメリカのラッパー、シンガー、ソングライター、音楽プロデューサーおよび映画プロデューサー、ブレイクダンサー、DJ、パブリック・スピーカー、牧師。
11 **ラン・D・M・C・**（Run-D.M.C.）　アメリカのヒップホップ・グループ。ラップとロックを融合した先駆け的存在として知られている。
12 **パブリック・エナミー**（Public Enemy）　アメリカのヒップホップ・グループ。世界ツアーを敢行した最初のラップグループでもある。
13 **桑田佳祐さんとのラップ**　『ジャンクビート東京』Real Fish featuring 桑田佳祐・いとうせいこう 一九八七年。

ないんだなとわかるわけよ。サビの言葉にメッセージがある場合、サビを繰り返さなくてはいけなくなるでしょ？　でも初期のラップはサビを繰り返さなかったんですよ。僕の印象ではＬＬクールジェイ[14]が『Radio』（一九八五年）という曲だったと思うけど、そこで初めてサビを繰り返したんですね。別の理由でやったのだと思いますが、つまりポップス寄りにすることをやったわけです。でも僕ら日本語勢は（サビを繰り返して）ここでちょっと一息つかないとね、という感覚はあったんです。客が内容についてこれないから。

僕、よくいうんですけれど、自転車に乗れるようになると、乗れなかったときのことを忘れちゃうでしょ？　それと同じように、日本語でのりこなせなかった時代のことなんか、今みたいにのりこなせるようになった時代には、絶対想像がつかないですよ。今の観客が倒置法を理解できるのは、要するに観客も進化したってことです。重要なのは、僕たちだけが進化したわけではないってこと。そういうのが、初期の日本語がのるための苦労かな。「倒置法」、つまり韻のことと、「休符を消す」という、この二つが、当時は大命題だったわけです。

塚原　休符を消すとおっしゃっていた三拍のあとに、一拍分の音を入れて、コーラスが「money money!」を入れていくというのは、「money money!」のあとにラッパーがすぐに言葉を続ける準備をするためですか。

いとう　それもあると思う。助かったのはタイニー・パンクス[15]がいたっていうこと。偶然だけど１ＭＣ、１ＤＪではなかったのがよかったわけ。一人でやるとなると、そこもやらなくてはいけないから、ほとんど息を吸う暇がない。ラッパーは息を吸うテクニックが大事だけれど、それにしても息があがっちゃうよね。たぶんレコーディングで一回つるっとやってみて「ココとココに入れてほしいんだよね」とかいったんじゃないかな。あるいは彼らが「ココとココは入れよう」といったか、どちらかなんですよ。

塚原　なるほど。

ヤン富田さんとつくられた『MESS/AGE』ではヤン富田さんのみがトラックをつくっていくわけですよね。しかもオールドスクールとはまったく違う世界観というか、なぜあの時代にあのアルバムができたのか今もよくわからない、というような新しさがありますね。

いとう　あのときヤンさんと誓い合ったのは、「二〇年たっても古くないものをつくろう、普遍的なものをつくろう」ということだった。それが二人の合言葉のようになっていたんだよね。だから僕は風俗的に古くなる日本語はなるべく使わないことを心掛け、ヤンさんはぶっちぎりのプロデュースをした。そのあとでは、むしろＮＹの連中が僕らをサンプリングしてラップしてたぐらいなんだよ。デラソウルたちが。だから「業界こんなもんだ」も「東京ブロンクス」もそうだけど、メッセージは別次元に行っちゃっている。今のラッパーたちがあのトラックを聴いたら、こぞって「これはなんだ」っていうと思う。「のせたい、やりたい」というと思う。そういうものがヤンさんから出てきていたんですよね。

僕は、頼まれてポップスをつくるときもそうなんだけど、詞先（しせん）じゃなくて曲先（きょくせん）じゃないとダメなタイプなんですよ。まず曲が先にあって、それを聴いて、じゃあこういうコンセプトで、こういう歌詞で、というふうになってから言葉が浮かぶ。ヤンさんの場合はこういうトラックをつなぐとこうなるんだけれど、というのをいくつか聴かせてくれて、「あ、これ書ける」「これで未来的な状況を歌いたい！」という感じで進めてきたんですよね。『MESS/AGE』の頃は、どちらかというと、「日本語をどうのせるか」という問題はクリアしちゃっていて、むしろ「何をのせるか」に移っていたんだよね。韻はいくらでもついてくるだろう、のせ方は自分でなんとかするけれど、問題は、そこで何をいうかということ。つまり八〇年代後半のアメリカのヒップホップは「俺はモテる」という話しかしていなかったから（笑）。僕らのやっていることは、これは世界のヒップホップにはないだろう、という意識ですね。それをやってました。

よく笑い話でいう例なんだけど、以前は客に向かって「セイ、ホー！」（ラップで使うアオリ）っていっても「セイ、ホー！」って「セイ」から返されちゃうし、「スクリーム！」っていうと「スクリーム」ってかえってきちゃう。え、オレがいうの？って（笑）。それで僕は「騒げー！」というアオリを発明したわけだけ。さっきいったみたいに、これも客の成熟度が大きいですよね。ヒップホップはコール＆レスポンスの音楽でもあるわけだから、上手に客のノリが入っていかないといけないんだけれど。八九年以降は客も一緒につくってくれる音楽になったから、それはすごくよかった、助かったよね。だけれど僕はそのあたりでヒップホップをやめちゃう。あとはスチャダラパーよ、頼んだ！って。

塚原　いとうさんがラップの曲をどんどんつくっていく中で、お客さんがいっしょに成長し、他にもプレーヤーがどんどん出てきたってことですか。スチャダラとか。

いとう　そうだね。ライムスター（RHYMESTER）もそうだし、キックザカンクルー（KICK THE CAN CREW）も出てきた。この間もスチャ（スチャダラパー）と、今から見ると面白かったって話していたんだけど、当時、僕のライブなんて客は何百人しか入らないわけですよ。それなのに特に小さなFUJI AV LIVE[16]のライブにスチャが来ていたらしいんだよ。

塚原　へえ〜。

いとう　（ライムスター）宇多丸も来ていた。キックのＭＣＵも。一〇〇人もいない会場にスチャに、宇多丸、ＭＣＵもいたことを考えると、むちゃくちゃ濃いし影響の確率が高いよね。

塚原　ＤＮＡの分配というか。

いとう　そうそう。ものすごくいい形で分配が行われ、まったく違う形のラップをする人たちが現れたということ。しかも宇多丸は、僕が途中でやるお笑いネタを、帰りの電車でコピーしてたっていうんだよ。ＭＣＵもそうだったみたい。だから当時、彼らには僕のライブはラップだけじゃないものに見えていて、やることなすこと面白くて、マネしたくなるような何かだったんでしょうね。不思議な話だなって思った。笑いを通じて伝わっていたんだなあって。

ノベルティの時代は終わった……

塚原　お笑いの発話、リズム感というのは僕らが子供の頃から聞いているリズム感で、そのリズム感が音楽的な部分ももっていて、その影響もあるのかなと思うのですが。

いとう　断然あるね。海外ではやっているものをいち早くキャッチないしは興味があるからキャッチせざるをえなくて、それを日本で

14　ＬＬクールジェイ（LL Cool J）　アメリカのヒップポップＭＣ、俳優。
15　タイニー・パンクス（TINNIE PUNX）　藤原ヒロシと高木完により結成されたヒップポップ・グループ。
16　FUJI AV LIVE　一九八六年二月〜八八年六月の最終金曜日（一部例外あり）に行われた富士マグネテープ（後のＡＸＩＡ）主催のライブシリーズ。

やってみる人はずっといたわけじゃないですか。特に開国後、明治・大正時代には。

塚原　そうですね。

いとう　そういう意味でいうと、僕はノベルティ・ソングのほぼ最後の人間だと思っている。僕がそれを本格的にやるのが八〇年代後半だとしたら、その次は、もうインターネットの時代になっちゃうんだよね。八〇年代というのは、要するに、渋谷にレコード屋が乱立していて、そこでロンドンではやっているレコードを見つけて「うわー、これなんだ!」となったりする時代。当時は外国との差がまだ歴然とあったから、結局ノベルティみたいなことをせざるをえなかったんですよ。だって、所詮はどんなにカッコつけて強面（こわもて）のまんまヒップホップをやっても、見ているほうは何をやっているのかわからないんだからさ。だからわかりやすく、ちょっとした冗談を入れながらやらざるをえないし、それがノベルティになった。その精神はスチャダラにも少しかぶっているかもしれないけど、でもそういうことは、九〇年代以降はほぼ消えていくわけじゃない?

　九〇年代以降はね、直接海外とわたり合える人がどれほど出たかは別としても、たとえばハウスミュージックが出たら、ノベルティなんかにせず、そのまま真面目にシリアスにやれる人が出てきた時代なんだよ。僕らは、それができなかった世代。——だから、ノベルティって何だろう、っていまだに考えるし、「日本語」と「輸入文化」、「日本の音楽」というのは、いったいどういう状態で海外とわたり合っていたのだろうというのはすごく興味があるし、よく考えることですよね。

　でも、ラップが浸透して、あらゆることが歌えるようになったら、なんだかラップより自由に音楽とセッションしたい、何か違うな、と思うようになってしまった。僕自身は八九年にやめたんです。これは他でも話したことがあるのですが『MESS/AGE』のレコ発ライブをやったときに、ヤンさんやダブ・マスター・Xがレコードをつくったあとだからギンギンになっていて、「曲に合わせて決まったトラックを出したくない」っていいだした。

塚原　ほー。

いとう　ほぼ直前になっていったんじゃないかな。つまり、自分たちは自分たちで音楽をつないでいくから、「いとう君は思いついたときに歌詞を歌ってくればいい」みたいなことをいいだされた。今でいうフリースタイルな考え方ですよ。

　でも僕はフリースタイルができる技術もないし、当時できるなんて思っていないし、しかも曲先の人間だし。その曲がどんなシリアスさをもっているのか、美しさがあるのか、コミカルなフレーズなのかによって言語が出てくるから、用意のない感情のリフレインなどがあったとき、一個ラップをしたら次の言葉がないわけ。でも彼らはもっと曲を続けたいわけじゃない?　そのとき僕はやっている途中で、ああ、言葉は要らないな、と思ったんです。これ、音楽だけでいいじゃんって。いいかえれば、これだと自分のやる意義がないというか、僕がいる場所がないと思って、しばらくやめちゃうんだよね。

　究極、音楽と言葉（の意味）はセッションできないんだと。今までにないことをいおうとした場合、スタジオで音源をつくった方が言葉を磨くことができますからね。

塚原　時間をかけて。

いとう　そうそう。その場でやることのすごさもあるけれど、それはそれとしてフリースタイルでやると、より客がわかりやすい言葉を選ばなくてはいけないわけです。そうすると言葉の範囲が狭まってくるよね。

「意味」も「演奏」できる……

いとう　それで九〇年代はしばらくラップをやめてたわけです。そのかわり、日本の古典芸能により興味がわいて、自分から弟子入りしてお稽古つけてもらうようになったわけ。すると、ああ、日本語ってこうやるとこう伝わるんだ、俺、まったくわかっていなかった、と気づいて、それでDJの須永辰緒に「お前の好きなようにやってくれていいから。俺、横から合うと思うものを読むから」っていって、自分が書いた本をごっそり持参して一時間ぐらいライブしたんですよ。言葉を音楽と音楽の糊代みたいにしたいし、自分の生声は恥ずかしいからダブ（音楽制作手法）にしてディレイかけてもらって。そうしたら面白くて、いくらでも読めるわけ。曲に合う本がなければ黙っていればいい。黙っていられるのはダブだからなんだよね。ダブって、演奏しないところが面白いんだもん。ダブは「トラックを抜く」というのが美学だからさ。その抜き加減でセンスが出るからね。

塚原　そうですね。影のように。

いとう　そう、いないほうがいいみたいな。それをやって、これはいけるなと思ったからダブちゃんともやったし高木完ともやったし。そのうち大阪の味園ユニバースに呼ばれて、京都から来た若いセッションバンドと一緒にやったんだよ。ちょうどアメリカがイラクを爆撃する直前だったので、テロに対して戦争で答えたらそれはテロというものを格上げすることになるぞ、という政治的な声明をペラ一枚つくっていって、あらゆる形で読む。一時間ぐらいやれちゃったんじゃないかな。すごく面白くて。それで、これはいけると思って。

それで何年かあとにUAやGO-BANG'Sなどのプロデュースをした朝本浩文がずっと事故で意識不明だったんで、彼へのチャリティー・イベント「Asamoto Lovers Aid」を恵比寿リキッドでやったとき、僕は今までやってきたやり方で、生演奏の中で本を読むというのをやったんですよ。そのとき、集まったメンバーをみたらドラムは屋敷豪太だわ、ベースは角田敦だわ、キーボードはエマーソン北村と、とんでもないスーパーバンドになり、そこでTHE BOOMの宮沢和史君が歌ったりして。そして僕もポエトリーリーディングをやったんだけれど、そうしたらやっている最中に何ていったらいいのかな、僕が何か読むのを彼らがものすごく聴いていて意味に沿った演奏をしてくるんですよ。僕がもっと読みたいと思ったらサビにいかないで待っていてくれるんです。うしろを振り返りもしないのに僕の読みが頂点に行くときに、全員がドカーンとサビに入っていくんですね。それでライブのあと、楽屋でみんなに「なんで合図をしていないのに、なんであのタイミングでみんなサビにいったの？」と聞いたら「いとう君の歌詞を聞いていたら自動的にそうなったんだよ」って全員がいうんだよ。

そのとき、八九年から諦めていた言葉の意味というものも、実は演奏できるんだということに気がついた。言葉の意味と音楽はまぐわえる、セッションできるんだということがわかったんですよ。それで僕はあとで「ものすごいバンドだよ、このバンドやっていこうよ」とダブ・マスターＸにメールしたら、向こうは向こうで、「あれは面白かったからまたやろう」ってことになって。それでより音楽中心にやっている人はDUBFORCE、僕はis the poetというバンド名にして、でも両方をとりあえず一緒にDUBFORCEというバンドでしばらく活動して。そしてライブのときはiPadに自分の詩や人の詩をいろいろ入れておいて、演奏によって詩を選んで読むことにしたんだよね。

過激な言葉にこそかっこいい音楽を……

いとう　有難かったのは、リハーサルでAという曲に対してA'という詩を読んでも、僕が本番でA'を読むとは限らないと全員が知っているという状態ですよね。むしろ「同じことをやらないでくれ」というぐらい。だから僕がBという詩をぶつけたときに、彼らの演奏が変わるわけ。僕もそれを聴いて、逆にどこをサビにぶつけようかと考えながらやっていく。行き来しながら考えることができたわけで、それはもうすごい喜びですよね。五〇いくつになってようやく自分がやりたかった、自分の発明だけれど、みんなにもやったらいいよといえる、つまりジャンルをつくることができたってことだと思うんです。

その頃ちょうどis the poetのベーシストでDJのWatusi（角田敦）さんとTariki Echoというお坊さんのテクノバンドもやっているキーボードの龍山一平とで、全国の詩人が集まって詩を戦わせるポエトリーリーディングの大会に呼ばれた。そこで、すごい詩人がたくさんいることを知って、すぐに首謀者に一緒にやろう！　といってis the poetのライブに詩人たちを読んで、次から次へと自分の詩を読んでもらうライブをやったんです。リハーサルは基本的にせず、何を読むかもいわない。でも詩人が出てきた雰囲気を見て、もう屋敷豪太は叩きはじめているからね。「こうだろ?」みたいに。そうすると詩人たちがものすごく開放されて、今までこんなふうに読んだことはありませんってあとでいうぐらいノッて読んでくれるんですよ。音楽もダブミキシングしてくれるザック（ＺＡＱ）さんとかダブ・マスター・Ｘとか一流の人がやってくれるんで、今度は詩人たちの方からまたやりませんか、といってくれて。だから、音楽の方に広がったのではなくて詩の方に広がったんですよね。

塚原　ザックさんも一緒にされるんですか。

いとう　ザックさんも何回か頼みました。ザックさんも「面白かったわ〜、またあるときよんでよ！」っていってくれて。どの言葉と演奏にダブをかけるかは彼らにとって極めて面白いことですよね。

ダブ・ポエトリーは正直、僕が最高に尊敬しているリントン・クウェシ・ジョンソン[17]くらいしかやっていないので、まさかそこに日本語が、しかも歌っぽいメロディと一緒にのることはあったとしても、メロディなしで朗読のようにのせることなんて誰もやっていなかったですよね。詩は音楽とまぐわえるという。もし、途中で音楽がいらないなと思ったら、全員が演奏をやめる。そしてダブだけ響いているという。もしダブもいらないという顔をすればダブも切るかもしれない。それはセッションにおける——

塚原　——会話ですか。

いとう　そうそう。それで僕の日本語をどうするかという問題が解決したんだよね。今、アルバムをつくっているんだけれど、参加しているのが全員、名うてのプロデューサーなんですよ。コロナで集まれないということもあるけれど、たとえばWatsusiさんがトラックをつくってギターのアイゴン（會田茂一）に投げたら、今度はアイゴンがプロデューサーになる。そうするとまったく違うタイプのギターをのせてサックスのコバケン（KEMURI）に投げる。今度はブラスのフレーズをつくってくるのでまた違う音楽になるから、それを聴いてみんな「うぉ〜！」って盛り上がる。やり合いなんだよね。

塚原　はい。

いとう　僕はフレーズ聞いてると詩が頭に浮かんじゃうからパパパッて書いてリハーサル室で発表することもあるし、ライングループで発表することもある。そうすると僕の言語を見て、今度は誰かがアレンジをプラスしてくるわけ。そうやって回している間にどんどん曲ができて、あとは録るだけだよね。

塚原　今おっしゃっていた方法論というのは、発話法としてはダブ・ポエトリーのテクニックでやっていくってことですか。

いとう　基本はダブ・ポエトリーにすると自由度がすごく高いですよ。トラックが変わってリズムがヒップホップ寄りになってきたな、ダンサブルだなと思ったらファンクなのせ方をするときもあるし、ラップにしちゃうときもある。いかようにも変えられる。それが自由度の高さですね。それこそ三〇年前の『MESS/AGE』の頃の歌詞を引っ張り出してのせちゃうときもある。これだなと思ったら古かろうが新しかろうがのせるし、ときには昭和歌謡をのせちゃうこともある。たとえば、この曲に『ペッパー警部』[18]が面白いかも！と思ったらやる。まあ、まだ実際に『ペッパー警部』は読んだことはないけれど、飛ばし、飛ばし読んでもダブだし、もしディレイが飛んでいたら「ペッパー警部、ペッパー警部、ペッパー警部……」となるから、全部読まなくてもいい。あとは「私たちこれから〜」っていうだけ。間があると、人はその中に詩を見いだすじゃないですか。

　メンバーにもいうんだけれど、僕が音楽をわからないからこそ、うまくいっていると思うんですよね。たとえばAというフレーズからBというフレーズに変わるとき、コード感が変わるのは僕でもわかるけれど、Aを三六小節やってBをいくつと冷静に数えてやるのは、僕にはできないの。「Aを二回してサビにいって大サビにいく」というのは覚えられない。だけどそのかわり、変化を感じたときにはそれにふさわしい読み方をするという能力だけが異常に発達しているから、少しAが遅く始まっても意外と詩は読めるんですよね。「二番まで読めそうだから詰め込んじゃえ」ってできる。そうするとサビに行ったときに何をするんだろうというのが、僕にとってもバンドメンバーにとってもスリリングなんだよね。キーボードの龍山一平に聞いたら「せいこうさんが次、何を読もうかなって考えてるのがすぐにわかる。だから何が来るかなって待っている」って。言葉ののせ方や言語の内容によって全員が瞬間的に反応する。全員が「リズム」を「意味」でやっているんだよ。

塚原　しかも、そこにある種の編集のような作業をもってくるということですよね。その上で身体的な反射神経があると。

いとう　そのことで客がハッとしたり盛り上がる。自分がいいたいことだけをいうのではなく、客がのるということを考えている。長年、芸人もやっているしラッパーしてきたということ自体、人を盛り上げたいからやっているわけで、それで客を魔術にかけていく感じ？　それが今やっていることだよね。だから人によっては怖いと思うよ。客が全員、こっちの手の上でクラクラしている姿がそこにあるから。ただ僕はそういうことだけが妙にうまくてこの言葉稼業をやっているからさ。演説みたいなこともやるし、選挙が近ければ政治的なことも読むしね。

塚原　それはスーチーさん？

いとう　ああ、こないだのライブね。それもその過程で出てきたものだね。アウンサン・スーチーがロヒンギャ難民を弾圧していて、それに対してアウンサン・スーチー自体がダメじゃないか、対話しなくてはだめじゃないかって……。

塚原　代々木公園で。

17　リントン・クウェシ・ジョンソン（Linton Kwesi Johnson）　ロンドンを拠点に活動する詩人。

18　『ペッパー警部』　一九七六年。アイドルグループ、ピンク・レディーのデビュー・シングル。作詞・阿久悠、作曲・都倉俊一。

いとう　うん。かつてポエトリーのテーマにしてた彼女を政治批判しないと自分がやってきた演説の筋が通らないなと思ったからやったんだけれど。それは音楽になっている救いというのがすごくある。というのも、すごく過激な表現や強い思想を恐れずにやるけれど、そうであればあるほど音楽はかっこいい方がいいのよ。

塚原　そうですね。

いとう　なぜなら頭と体は違うから。考え方が違う人がいてものりながら違うなって思ってほしいわけ（笑）。音楽がかっこいいと思っている部分は同じじゃん。一緒にダンスして、シェイクしているけれど頭の部分は違ってもいいよっていう、そこは僕にとってすごく重要なポイントなんですよ。

塚原　僕はたまにマルコムXの演説を聞き返すことがあるのですが、思った以上につまるというか、噛むのが目立つような気がして。そこが今、いとうさんのおっしゃるような音楽的な身体ではないというか、頭だけといったら失礼かもしれないけれど、思想性の純度が高い中で演説だけでやろうとすることの差ではないかなと思いました。

いとう　やはりパフォーマンスであるということが前提だから。僕がステージの上で読んだらそれはパフォーマンスだから、必然的に身体性をもつわけですよね。僕は少なくとも身体性が快楽へとつながっていってほしい。それはブラックミュージックが好きだからということだと思うんだよね。もっと客と一緒にノリたい。だからダンサブルな身体でいたいわけ。

　僕は『What's Going On』（一九七一年）がすごく好きだからマーヴィン・ゲイ[19]をよく例に出すんだけれど、『What's Going On』はデモ隊の歌で、なんでデモしちゃダメなんだよ、なんでプラカード出してはいけないんだ、なんで髪の毛が長くてはいけないんだっていっている。でも、パフォーマンスするときのマーヴィン・ゲイは非常にセクシーだから、聴いている女の人が失神しちゃうんだよね（笑）。これは異常なことだよね、デモの歌なのに。でも、デモの歌だからこそ、こういう風にやるべきだと思うんだよ。そこが舞台芸術であって単にセリフがあることとはレベルが違うことが起きるわけじゃないですか。どちらのレベルが上ということではなくて。全く違う次元のことが複数同時に起こる、起こさなくてはいけないわけ、マジックを。そういうふうに僕は思っている。

　今の僕は少なくともフリースタイルはやらないけれど、よく研ぎ澄ました言語で、言語の順番で、その日の音楽やメロディによって歌ったり、歌わなかったり、ゆっくり読んだり、早く読んだり、叩きつけるように読んだりと、いろいろな読み方をすることでセッションになっていくようなパフォーマンスをして、言葉を届けていく。最終的には言葉を届けている意識はなくなって音楽をやっている感じ。意味を演奏している感じがものすごくあるんだよ。ここは最後にズバッとポジティブな言葉が来るほうが盛り上がるだろう！　そこは軽く、と読んでいると知らない間にフリースタイルになるときがあるのよ。知らない間に韻を踏んでいる単語が出てきて、それがピッタリなときがあるの。それは面白いよ。そういうことができたらいちばんいいなと思う。

塚原　意図せずに、ということですね。

いとう　リズムが、メロディがもうひとことほしいといってくるから、もうひとことといったら韻を踏んでいるフレーズが出ちゃうとか。意味的には絶対、そこにほしいよねというのが出ちゃう。

塚原　不思議とそういうときって絶対、遅れないですよね。ピタッと。

いとう　出ちゃうんだよね。僕はお笑いもやるけれど、お笑いでいえばアドリブですよね。アドリブの的確さが求められているんですよ。サビに行く手前で絶対、ひとことほしいって思ったとたんに頭の中に浮かんでいるから。これは生放送のCM前のツッコミとすごく似ている。ひとことといって笑わせてからCMにいく。カメラ割でディレクターが僕にそれを要求しているとわかるみたいなね。それで、知らない間にいっているって。

塚原　何かのインタヴューで、いとうさんが、テレビのカメラの方々とのセッションワークについて話されていましたね。

いとう　そういうこと。良いカメラと良いスイッチャーがいると、彼らが構築していくんだよね。いっていることを映しているというより、映っているからいう、ということ。顔がドアップになるから芸人が何かいう。順番が逆になる瞬間が特に生放送だとあるんですよ。それがテレビの醍醐味。カメラで抜かれて自分がアップになってヤバイ！　何かいわなくちゃと思った一瞬、出ちゃう。

塚原　〇・二、三秒ですね。

いとう　その瞬間の判断で出るのがその人のギャグセンスだよね。それがフリースタイルのスリル。

笑いはスポーツのように……

塚原　シティボーイズのみなさんとのライブというのもかなりフリースタイルなんですか。

いとう　いや、基本的に僕は笑いではアドリブを禁じていたタイプだったから。とくに大竹さんがアドリブ方向に走っちゃうことがあって、なぜか僕は若いのに偉そうだったから「そういうのはやめてください！　きっちりと稽古した通り一秒たりとも違わない形でやってください」って。それがあるとき、エノケンさんやアチャラカ芝居というのを考えるようになり、九〇年代にサッカーワールドカップが放送されて、スポーツのほうがテレビ番組より面白いってことがわかっちゃったわけ。お笑いもスポーツみたいにやらなくてはいけないっていう考え方になったんです。

　アチャラカ芝居では役柄の中でいくらでもアドリブをやって、平気で二分、三分と芝居が伸びてしまうんですよね。名うてのコメディアンはそうやって鍛えてきたってことがわかって、僕はそういうことのほうを大事にしたいと思って、なるべくアドリブが入るような形に書くようになったんです。

　面白かったのは、一か月以上同じ芝居をやっていると当然、飽きるじゃないですか。気が抜ける。だから毎日、中村有志さんが方針を決めるわけです。「きょうは新劇！」といったら、同じコントを新劇っぽくシリアスにやるわけ。でも自分たちにしかわからないぐらい微妙に変わるから、笑わせどころはしくじらない。「今日はアチャラカ」、「今日は海外モノ」、みたいにテーマを決めてやるわけ。海外モノがテーマのときは、ちょっと舌が回っているのがわかると面白いんですよ（笑）。毎回、少しずつテイストが違うんで飽きないんですよね。それは演奏と似ていて同じメンバーでのセッションでも、うまい人は毎回、ちょっとタッチを変えてやったりするわけです。それも僕にとってアドリブなんです。なぜそれをやるかというと、新鮮にやったほうが客には楽しさが伝わるんだよね。

塚原　そうですね。

19　マーヴィン・ゲイ（Marvin Gaye）　アメリカのミュージシャン、作曲家。

いとう　サッカー選手もよくサッカーをやること自体が幸せだといいますよね。そのセンスですよ、芝居も。そういうふうにやりたいとケラ（ケラリーノ・サンドロヴィッチ）と「空飛ぶ雲の上団五郎一座」をつくったんです。名前はエノケンさんたちの「雲の上団五郎一座」から来ているんですけれどね。お笑いの「くりぃむしちゅー」が出てきたときだったので「くりぃむしちゅー」を中心に据えて、できるだけアドリブの間を入れてやったんです。そうしたら、昔の喜劇作家で、「アチャラカは本当はアドリブをしていない。みんな練習をして、きっちりやっていたんだ」という批判をしてきた人がいたの。

塚原　なるほど。

いとう　ところが新宿シアターアプルでやったとき、マチネとソワレの間、役者は外に出られないから体を動かすために劇場をうろつくわけですよ。そのとき、二階でおせんべいを売っているすごくきれいな高齢の女性がいらっしゃって、聞いてみたら、なんとその方が実はエノケンの劇団にいたってことがわかって、

塚原　うわー！

いとう　それで、「みんな集まれ！　話を聞いてみよう」といって当時の話を聞いたんですよ。そうしたら「三木のり平さんがどうこうで毎日、いうセリフが違うんですもん、笑ったわ」って。やっぱりそうだったんじゃん！　ってそのとき、喜劇の神様が降りてきたみたいだったな。だからよし、俺たちも自由にやろうって。is the poetにも、「言語でやる音楽スポーツ」という要素が入っているよね。もちろん音楽と言語ではルールは違うけど、それでもゲームはできるってところかな。

塚原　そうですよね。

いとう　そろそろ時間だね。

塚原　そうなんですよ。最後に二月、三月（KYOTO EXPERIMENT 京都国際舞台芸術祭2021 SPRING）の音あそびの会とのセッションを楽しみにしています。

いとう　うん。楽しみにしています。みなさんに伝えておいてほしいのだけれど、僕は言語より先に歌があったと思っていて。歌からメロディがなくなって冷静になって言語になっていったと。だからここでは歌と言語の間をやりたいわけ。叫び声がたくさんあるような、叫び声の中に思いついた単語があればいってもらってもいいし、何かに影響されて詩を読む人がいてもいいけれど、そのときに思いつくメロディ、怒鳴り声、パッションみたいなものが中心にあったほうがいい。非言語的な言語があったほうがいいと思う。それが楽しいと思う。それをみなさんにいっておいてください。それでは！

塚原　わかりました。今日はありがとうございました。

（二〇二〇年九月二四日　オンラインにて）

言葉、声、音楽

藤田康城

　音が聞こえる。音楽が鳴っている。稽古の中で、パフォーマーの足が床をこすり、手が壁を打ち、言葉を吐く声の先に、微かな息遣いが残る。絶えず生起するそれらの物音は私の耳の奥の残響を広げ、その場に無いはずの音が頭の中に響いてくる。そして、それらの音がいつしか連なって、場を彩る音楽を奏で始める。それらの音・音楽は実際の舞台に直接反映されるわけではない。しかし、演出者としての私は、テクストのイメージを視覚化する前に、まず、パフォーマーの身体や声の微細な変化が生むノイズに耳を澄ます。頭に響く音の連なりが、舞台の時間に重なって、作品はゆっくりと形作られて行く。

　ARICAというシアターカンパニーを二〇〇一年から仲間と始めてもう二〇年になる。そして、そこにはいつも「言葉」と「声」と「音楽」が深く関わっている。

　劇団俳優座と縁のあった父の関係で、一〇代の早くから舞台が身近にあった。俳優座の東野英治郎、仲代達矢、加藤剛、文学座の杉村春子、太地喜和子、劇団民藝の滝沢修、宇野重吉、名優とうたわれた役者たちの舞台に幸運にも接してきた。多くはすでに亡くなり、伝説になって語られるような俳優たちだが、舞台での彼らを想い起こすと、不思議にもその姿以上に、まず彼らの「声」が聞こえてくる。そしてその声に導かれるようにして、声の主の身体が呼び覚まされる。

　高校の図書室で『ベケット戯曲全集』を手にした。それまでは、私にとって戯曲を読むとは書かれた言葉を声として聞くことだった。シェイクスピアやチェーホフなどある程度戯曲は読みなれてきたつもりだったが、その際は、舞台を見て知っている俳優の声を想像し、役に当てて読んできた。しかし、ベケットの言葉からは、発語する主体を容易に想像できなかった。言葉自体は難解ではない。しかし、言葉の背後には底しれない闇があり、その深みに絡めとられては、具体的な誰かを思い描くことなど到底できなかった。そして、何より惹きつけられたのは、その闇の中に、豊かな音＝音楽が溢れていたことだった。私の頭に絶えず鳴り響く音と、ベケットの言葉の闇に鳴る音が、こだまのように共鳴した、と感じた。

　ベケットの作品において、音が根源的な要素の一つであるのは、よく知られたことだ。自らピアノをたくみに弾き、戯曲のト書きには音楽用語の指示を記し、一九六六年のレコード『MacGowran Speaking Beckett』(1)では、打楽器を演奏してさえいる。そして、まさに『言葉と音楽』というタイトルのラジオドラマでは、「音楽」自体を登場人物の一人にし、セリフのない音楽で言葉を語らせた。

　ベケットを知った頃、鮮烈な音と言葉の体験があった。吉増剛造だ。トランペッター沖至（おきいたる）のレコード『幻想ノート』(2)の中に収められた一曲『古代天文台』で、詩人、吉増剛造の声を初めて聞いた。

　鬱とした沖至のトランペットの響きに導かれ、密やかに吉増剛造の声が聞こえ始める。「銀（しろがね）の　古代天文台に雪ふりつもり　銀（しろがね）の古代天文台に雪ふりつもり　ああ　雪がふる、雪がふる　雪がふって、純白の恋人が歩いてくる……」徐々に声は熱量を増し、藤川義明のフルートとアルトサックス、田中保積のドラム、翠川敬基のコントラバス、一人一人の演奏が吉増の声と共振し、高まっていく。彼らの演奏は、単に声を支えるのではない。楽器の音の粒立ちが、声の襞（ひだ）に入り込み、生々しく精妙な時間の流れを確かにしていく。

　やがて声と演奏は激越な調子から変わり、吉増の声は翠川敬基のコントラバスの静かな弓弾きの揺らぎに重なって、「魔子の、緑の、魔子の、緑の、魔子の、緑の」と、一人の女優の名を繰り返し、甘やかに音と溶け合う。

※（現代の、孤独の
　歌うたう
銀（しろがね）の、白馬よ、ぼくの死霊よ
言語雪ふる、雪崩について疾駆せよ、疾駆して
実名にむかえ）
ああ
空に魔子と書く
空に魔子一千行を書く
詩行一千行は手の大淫乱ににている！
空に魔子と書く
空に魔子一千行を書く
魔子の、緑の、魔子の、緑の、魔子の、緑の
魔子の、緑の、魔子の、緑の、い触れけむ
※（純白の恋人、魔子に変身する！
死体のように正座する、一行の人名に触れ
　る！
いま
呪文が、一女優の名をかりて出現した！）

※カッコ内は、元の詩篇(3)にはあるが、この曲の中では朗読されない。

　謎めいた魅力を湛えた映画女優として六〇年代後半に目覚ましい活躍をし、一九七六年には石橋蓮司とともに、劇団第七病棟を立ち上げ、舞台俳優としても時代を刻印した女優、緑魔子。吉増の声が「実名にむか」い、言葉と声と音楽が真に結ばれたとき、確かに一人の女優の身体が、眼前に「出現」したと感じた。

　しかし、吉増自身も、自らの声の発見が必要だったようだ。一九六九年に出された四枚組LPボックス『自作朗読による 日本現代詩大系』(4)という文芸レコードがある。そこで、三八名の詩人の多くが自作を朗読しているのだが、二九歳の吉増も四編の詩を、初々し

くも少し硬い調子で声に出している。前年一一月二〇日、一二月七日に録音されたものだ。その前後に収録された谷川俊太郎が拡声器を使い、天沢退二郎は裏声をも駆使して発語を工夫するのとは違って、丁寧に言葉を伝えようとする真面目な響きがある。『古代天文台』とは異なり、まだ声は言葉の意味のうちにおさまっている。

『幻想ノート』の録音は、当時パリで活動をしていた沖至が、一時帰国した一九七五年一二月になされたもので、先の『自作朗読による日本現代詩体系』収録の七年後のことだ。その間、吉増は七〇年代の初めには、先鋭を極めていた日本のフリージャズの世界にいて、小さなライブハウスで盛んに声の「演奏者」として、優れた演奏家たちと共演を重ねていた。

『航海日誌'69〜'70』[5]と題された日記の中に、一九七〇年五月三一日PM8：00　新宿ピットイン・ニュージャズホールで、ドラムの山崎弘トリオと共演したことが書かれている。そして朗読したのが、当時の最近作『古代天文台』だった。

> ジャズ・メンたちに囲まれて詩の朗読を開始しようとしたとき、左手背後のベースの弓音が身体じゅうに響いてきて、身体の中心が高熱をおびでもしたかのように指先までふるえだす。
> 音の実在がこれほど圧倒的なものとは予想もしなかった。共鳴震動する肉体をどう鎮めようか、その方法も即座にみいだせず、ちょうど崖から飛びおりるようにして、とにかく第一語を震える声のまま発語して朗読に入っていった。
> ジャズ・メンたちの前面で聞いているのとは全くちがう。音の暴風圏内に巻きこまれたようだ。
> （中略）
> そう、人体も一個の楽器である。
> だれもがこのような自由な音の空間に入ったならば、必ず自分でも信じられない音響が咽喉から、また全身から湧きだし、また周囲の楽器に共鳴しはじめるはずであり、こうした感覚を一般生活に移して考えてみると、発声体、発音体としての人体がいかに自由な発声や震動を制約されて、非常な抑圧下にあるかということが一瞬にして了解される。

ジャズの演奏の内側で直接に音と対峙することで、発声体、発音体の自らが楽器となって音楽を作り出し、言葉を外に解放して行く。では、アクターの発語の動機はどこにあるのだろうか、セリフはテクストが示す役柄の代弁なのか、いやそれだけならばつまらないだろう。彼らが「自由な音の空間」にいて、「ジャズ・メンたちの音の暴風圏内」の中でのように、周囲の音・音楽と共鳴するよう発声体として言葉を放ち、身体も同調する。私は、そんな「音楽劇」の可能性を、淡く思い始めていた。

それから間もなく、奇しくも大学の講師と学生として吉増剛造と会い、ゼミの中で私がベケットについて話をしたことから、彼の発案でベケット研究会という小さなサークルを作った。亡くなる直前のベケットに来日を願う手紙を送り、断りの返信をもらったりした。私にとってそれは、発声体の詩人、吉増剛造と、発声体としてのベケットの登場人物たちとの邂逅であり、「音」としての言葉のありように、さらに思いを深める機会だった。

同じ頃、太田省吾の主宰する転形劇場の沈黙劇『水の駅』と出会う。吉増剛造が声で言葉を立ち上がらせ、一人の女優の身体をも現前させたのに対して、『水の駅』は、言葉を排することで、舞台上の人間そのものの存在を引き立たせていた。その沈黙には、言葉以上の感情の流れが現れ出ている。

そして何よりも、登場人物の沈黙によって、前景に出て来たのは、そこに聞こえる音である。舞台中央の壊れた水道の蛇口から絶え間なく流れて、排水口に落ちる小さな水の音だ。それが舞台の時空を作り上げていた。
開場の時から既に流れ続ける水の音の中、最初に少女役の安藤朋子が一人登場し、二メートルを五分という極度な遅さの歩行で蛇口に近づき、籐のバスケットから赤いプラスチックのコップを取り出して、その蛇口に差し向ける。そのとき音が消えた。その一瞬のしじまに、息を呑むほどの衝撃を受けた。行為と音が見事に結ばれ、舞台上の人間の、生命の確からしさが、鮮やかに際立った瞬間だ。そして、絶え間ない水の音は、この舞台の根幹にあって、登場人物たちが水を飲みに来るたびにその音は変化した。水の音自体が世界なのだ、ああやはり、舞台は音に満ちている。
転形劇場が、『水の駅』（一九八一年初演）、『地の駅』（一九八五年初演）の沈黙劇を経て、再び言葉を取り入れたのは、『↑やじるし』（一九八六年三月初演）であり、もう一つの沈黙劇である『風の駅』（一九八六年一一月初演）を挟んで、続く『水の休日』（一九八七年初演）だった。『↑やじるし』と『水の休日』は、天井に記された矢印に導かれて、人が移動するというプロットが共通している。沈黙劇は、言葉を排することで、かえって言葉以上の感情の流れを雄弁にしたが、それを経て再び演者たちが言葉を話し始めた時、その言葉のベクトルは特異なものだった。とりわけ、一九八八年一二月に解散をする転形劇場としての、最後の新作となった『水の休日』の冒頭の場面は、今もありありと覚えている。太田省吾は、そこでダイアローグの新たな可能性を示唆していたと思う。
現代美術家、剣持和夫が協力した『水の休日』の舞台美術は、壁一面に廃材がはめ込まれ、床全面にごく薄く水が張られている。床の水は揺らめきながら人や物を鏡のように映している。それが終始、舞台に幻のような気配を醸していた。
冒頭、瀬川哲也演じる、中年の男1が舞台中央で靴にブラシをかけながら、独り言を呟いている。そこに、娘である女2の役の安藤朋子が寝起きのスリップ姿でやってくる。

男1　どうなんだ。
女2　え……。
男1　いや、元気なのか。
女2　え……ええ元気。父さんは。

娘、父へ近づく。

男1　いや、元気だよ。お前はどうなんだ。
女2　え……ええ……元気。
男1　うん……それは弱ったな。
女2　ええ。

間。

男1　……そうか。
女2　なんでもないわって、やっぱり言えない。
男1　うん、そりゃ、そういうものだ。……うん、そりゃ、そういうものだ。
女2　ええ……。

間。

男1　どうしてもか。……そうか。どこがだめなんだい。……いや……うん、弱ったな。
女2　仕方ない。

男1　……うん。ン……うん。

間。

女2　一人の人間と一人の人間。

男1　……そりゃそうだ。一人の人間と一人の人間だからな。

間。

『水の休日』[6]における、瀬川哲也と安藤朋子の会話は、かつて聞いたことのない、謎めいた掛け合いだった。戯曲だけを見れば、さほど変わったところのない親子の対話に思える。しかしそれは、およそ非現実な「間」を挟みながら語られる。言葉の表面的な意味では、相手への問いと答えだ。だがそれは直接に相手には向かわない。意味が消えてしまいそうな間合いを置き、まるで互いの独り言のように投げ出される。言葉は一度遠くに投げかけられて、その反響によって会話をするかのようだ。

言葉によって、その人間の思いがそのまま伝わる訳ではない。思いは、本人さえも捉えられない大きな渦の中にある。それを表すのに、表面的な意味に収斂させ語るのではなく、脳の虚ろな祠の中に響く、その響きそのものを、言葉に載せるような対話だったと思う。頭の中で轟く言葉が、わずかに外に漏れ出したかのように。聞こえる言葉の背後には、言語化し得ない多くの想いが満ちている。それが、沈黙劇を経た、太田省吾のセリフの新しさではなかったか。

その時、まさにベケットの言葉の闇の響きと、私の頭で鳴り続ける音と、舞台空間に実在する人の声が結ばれたと思ったのだった。

そして、そののち紆余曲折があり、大学の同級で吉増剛造のベケット研究会のメンバーでもあった詩人、倉石信乃がテクストを書き、転形劇場の舞台で私が見続けていたアクター安藤朋子の演じる、ARICAの活動が始まる。

言葉、声、音楽。こうして思い返してみれば、ARICAの舞台は、「自由な音の空間」にいて、「ジャズ・メンたちの音の暴風圏内」にあるように、ライブで演奏される音・音楽にパフォーマーの身体が共鳴し、発声体として言葉を吐く、そんな「音楽劇」の思いをひいて、全体が一つの楽曲のように作られているのではないかと気がつく。私たちの舞台は、最初の公演から演奏者がライブで音を入れている。パフォーマーの動きの変化を捉え、響きあう音が重要なのだ。

戦時中に軍需工場でパラシュートを作らされていた女工と現在の孤独な女を重ね合わせた『パラシュートウーマン』（二〇〇三年初演）では、女が身体を揺らしながら踏み続ける足踏みミシンの音がマイクで増幅され、エレクトリック・コントラバスの音楽と重奏する。それは戦火の機銃掃射の音にも聞こえる。また『KIOSK』（二〇〇六年初演）では、キャスター付きの椅子に腰掛け、舞台の上手下手を反復移動する物音が、二人のミュージシャンの奏でる音楽と重なった。狭小の店舗に雇用された女店員の誇りと切なさを音に託す。ARICAの初めての舞台であった『ホームシックネス』（二〇〇一年初演）では、壁を叩く音、床に身を投げ出す音、積み重なった板に体を繰り返しぶつける音、それら身体が生む物音とライブの音楽が重なって、一回の上演の終演は、一つの楽曲の完成でもあった。

そして、その「音楽劇」の根元にあるのは、倉石信乃のテクストである。

倉石の言葉は、ARICAの公演の演者に当てて書かれたものだが、戯曲としての体のない、詩的なテクストである。しかし、朗読を目されたものでもない。主に安藤朋子の身体や声を意識した上で

ARICA公演『恋は闇 / LOVE IS BLIND』(テクスト=倉石信乃、演出=藤田康城、出演=安藤朋子)イワト劇場 2012年　写真=宮内勝

書かれ、その「生身」を通じた独特のリズムがある。イメージだけに閉じこもることのない、生々しい身体性がある。そして、戦争であれ、被雇用労働者の悲哀であれ、辺境と中央の懸隔の問題であれ、個々の作品のコンセプトが、それぞれの捻れたリズムをテクストに与える。演出者である私と演者である安藤は、その捻れを読み解き、そこに隠れている音とリズムを引き出そうとする。

例えば、二〇一二年に上演した『恋は闇／LOVE IS BLIND』の、近松門左衛門の心中物を元にした倉石信乃のテクストは、こんな調子だ。

新宿行く、心中以下　見間違いみまちがえ、道間違え、道ち間違い町まち、まち待ち合わせ間違えて、くれないの、くれ夕暮れに刺されて、刺して喉をさしあげ、上げますおしまいだ、これはおしまいの話だ滅亡しぼうめつし、おしまいにはじまり、いくら早起きしても日は高く上りもう暮れて深夜も2時を回り夜が明けて鶏が二度鳴くうちにお前は俺を裏切るだろう、いいえそんなことはありません師匠わたしは先生を裏切りませんいいえお前は俺を必ず裏切るがそれはいいことだなぜならお前はそれを一生忘れないであろうからお前はわしを否認する知らないというだろうそれはそうとこれはまた別の話だった好きなひとだった、好きなひとがあり、蟻硬く、壊れたので待ち、つ、続き、舌鼓の夏、そっちへ行きます。(中略) いかいく、イカいく心中行き、心中生きるいきのこき、のこきり、いきのけ、除けそこ、除け、のこのこ、のこのけ、ねこのこ、ねこのけ、ねこのけぬ、毛抜きとらたらあめん、あめんがたつ、おめんがられめ、ンがたつき、北突き当たり見かねる、あぐねる、ありありがとう、ありり川、リカバリー理科貼りり、無理と無理なり娘無縁むむムズかしい虫虫足、虫走る走ろれ、やっと休んで

病み上がりやみやがれ、闇が読みがが、富士がGAKU、
GOKUU、URUMA、BEGIRE、GORAZA、
MEGIMO、OKIBE、JINOKO、TORE！[7]

このテクストを発語するのに、奇妙な仕掛けを作った。底が抜けた四角い箱の一面に大きなスピーカーが取り付けてあり、その箱を頭にすっぽりと被り発語すると、中に仕込まれたマイクとアンプで声が拡大されるというものだ。電化した発声体となった安藤は、8ビートを刻むバンドの音楽に合わせ、猛烈な勢いで言葉を放つ。それは歌だ。もしかしたらここには、沖至と吉増剛造の『古代天文台』の残響があるのかもしれない。

言葉と声と音楽。どこか一方に傾くことなく、それらの緊張を保った距離をどう図るか。それが本題だと考えてきた。安易に言葉の意味が表に立つと、そのイメージが簡単に舞台を覆ってしまう。身体を基底にした声は言葉と対峙し、音楽は言葉を支え、ときに断ち切る。音楽に呼応して吉増剛造の声が言葉を宙に投げ、壊れかけた言葉の含意が、その瞬間に輝きを増すかのように。あるいは、ベケットの『NOT I』の、ほとばしる言葉の奔流が、多くの言葉の意味を消してしまうとしても、なお聞こえてくる言葉の内に、人間の根底的な苦難が露わになるかのように。そして、太田省吾の『水の休日』で、意味が霧散しそうになる程、極度に間遠な親子の会話の声の裏に、底しれない哀愁が透けて見えたかのように。

テクストが、それにかなった声を要請する。言葉と向き合い、発語の方法を探り続ける。ある作品でその発語が効果的だったとしても、その声を別のテクストに当てはめることはしない。そのように言葉を型にはめると、その言葉も声も形骸化し衰弱していく。常に新たな道筋で言葉の奥底に降りていき、そこから声を、音を、引き出すこと。型にはめるのではなく、型を破り続けること。そうすることで、言葉と声と音楽は、なお新たに響き合い、豊かな音を奏でるはずだ。そのとき言葉=声は、見る者の頭ではなく、まず神経に作用するだろう。そしてその神経の震えが、人間の生命を喚起させるだろう。そんな「音」の紡ぎ出す舞台を、いつも想っている。

注

1 Samuel Beckett『MacGowran Speaking Beckett』Claddagh Records Ltd. - CCT3、一九六六年

2 沖至『幻想ノート』Offbeat Records - ORLP-1010、一九七六年

3 吉増剛造『詩集　頭脳の塔』青地社、一九七一年、六二頁～七三頁

4 粟津則雄、宗左近監修『自作朗読による 日本現代詩大系』フィリップス、FS-5029～32、一九六九年

5 吉増剛造、前掲書、一二六～一二七頁

6 太田省吾『劇テクスト集（全）』早月堂書房、二〇〇七年、四二五～四二六頁

7 倉石信乃、ARICA『恋は闇／LOVE IS BLIND』上演台本より

インタビュー Interview

「日本語」の「うた」と「ことば」——J-POPと現代口語演劇

佐々木敦　聞き手：森山直人

「歌うこと」／「話すこと」

森山　今回は「言葉と音楽」という特集で、近代日本語という観点からそのことを考えてみたいと思っています。佐々木さんは、いうまでもなくHEADZというレーベルの主宰者として、音楽批評家として、「音楽」に深く関わっていらっしゃるだけでなく、特に二〇〇〇年代以降の「現代口語演劇」の批評も精力的にお書きになっています。今日は、そういう視点から、いろいろなお話をうかがえればと思っています。

さて、「言葉と音楽」という問題を、音楽史を参照しながら考えてみるとき、とても興味深いのは、音楽においては、演劇以上に、「異文化接触」という問題が目に見えて前景化されてくる、ということだと思います。たとえば西洋音楽＝白人音楽の文化圏に、ブルーズのような黒人音楽の文化が流入してくると、まったく異なるリズムや音階に、言葉をほとんど強制的に合わせなければならなくなる。エルヴィス・プレスリーにせよ、ビートルズにせよ、「レイス・ミュージック」と呼ばれて差別されていた黒人音楽を浴びるように聞くことで誕生していったわけですよね。特に二〇世紀以降のポピュラー音楽の歴史において、新しいものは、絶えずそのように生まれてきた、ということがあったと思うんです。

同じように、近代日本においても、明治維新以後、「西洋音楽」が有無をいわせず流入してくると、それまでの日本にはなかったリズムや音階に強制適合しなければならなくなる（もっとも、この場合は、「言文一致運動」などのプロセスを通して、近代日本語自体も生成されていくのとパラレルな進行になるので、事態はやや複雑なのですが）。

ともかくそうやって、まずは明治時代に文部省が「音楽取調掛」を設置し（一八七九年）、これがのちに東京音楽学校（一八八七年）へと発展していくわけですが、初代東京音楽学校校長の伊澤修二による『小学唱歌集』（一八八一―八四年）以降の一連の「唱歌」の編纂があって、渡辺裕さんなどはそれを「国民音楽」の誕生という観点から論じています（『歌う国民：唱歌、校歌、うたごえ』、中公新書）。そこではじめて、西洋音楽のメロディやリズムが、日本語と結びつくわけですが、同時にまた、江戸時代以来の「都節（みやこぶし）音階」

などもけっして消滅したわけではなく、その中でいわば一種の折衷様式として「ヨナ抜き音階」のようなものが誕生していきます。これは、「4＝ファ」と「7＝シ」の音を抜いた、「ドレミソラド」というスケールで、この音階を意識的・無意識的に用いつつ、日本の音に親しんだ庶民もいいな、と感じられるような日本風の西洋音楽が、軍歌や童謡、それから大正から昭和初期にかけて成立するレコード歌謡産業を通じて、大衆化していく、という大きな流れがあると思います。

　こうした童謡やレコード歌謡のような「音楽」に合わせた「言葉」は、北原白秋や西條八十のような、近代詩人たちが数多く関わっていることも無視できないし、そういう形での「言葉と音楽」の結合体が、西洋への憧れを増幅させていく。しかしながら、昭和初期には、さらにジャズという新たな「異文化」も流入してくる――というわけで、このあたりは、佐藤良明さんの『ニッポンのうたはどう変わったか：増補改訂版J-POP進化論』（平凡社ライブラリー）などに詳しく分析されていて、小泉文夫の古典的名著と並んで、必読文献ですね。ここでは細かいことは省きますが、一九二〇年代後半から、一九五〇年代くらいにかけて、世界中の音楽要素を貪欲に吸収していった日本のレコード歌謡は、おそらくひとつの近代的な産業＝制度として確立していったのだろうと思われます。

　ところが、一九六〇年代になると、音楽文化のあり方に変化の季節が訪れる。ひとつはビートルズの流行がそれですが、輪島裕介さんの分析によると、その一方で「演歌」が、あたかも伝統的なものであったかのように誕生してくる、ということになる。ちょっと引用すると、「「演歌」という語が一九六〇年代（むしろ昭和四〇年代というほうが正確でしょう）に音楽産業の中でひとつのジャンルとしてみなされていく過程と、それが「真正な日本文化」として高い評価を得ていく過程は相関しています。というよりむしろ、ある種の知的な操作を通じて「演歌」というものが「日本の心」を歌う真正な音楽ジャンルとして新たに創り出されたのです」（『創られた「日本の心」神話：「演歌」をめぐる戦後大衆音楽史』、光文社新書、15頁）。

佐々木　いわゆる「捏造された起源」ですね。

森山　はい。それが、七〇年代になると、ロックが一般化していく。このあたりからは、佐々木さんの『ニッポンの音楽』（講談社現代新書）がカバーしている領域ですよね。一九六九年に、細野晴臣、大瀧詠一、松本隆、鈴木茂の四人によって、伝説的なバンド「はっぴいえんど」が結成されると、「ロックは英語でしか歌えない！」と主張する内田裕也などとの間で、有名な「日本語ロック論争」が生じたりもする。しかしその後は、むしろ「はっぴいえんど」系のミュージシャンによって開拓された「シティポップ」や「ニューミュージック」の全盛期になっていき、ロックと日本語の間に新たな関係が結ばれて一般化していったのではないか。とはいえ、しかし八〇年代になると、七〇年代にニューヨークで発祥したヒップホップが日本にも輸入され、「日本語ラップ」も産声をあげる。九〇年代には「渋谷系」とか「小室サウンド」が出てきて、佐々木さんの用語でいうところの「リスナー型ミュージシャン」というのがひとつのピークを迎える……。ものすごく大きくかいつまんでいうと（笑）、ざっとこういう流れがあるわけですね。

佐々木　ええ。

森山　そこで、今度は、そういう日本近現代音楽史を、日本近現代演劇史に重ねてみます。明治期の演劇は、「演劇改良運動」という名の「歌舞伎改良」があったり、自由民権運動における演説や壮士芝居などの中から、あまりにも有名な川上音二郎のオッペケペー節などが生まれたりもし、やがてこうした動きが明治三〇年代以降にいわゆる「新派」という、西洋演劇と日本演劇の折衷様式の確立につながっていくわけです。とはいえ、こうした当時の「新しい演劇」は、まだまだ江戸期以来の身体性や音楽性と不可分だったはずだし、こうした流れは（一九六〇年代における「演歌」とは違った意味での）演歌師・添田啞蝉坊とか、あるいは浪曲などとも通じていたでしょう。

ところが明治末から大正期に、西洋近代劇の本格的な輸入としての「新劇運動」が活発に展開するようになると、なんといっても新劇は圧倒的に「活字文化」なので、江戸期以来の「演劇」に息づいていた伝統的な音楽性や身体性から離れる、というか、むしろ徹底的に否定しようとする方向にいったわけです。築地小劇場時代の小山内薫が、「歌うな語れ、踊るな動け」って稽古場で俳優たちに怒鳴っていたという話はよく語られるエピソードで、逆にいえば、そうやって口をすっぱくしていわなければならないくらい、伝統的な音楽性や身体性を離脱することが難しかったということの証拠だともいえますが、別の言葉でいえば、新劇にとっての至上命題とは、日本語の演劇をいかに「散文芸術」として自立させるか、「活字文化」として定着させるか、ということだったと思います。つまり、かりに、パフォーマンスにおける劇言語のありようを、「歌うこと」―「語ること」―「話すこと」―「沈黙すること」、という、四段階くらいのスペクトルで考えてみると、新劇は、少なくとも理念的には「歌うこと」、「語ること」を否定し、「話すこと」の優位性を確立しようとした、ということになるのではないかと思います。

佐々木　発話が不可避的に帯びてしまう広義の「音楽」性に引っ張られないようにしなくては、ってことですよね。

森山　そうなんです。それではいったい「話すこと」とは何か。それは、つまり「話し手」と「言葉」が「一致」する（＝言文一致）ということです。それが役（＝キャラクター）に回収される場合もあれば、パフォーマー自身に回収される場合もある。でも、それに対して「歌うこと」の方は、「歌い手」と「言葉（歌詞）」が分離している部分もありますよね。台詞劇と音楽劇を、トータルに考えようとしたとき、その辺がひとつのポイントとして出てくるのではないか、と。

佐々木　うんうん。なるほど。

森山　ただ、新劇のひとつの大きな功績は――新劇の全盛期は、ちょうど一九二〇年代後半から五〇年代にかけての日本のレコード歌謡の確立期とほぼ同時代なのですが――「近代日本語」の発語という点で、「話すこと」というのを手掛かりにして、ひとつのシステムのようなものをつくったということだと思うんですね。三島由紀夫は、自作『サド侯爵夫人』（一九六五年）に寄せた文章の中で、「日本には悪名高い翻訳劇演技というものがある。西洋にはそんなものはない。（中略）それはいかにも無格好な、俄かごしらえの橋ではあったが、ともあれわれわれの劇場を、西欧へつなぐところの唯一の橋であった」といっていますが、そういうひとつの折衷様式が、いまとなってはベルエポック的な「近代日本」の基盤となっていたのではないか。そして、まさにそういう「近代」に対するアンチテーゼとして、「一九六〇年代」が出てくる。ビートルズの時代でもあり、演歌の時代でもある六〇年代は、日本の舞台芸術史においてはアングラ演劇の時代でもあり、暗黒舞踏の時代でもある。同時にまた、そういうアングラの時代・暗黒舞踏の時代は、クール・ジャズやフリー・ジャズの時代でもあるわけです。

佐々木　六〇年代のアングラ・シーンでは舞台芸術と音楽は人脈的にも完全につながっていましたからね。

森山　それから、七〇年代におけるつかこうへいの小劇場ブームは、「はっぴいえんど」以降のシティポップの流れと、少なくとも時代的には並行しています。

佐々木　そうですね。

森山　それで、「反近代」としての「一九六〇年代」が目指したのは、さきほどのスペクトルでいえば、いわば「歌うこと」と「話すこと」の中間にある「語ること」の復権という形で顕在化するわけです。いいかえれば、「散文芸術」として成立した日本の近代劇である「新劇運動」は、演劇の中の音楽的な要素、一種の「韻文芸術」としての可能性をいわば殺すことでアイデンティティを担保したわけですが、アングラ・小劇場運動における「語り」の前景化は、明らかにそのことへの反発でした。たとえば唐十郎の戯曲の流麗な長台詞などは、ある意味では「韻文」の代理物をつくった、という側面もあるのではないか、と思うし、つかこうへいの中にも、同時代のロック的なものだけでなく、語り物とか、浪花節的な伝統が息づいていたように思えます。

ところが、八〇年代になると、ちょっと違ってくる。宮沢章夫やケラリーノ・サンドロヴィッチ、松尾スズキのような人たちは、「言葉と音楽」という点では、明らかに「演歌」ではなく「はっぴいえんど」以後の流れに近い感覚をもっています。なんといっても、彼ら自身、そういう音楽に深くコミットしていましたしね。「笑い」における演じ手と観客の距離感に対する注目も、広く「リズム」ということを考えれば、同じような地平にあったのかもしれない。その流れは、二〇〇〇年代になるとチェルフィッチュ以降の流れに受け継がれていきますよね？　ゼロ年代からテン年代にかけての日本の演劇作家たちは、サンガツや口ロロ（クチロロ）、空間現代など、佐々木さんのレーベル「HEADZ」のミュージシャンたちとの協働作業も数多くある。――と、まあ、近代日本語における「歌」と「演劇」の歴史を、そのような時間軸で考えてみることができるのではないか、ということなんです。その中で、〝何〟に私たちは囚われていて、〝何〟から自由になることができるのか、ということですね。そのとき、たぶん「日本語らしさ」というようなものが、何らかの形でかかわっているように思えてならないので、そのあたりを佐々木さんと話してみたい、というのが、非常に長くなりましたが、今回の趣旨なんです。

近代日本語における「私」

佐々木　なるほど。興味深いですね。射程がめっちゃデカいから、どこから話せばいいのか……。ただ、いまの話を聞いて思ったのは、当然ですが「日本語」という問題の向こう側には、「日本的なるもの」がほの見えているということです。いま挙げてもらった僕の『ニッポンの音楽』という新書のことですが、『ニッポンの文学』と『ニッポンの思想』（いずれも講談社現代新書）を加えたシリーズ全体を通しての問題意識、僕の立論の出発点としてあったのは、われわれがそこに属しているところの「ニッポン」なるものが、単に地理的なだけではない空間的な、また単に歴史的なだけではない時間的な、ある種の「閉域」をつくっていて、「閉域」である限りは、その「外部」が存在するわけですが、ニッポンにおいて、その「内と外」の関係は一種独特なややこしさがある、という発想でした。外部と内部の動的な関係性の中で、現在あるような極めてドメスティックな、ガラパゴス的な日本文化がどのように形成されていったのかという問いが常にありました。

「言葉と音楽」というトピックを、「日本語」という観点から考えてみようとするとき、たとえば日本語を解さない外国人が最初に日本語を覚えようとするときに直面するような、文法構造だけではない音韻やリズムのもっている身体性、アジア人、中でも日本人の身体的な特徴、身長体重とか骨格とか――もちろんそれは相対的な差異でしかないわけですが――そういうものが、一方では問題になりえるわけですが、もう一方にそれとも深く関わる問題として、ちょっと柄谷行人の『日本近代文学の起源』みたいになってしまうけれど、そうした発話の身体的な身振りにおいて、「内面」とか「私」とか呼ばれるようなものが、遡行的に形成されてしまう、まさに捏造されて発見されてしまう、という問題があると思うんです。日本語を介した日本（人）特殊論というか。

この問題は、もともと外国語でなされていたことを、日本語を使ってやろうとした際、たとえば文学をやろうとしたり、演劇をやろうとしたり、ロックやラップをやろうとしたときに立ちはだかってきた、意識しなくてもぶつかってしまう壁みたいなものと関係があると思う。これは翻訳一般の話でもあって、日本語としてこなれた、なだらかな翻訳といわれるものは、要するに何なのか。「外」で生まれたものを「内」に移植しようとしたときに、不可避的に入り込まざるをえないズレや偏差、突起やささくれみたいなものを、なだらかに均すことは、果たしていいことなのか、というか、そもそもそれって可能なことなのか。そしてそこにおいて日本語の特殊性——そのようなものがあるとして——は、どう関与してくるのか。

森山　逆に「なだらか」だからこそ違和感がある、というか、「なだらか」にすればするほど違和感がある。本当は「なだらか」なはずなんてないのに。

佐々木　日本語を第二言語として習得した人の話を聞きたいところではありますね。しかしこうした「日本（語）特殊論」が厄介なのは、ある見方からすればそれは歴史的な虚構なのだけど、同時にやはりひとつの真理でもあるというか、他のあらゆる言語に特殊性があるのと同じ意味で、日本語にももちろん日本語ならではの特殊性がある。そして僕たちは日本語話者なので、そのことを考えざるをえなくなる場合がある。

森山　実はこの特集を考えるきっかけのひとつに、多和田葉子さんの『地球にちりばめられて』という小説があったんです。この小説は、明らかに「第二言語話者」の視点に近いところから「日本語」を捉えているところがありますよね。

佐々木　あれはそもそも「日本（語）の絶滅後」という設定なのに、日本語で書かれていること自体、すでにおかしい（笑）。あの小説の世界では「日本語」はパロールとしてもエクリチュールとしてももはや存在していないはずなのに、多和田さんはそれをドイツ語で書いたのではなく、最初から日本語で書いたのだし、われわれは日本語で読んでいる。この倒錯性自体が極めて批評的です。確かに多和田葉子は、ドイツでは「日本語を母語としつつドイツ語で書く作家」ということだろうけれど、日本でも「日本語で書く他言語作家」のように思われている。

森山　それから、いまおっしゃった「私」ということでいうと、近代日本語の歴史の中に、複数の「私」がこれまで形成されてきたような気がしているんですが……。たとえば日本語の歌でいうと、「古賀メロディー」みたいなものは、一九三〇年代に、ひとつの「日本的な私」というのをつくったかもしれない。「古賀メロディー」をスナックやカラオケとかで歌うことである年代のおじさんたちが感じる「私」がかつてはあっただろうし、山下達郎とか竹内まりやとかのシティポップを歌うときに感じられる「私」というものもあるような気がする。

佐々木　「日本的な私」のような共同的な「私」性とは別に、個としての「私」、たとえばシンガーソングライターにとっての「私」という問題もありますよね。あるシンガーソングライターの歌は、はたしてどの程度、その人の真実なのかっていう。体験や内面をそのまま歌っているのか、事実に根ざしたその人自身の物語を演じているのか、それとも自分自身とはまったく何の関係もない虚構の登場人物としての「私」をフィクショナルに立ち上げて書いているのか。いうまでもないことですが、突き詰めて考えると、そんなの分けられない。混ざっちゃっている。どれだけ嘘をつこうとしても必ず何らかの「私性」は混入してしまうし、虚飾抜きの「私」をそのまま書いているんだという構えの私小説にもフィクションの要素は入ってくる、というか「私小説」こそもっとも嘘をつけるジャンルだと僕は思っています。

だから歌詞というものも、そこでは真実と虚構が常に曖昧に混在しているし、その混ざり具合もさまざまだということがある。ほとんどすべての歌詞は一人称で書かれていると思いますが、限りなく三人称に近い書き方をすることはできても、歌われた途端にそれは「一人称」として聴かれる。つまり「歌詞」の「私」は他の文章様式よりも発話主体との密着性が高い。その一方、職業的な作詞家が書く「私」は、作詞家自身のことではないと思われている。なんとか48とか46とかの歌詞が秋元康の「私」の話だったらおかしいですよね。作詞家は歌詞を提供する歌い手が演じる「私」のふりをして書く。

つまり「歌詞」って、作詞する者と歌う者が基本的に分離していて、その分離が明確であれば単に技術的な問題として語れるのだけれど、近年は日本のポピュラー音楽でもアイドル以外はほぼ「自分で曲を書いて歌う者」なので、そこではいわば「私性」と「真理性」をめぐる興味深い問題が前景化してくる。特にラップなんて完全にそうで、ラッパーが嘘話を書くことなんて前提としてありえないわけです。ラッパーがリリックを書くときには、本人の思い込みや勘違いも含めて「俺の真実」を書くことになっている。

僕はよくラップの二大サブジェクトは「自慢」と「不満」だっていっているんですけど、それはつまり自分のライフストーリーなんですね。だからそこに嘘があることがバレると、すごく責められるわけですよ。もちろん実際には、ラップだって嘘はよくあるし、あくまで本人の自己申告でしかないから嘘か本当か判別できない場合の方が多いですよね。じゃあラップが一〇〇パーセント、ゼロから造り上げた架空のキャラクターを演じることはないのかといえば、それはそれで全然あって、人気男性声優たちがやっているヒプノシスマイクなんて完全にフィクションで、彼らはそこで普段声優をやっているのと同じスタンスでラップしてるし、リリックを提供してるラッパーやアーティストもプロフェッショナルな作詞家として仕事をしている。

ともあれ、広義の一人称の真理性の問題は興味深くて、短詩形の言語表現、短歌なんかも基本的に嘘を書いてはならないという暗黙の条件があったりする。「うた」はそれを発している人自身のものでなければならないというか、その人自身とどれだけ距離が近いかということで評価される。その「距離」のはかり方も一様ではないわけですが。

森山　ラップで思い出したのは、ライムスター宇多丸が、テレビ番組の中で、日本語では言文一致が本当はまだ成立していない。だから、ラップは本当の意味での言文一致をやるんだ、っていっていました。言文一致っぽいものはあくまでもひとつの様式のようなものであって、自分が本当に喋りたいことを喋れる形式ではない、ということのようでした。

佐々木　面白いですね。宇多丸さんはラップのリリックが「読む／読まれる」言葉でもあり得るということを意識しているということでしょうか。

作詞家・松本隆の役割

佐々木　「はっぴいえんど」は、主に松本隆が歌詞を書いていたわけなんだけど、松本さんは八〇年代以降、一時代を築く大人気作詞家になるわけですよね。でも彼は曲は書かないわけですよ。曲を書いていたのは他のメンバー、大瀧詠一と細野晴臣と鈴木茂であって、松本さんは、あくまでもその他人が作ったメロディに言葉をのせる作業を担当していた。つまりバンド内作詞家ですよね。僕は松本隆の歌詞の世界は、ここまで話してきたような意味でいうと、「私性」と「フィクショナルなもの」を、非常にうまく折衷している感じがするんです。『風街ろまん』をはじめとする「はっぴいえんど」の楽曲が、あの時代に「新しさ」として受容された理由は、音楽的なオリジナリティ、クオリティの高さももちろんですが、やはり松本隆の言葉があったからだと思う。松本隆の日本語の「うた」へのアプローチが、日本語ロック論争を巻き起こしたわけで、ある意味ではあれは音楽以上に言語表現に関わる論争だった。

　松本さんの歌詞にはものすごく抽象的な感じがある。風景描写に見えても、それはまったく写実的なリアリズムではない。よく「映像的」といわれたりするけれど、その「映像」には「風景」にカメラのレンズを向けている人の視線のようなものがあって、そこにある種の心情が微かに映り込んでいる。そこに滲み出してくる情感は何なのかと考えたとき、もともとは松本隆個人のものであったのかもしれないけれど、リスナーが自分自身の感情を歌詞の中に探り当てることができるように書かれていたということなんだと思うんです。

　日本語ロック論争の前段階にはフォークがあって、フォークとロックは、ある意味ではけっこう「俺節」なんですよね。つまり歌い手自身の自己認識やキャラクタライゼーションがすごく大きくて、「ロックは英語だ」といいつつも、たとえば内田裕也っていうのはやっぱりそういう人だったから、実はそこに齟齬（そご）があったんじゃないか。だからこそ、非常に虚構性と匿名性が強い、けれども私性みたいなものがゼロではない「はっぴいえんど」の歌詞の世界が、驚きと戸惑い、あるいは反撥をもって迎えられたんじゃないか、と。要するに、これはいったい誰のことを歌っているんだ、っていうことになったんじゃないかと思うんです。

　日本語ロック論争って、いまから考えるとかなりわけのわからない論争で、そもそも「ロックは英語で歌うべきだ」って本気でいっていたのか（笑）。でも、そこで問題になっていたのは、日本語と英語の問題っていうよりも、実は私性の仮構の問題だったんじゃないか、と。

森山　内田裕也は、英語で「俺節」をやりたかった（笑）。

佐々木　まあ、それ以降も、いまに至るまで「俺節」と「風景論」の両方があるわけですよね。ともあれ、松本隆の歌詞を核とする、「はっぴいえんど」の音楽性の抽象度の高さゆえの汎用性という点は重要だと思う。そして、そういう「匿名性を経由して仮構される私性」みたいなものは、その後の一九七〇年代における「シティポップ的なもの」とやはり関係があるんじゃないか。

　シティポップにも、一人称がたくさん出てきますよね。たとえばユーミン（荒井由実→松任谷由実）の一人称が仮構する物語性は、フォーク的な情念の「私」よりも、もっと抽象度が高い。「四畳半」から「シティ」へ、という意味でのライフスタイルの変化にも関係があって、でもシティポップの中に出てくる「私」も、やっぱり「私」であることに変わりない。八〇年代のニューミュージックを好んで聞いていた人たちは、それを嘘だと思っているんじゃなくて、やっぱりありうべき「私（たち）」の物語だと思って聞いているわけです。松本隆以後の「私」って、明らかにフィクションなんですね。でも、だからこそ普遍性をもつ、という現象が生じた。

森山　広がりをもつわけですね。

佐々木　一九八〇年代になると、松本隆を強力な媒介として、細野さんや大瀧さん、その他の「はっぴいえんど」世代のミュージシャンたちが、当時のアイドルにどんどん曲を書いて、アイドルポップスがひとつの流行になっていく。あの頃のアイドルって、いまのアイドルとはまた違った意味ですごく虚構性が高い。虚構性といっても、七〇年代の山口百恵なんかが背負わされていた虚構の物語は、作詞家・作曲家のおじさん・おばさん達が「少女」に一方的にかぶせていくタイプのものだった。一五歳くらいで「あなたに女の子のいちばん大切なものをあげるわ」とか歌わされるなんて、いまだったら大問題ですよね。そういう歌謡曲のあり方に風穴を開けた第一段階は、やっぱりフォークだったと思う。自分で曲をつくって自分の言葉で歌う。

森山　吉本隆明ふうにいえば「自立の思想」ですね。

佐々木　でも、フォークの「私性」も、やっぱり六〇年代的な情念と結びついていた。それに対して、「はっぴいえんど」の抽象度や虚構性は、そういう「私」をアップデートする方法論でもあって、それがニューミュージックやシティポップの意味なのかもしれない。シティポップって、やはりフィクションだと思うんですよね。作詞・作曲・編曲をひとりでやる人が多いから、一見フォークからの直接的な進化に見えるし、それももちろん間違いじゃないんだけど、実はそうじゃなくて、松本隆のような虚構性がそこには挟まっていると思うんです。そのことが、ある種の普遍性を得ることにつながった。要するに、六〇年代までのレコード歌謡における分業制とは違う、ニュータイプの分業が「はっぴいえんど」の登場以降に成立し、八〇年代に、それが頂点に達した。

ところが、八〇年代の終わりくらいから、また別の潮流が起こってきて、「歌謡曲」と「J-POP」の分水嶺は一九八九年であるわけですが、それ以降の九〇年代になると、ざっくりと「アーティスト」と呼ばれる人たちが自分で作詞・作曲をして、自分でパフォームするっていうことの方が、圧倒的に多くなる。それは八〇年代的なフィクショナリズムからの反転なのかもしれないけれど、「他ならぬこの私のことを私が歌っているんだ」という流れが強まっていって、そこから出てきたアーティストたちは、フォークの時代に戻っているともいえるんじゃないか。ある意味では宇多田ヒカルだってそういうものだと思うんですよ。

森山　『ニッポンの音楽』では「最後の国民歌手」ということになっています（笑）。

佐々木　そういう視点でいえば、九〇年代に一世を風靡した小室哲哉は、八〇年代に出現した新たなる分業制の完成形といえるかもしれない。J-POPという呼称が一般化していった九〇年代は、プロデューサーの時代でもあったわけですが、本の中でも書いたけれど、小室哲哉が登場するまで、ひとりのプロデューサーが作詞も作曲も編曲もして、でも歌う人は別、っていうパターンは、実はほとんどなかったんですよね。作詞家と作曲家は別々だったし、アレンジもまた別の職能だった。

それが九〇年代に入ると、音づくりを全面的に担当する人が、歌詞まで担当するようになる。つまり一曲がトータルに醸し出す世界観というかイメージというか、そこで立ち上げられるヒロイン像みたいなものがあって、プロデューサーとはそれを総合的にクリエイトする仕事、ということになってくるわけです。

小室哲哉は、安室奈美恵を筆頭に、いろいろな若い女性たちに、その人自身が本当はどうであるかということは別にして、物語を与えていく、キャラクターを貼り付けていくわけですよね。その物語は、やはりある意味では小室が勝手につくっているのだし、たとえば安室と華原朋美と鈴木亜美ではそれぞれの個性によってパラフレーズのされ方が当然異なるのだけれど、共通する部分もやはりあって、それは要するに、小室哲哉が幻視している女の子のあり方みたいなことだったと思う。

森山　それがハマったから、アムラーが生まれた……。

佐々木　作詞・作曲・編曲、曲づくりと音づくりを全部やれる人を僕はオールインワン型プロデューサーっていっているんだけど、その流れは小室からつんく♂に受け継がれ、ゼロ年代に中田ヤスタカという存在によって、ほぼ完成する。中田ヤスタカも、Ｐｅｒｆｕｍｅであれ、きゃりーぱみゅぱみゅであれ、歌詞は自分が全部書く。そういうプロデューサーとしての責任のもち方というか……思えばそのあたりが、いわば「私」と「他者」の分割を軸とする「うた」のありようのリミットだったといえるのかもしれない。

森山　その場合、いわゆる渋谷系っていわれている人たちはどうなるんですか?

佐々木　たとえばＰＩＺＺＩＣＡＴＯ ＦＩＶＥは何回かヴォーカルが変わって、最後の野宮真貴の時代にいちばんブレイクした。野宮さんがフロントに立って、思い切り目立ちながら一人称で歌っているけれど、歌詞を書いているのは小西康陽です。野宮真貴は、自分では一言も書いていない。野宮さんは一種の「女優」なんです。

森山　なるほど。いまちょっと思い出したのですが、ＮＨＫの番組で、椎名林檎が小林賢太郎と対談していたんです。彼女は、わりと自分自身のことを歌っている表現主義的なシンガーソングライターに見られがちですが、観客がそういうふうに見たがる「風土」を意識しつつ、そう見せながらも、実は完全にフィクションとして立ち上げている、といっていたのが印象的でした。

「現代口語演劇」以後をめぐって

佐々木　「私」という一人称で何ごとかを語ることが、ある意味ではそもそも嘘であり、ある意味では真実から完全に逃げ切ることもできないっていうことだと思うんですよ。それを意識してうまく調整できる人もいるし、無意識でそれをやってのける人もいる。その人が何らかの自己認識、他者認識に立って、明確な目的意識というか目論みをもって「私」を立ち上げたとしても、それが他人にどう受け取られるかはまた別の問題になる。そのあたりは『演劇』という問題とも関わってくる。

「演劇」の大きな特長は、多くの場合、実際には存在しない人物、少なくともそこにはいない人物を、そこにいる俳優が自分の身体と演技によって、いることにする、という点です。小説とかマンガの登場人物は、いうなれば虚構性をまっとうしているけれど、実在の人間が虚構の人物を演じる映画や演劇では、登場人物と役者は常に二重になっている。それは「うた」の中の「私」と、それを歌う「私」という分裂と似たところがある。

森山　そこで、今度は少し演劇の方にスライドしていきたいのですが、やはり佐々木さんには、九〇年代以降のことをうかがってみたいんです。これは僕の印象なんですけど、平田オリザが、九〇年代の初頭に衝撃をもって受け止められたのは、あそこで喋っている私、キャラクターに、私性が感じられなかったからだと思うんです。それ以前の「八〇年代演劇」は、いわばキャラクターと俳優が一体となって、「私」を語る、というものだったのに対して、平田さんは、とにかくそこに出ている登場人物の誰にも感情移入しない「風景」をつくった。

佐々木　たしかに「演劇」すなわち「劇（ドラマ）を演じる」とは呼べないような「リアル」の様相をオリザさんは打ち出した。ただし、ここで重要なのは、それがどれほど舞台上で「現実感」があったとしても、結局のところ、当然ながら観客全員が「舞台」だと知っているということだと思う。つまり「本当らしさ」「自然らしさ」っていう意味での「らしさ」の話なんですよね。そこでは観客を含めた全員が、いわば「かのように」というゲームをしている。

現代口語演劇には、青年団には、少なくともベーシックな条件としては、ドキュメンタリー的な要素はない。作劇術的な側面を脇に置いても、オリザさんの「リアリズム」はフィクションを土台とする「リアルらしさ」の追求であって、明らかに故意にその範疇に留まっている。それは実際には完璧な人工物なのであって、ある意味ではオリザさんは「現実そのもの」に寄せようとも思っていない。
森山　だからロボット演劇ともすぐにつながる。
佐々木　そういうことです。では、平田オリザの後に出てきた人に何ができるのかというと、二通りの道があったと思う。つまり、チェルフィッチュと地点です。現代口語演劇が標榜した「らしさ」を増幅していくと、やがて「らしさ」を突き破って異化が生じてしまう。それがチェルフィッチュだと思う。特にゼロ年代のチェルフィッチュがやっていたことは、当時の若者の喋り方や体の在り方をトレースしているように見えるけど、それをちょっと増幅している。常にちょっとだけオーバーにやってみせる。いわば「らしさ」を「らし過ぎる」のギリギリ手前までもっていくと、リアルの外縁みたいなところに行く。だから「超口語」とか「超リアル」などという評言はけっこう正しかったと思う。
森山　エフェクトをかけているみたいなものですね。
佐々木　地点の方はまったく逆で、むしろ「不自然」な発話に向かう。もともとは青年団出身だから、現代口語演劇的な圏域から出発しているんだけれども、あえて反対に、発話を不自然な方向にどんどん突き詰めていくと、普通の日本語の会話では絶対にありえないような切れ目とか、ありえないイントネーションや抑揚とかが生まれてくる。いわゆる「地点語」ですね。だから岡田利規さんと三浦基さんの方法は、すごく対照的です。この二人は、平田オリザが切り拓いた方法論の発展的な継承、批判的な継承に、両極で取り組んできたのだと思う。
　その後、ゼロ年代の終わりになると、ままごとや快快、もう少し遅れてマームとジプシーが登場する。そこで出てきたのが、音楽や家との新しい関係性だったと思うんです。もちろん、チェルフィッチュと地点も、岡田さんならサンガツであったりとか、三浦さんなら空間現代、あるいは三輪眞弘さんと組んで作品をつくっていく。でも、基本的に彼らの場合は、まず言葉の発話そのものがもっている音楽性とかリズムへのこだわり、そこでの実験という取り組みがあって、そこからのさらなる発展を促す要素として、ミュージシャンの召喚、生演奏との共演という試みになっていったのだと思う。それに対して、たとえば柴幸男（「ままごと」）と口ロロの関係とか快快なんかが典型的だけど、演劇作家とミュージシャンが要するに同世代なんですよね。つまり、友達どうしのごく自然なコラボレーションみたいなのが、二〇一〇年代以後の在り方として出てきた。音楽だけではないけれど、自然発生的な人間関係から生まれる作品づくりが多くなってきた。これは演劇作品の商業的、経済的な成り立ちとも関係があるので、一概によいことばかりとはいえないのかもしれないけれど、企画や趣向としてというよりも、もっとパーソナルでカジュアルなかたちで「演劇」と「音楽」がクロスするようになった、ということはあると思う。

「ポストロック」的な演劇

森山　ところで、あらためてうかがってみたいんですが、佐々木さんの中で、音楽と演劇って、どのようにつながったんですか？
佐々木　これは『小さな演劇の大きさについて』（Pヴァイン）にも書きましたが、すごく若い頃はアングラ演劇が好きだったりして、ギリギリ最後の天井桟敷や、状況劇場、清水邦夫とか、それ以降も転形劇場とか転位21とかけっこう観てたんですが、その後、長い長いブランクがありまして、また演劇を、昔以上に浴びるように観るようになったきっかけは、なんといってもチェルフィッチュの『三月の5日間』との出会いですね。あれがなかったら、いまこうして森山さんと話してないと思う。僕はそれまでチェルフィッチュも岡田利規もまったく知らなかったし、そもそも岸田國士戯曲賞のことかもよくわかってなかったんです。ところが二〇〇六年のTPAM（東京芸術見本市。現・国際舞台芸術ミーティング）で当時プリコグの代表だった小沢康夫さんに紹介されて、彼から『三月の5日間』の初演の記録DVDを貰ったんです。タイトルの「三月」と「5日間」は、当時僕がPヴァインと組んでやっていた音楽レーベルWEATHERの「サンガツ」というバンドの「5日間」という曲に引っ掛けてるんですといわれて、へえとか思って。

『三月の5日間』をDVDで観てみたら、ものすごく面白かったんです。その頃の僕は完全に音楽の仕事がメインだったんですが、自分が積極的に推していたタイプの音楽、たとえばポストロックと呼ばれていた音楽と、チェルフィッチュは共通するものを感じた。サンガツもポストロックのバンドといわれてました。いってみれば、僕には『三月の5日間』って、ポストロック的な演劇だなって思えたんですよね。

森山　ポストロック的演劇っていうのは、どういうことですか。

佐々木　感覚的なことも含めて、いろいろいえると思うんですが、『三月の5日間』の、あのちょっとしたスペースがあればどこでもやれるというポータブルな感じ、劇場も舞台もなくても上演が可能な感じに、肥大化したロックのポストとして現れたポストロックの軽やかさに似たものを感じたんだと思います。

もうひとつは形式性ですね。当時、ポストロックと呼ばれていた代表格はトータスというバンドですが、編成はロックなんだけど、歌がない、インストゥルメンタルで、ジャズ的な要素もあるけれど、いちばん強いのはミニマリズムだったりするんですね。スティーヴ・ライヒやフィリップ・グラスのミニマル・ミュージックからの影響がロック・バンドのアンサンブルに取り入れられている。反復系のミニマルは音楽の中でも特に形式性が強い、フォーマリスティックなジャンルですよね。でも従来のミニマル音楽にはないエモーショナルな感覚もある。

『三月の5日間』には作品を統御している形式がクリアに見えている、見せているみたいな感じがあって、同じような台詞や場面の重層的な反復もミニマリズムと共通すると思った。あと、僕にとっては『三月の5日間』を最初、DVDで観たのは大きいと思う。一時期、演劇から離れてしまった理由のひとつは、上演というものがもっている生々しさ、臨場感に気圧（けお）されるというか、なんだか気色悪いみたいな感覚があったんです。でもそれって演劇の重要な要素じゃないですか。そのとき、その場に居合わせて舞台上の出来事を目撃する、立ち会うという。ところがチェルフィッチュはDVDで観てもじゅうぶんに面白かった。それは僕にとっては驚きだったし、ある意味、ポストロックが音楽の録音芸術的な側面を非常に重視していること、レコーディング・テクノロジーの進化と切っても切れない関係にあることと同じラインに感じられたんですよね。

森山　なるほど。テクノロジーによるポストプロダクションの問題ですね。

そのテクノロジーの問題で、音楽劇の可能性みたいなことを考えてみたいんですけど。たとえば、いまのミュージカルの役者は、みんなピンマイクを使う。つまり、本当は生声ではなく、ピンマイクを通した声を観客は聞いているわけだけれど、にもかかわらず、一種のキャラクター主義は温存されているし、歌い手と歌っている内容があたかも一致しているように受容されている。言文一致と同じ理屈によって、感情移入を誘い込む受容の構造ができている。でも、テクノロジーは、そういうキャラクター主義的な構造を壊す方向性ももっていて、キャラクターが消滅するようなテクノロジーの使い方も可能だと思う。そういう新しい音楽劇の可能性は、今後あるのかもしれない。

　これは渡邊守章さんからの受け売りになっちゃいますけど、マラルメのワーグナー論の中に、ワーグナーという人は登場人物を消す、という意味のことをいっているところがあるんです。具体的には、いわゆる「ライトモチーフ」の問題だったりするんですが、「今や舞台上の行為は、内実の空無な、それ自体において抽象化され、登場人物のいないものとなるわけだが、それが本当らしさを以て発動するには、〈音楽〉が惜しみなく注ぐあの生気を与える流れというものを用いることを必要とする」（マラルメ「リヒャルト・ワーグナー」）などといっています。

佐々木　一種の高次の観念の世界に行くわけですね。

森山　ええ。で、それを可能にしたのは、一九世紀末におけるオーケストレーションの力であり、それがその当時のテクノロジーの力でもあったということですね。それとの類比でいうと、現代における音楽的なテクノロジーの問題は、ポストプロダクション的な方向にあるわけで、生の素材の加工ということですね。そしてそのこと自体が、もう一つのライブ性をつくる。これはバーチャルリアリティーなんかの問題とも関係してくるかもしれないけれど。

　いま佐々木さんが仰ったように、ゼロ年代からテン年代の演劇というのは、役者たちだけいればどこでもできる、かつ、音楽だって、別に楽譜読めなくても作曲できる、みたいな方向になっているでしょ。

佐々木　むしろそっちがメインですよね。最近はその揺り戻しで、音大、芸大出身のミュージシャンが脚光を浴びていますが。

森山　そのことが、言葉と音楽の新しい関係性を生み出す原動力にならないのかどうか、ということなんです……。たとえばヌトミックの額田大志さんなんかの世代は、どのあたりのことをどういうふうに考えているのかな、って。

佐々木　額田くんも大学では作曲家としてのトレーニングを積んだ人で、初期は作曲家の手法で演劇をつくっていると自分でもいっていましたが、彼がヌトミックでやっていることは、基本的には地点のラインだなとは思いますね。地点のユニークな点のひとつは、登場人物が何人の芝居でも同じ座組でやれるところです。つまり戯曲というか台本を譜面みたいに考えていて、演出や上演はその一度ごとの演奏だと。

森山　なるほどね。つまり佐々木さんは、地点を一種のバンドのように見ているっていうことですね。バンドが、チェーホフを演奏する、シェークスピアを演奏する、みたいなこと。

佐々木　そうそう。だから何でもできちゃうんですよ、地点って。譜面としてのテクストがあれば、方法論的には何だってやれてしまう。

　地点の役者たちは、ちょうど青年団の役者が平田オリザの現代口語演劇をやるのに最も適した演技態にカスタマイズされているのと同じような意味で、三浦基の特異な演出スタイルにカスタマイズされている。彼らの場合、それぞれの俳優としての個性というか味というか技量は突出しているのだけど、それはいわゆるなんでもやれるみたいなことではない。というか、やればやれるのだろうけど、ほぼほぼもうやらないし、地点であれだけ上演しているので、やれない（笑）。だから見方によっては、これも実は青年団とあり方は似ていると思うんですが、他の普通の役者さんたちとは「私」の出し方、出方が根本的に違うんですよね。確かに「私」はあるのだけど、その表出のありようはフレーミングされていて、むしろフレームとの緊張関係の中から出てくるものが「私」に見えるというか……。

エクソフォニー的なものへ

森山　最初に私がいった、近現代における日本語演劇の「違和感」ってことに話が戻るかもしれないんですけれど、「いかにも演劇っぽいっていう喋り方」がありますよね。ある意味でそれは、名詞中心主義のような気がする。あるいは平田オリザさんが『現代口語演劇のために』（一九九五年）の中で批判的にいっているように、「主語・述語の演劇」といってもよいかもしれない。平田さんはそれに対して「助詞・助動詞の演劇」を提唱する、ということになるわけですが、「助詞・助動詞」を、「日本語らしさ」の構築という観点だけではなく、もう少し広い文脈で考えてみる必要があるように思うんですよ。

ひとつは多和田葉子さんがいう「エクソフォニー」の問題ですね（『エクソフォニー：母語の外に出る旅』、岩波書店）。多和田さんは、第二外国語として語学を修得していくとき、誰もがぶつかる文法というものの中に、いわば「文法の感情」のようなものがあるといっています。

ちょっと引用すると、「文法は文字を使って学ぶもので、声を使うのは会話練習のときだけかと昔は思い込んでいたが、そんなことはないようだ。文法も声と深い関係がある。子供は、文字を学ぶ前に文法を学ぶ。リズムとして文法をとらえる。語順、分離動詞、冠詞などの文法の要所を音楽として感じることが子供にはできるようだ。大人だってある程度はできる。ここに八分音符が入るくらいの場所がまだ開いているから、何か前置詞が入らないとリズムが合わない、という感じ方が確かにあるように思う」といった後で、「音楽のような文法で大切なのは、感情だ。（中略）日本語でもたとえば、動詞に「て」をつける形は、理屈ではなかなか覚えにくい。日本語を教えていた頃、学生が苦労していたのを覚えている。「書く」が「書いて」になり、「買う」は「買って」になる。こんな難しい動詞の変化をなぜ小さな子供が覚えられるのかと不思議に思うが、よく考えてみると、「て」はおねだりの「て」と形が同じなので子供にとって練習の機会が多い。しかも、なまの欲望と結びついている。「ねえ、これ買ってぇ！」とか「あれやってぇ！」とねだり続けて覚えるのだろう。基本形を変化させるのではなく、「て」の付いた動詞の形をそっくりそのまま覚える」――こういう発想はすごく魅力的で、さきほどいった『地球にちりばめられて』もそうなんですが、こういうエクソフォニー的な発想が、これからの日本語演劇には決定的に重要なんじゃないか、と思うんですよ。

これはまったく唐突で個人的な話になってしまうんですが…実は、一昨年からなぜか突然、私、宇多田ヒカルに凝りはじめてしまったんです（笑）。

佐々木　えっ、どういうこと?! いったい何があったんですか（笑）。

森山　こういっただけでは何ひとつ伝わらないと思いますが、多和田葉子と宇多田ヒカルが突然自分の中でつながってしまったんです（笑）。『地球にちりばめられて』の中で、Ｈｉｒｕｋｏという主人公が「パンスカ」（＝汎スカンジナビア語）という、一種のクレオール語を喋るところが出てきますよね。もちろん「スカンジナビア語」といっても日本語で読む限り、「パンスカ」で喋る部分も日本語で書かれているんですが、その日本語が、とても不思議な日本語になっていますよね？　もちろんその不思議さが、多和田小説に特有のエクソフォニー論であり、日本語批評にもなっているわけですが。

佐々木　日本人としてはなんとも居心地が悪い（笑）。

森山　そういう国籍を失った日本語って、とても面白いと思うんですが、そもそもこれは小説だから成立していることで、たとえばこの作品を演劇化して、実際に俳優がここで日本語として書かれ、読まれている「パンスカ」を舞台上で発語しても、その絶妙な面白さを再現するのは至難の業だろう、と。国籍を失った日本語が、パフォーマンスとして成立する、としたら、それはどのようにしてなのだろうか、と。

佐々木　なるほど。確かにあれを舞台化したら、むしろ小説の世界と同じく日本語は一切出てこない上演にならざるをえない。それでも面白いと思うけど、われわれが読んだときのアイロニーは消えてしまう。

森山　そんなことを考えているときに、偶然にも宇多田ヒカルの『初恋』がリリースされたわけです（笑）。このアルバムは、彼女のデビュー二〇周年アルバムだったわけですが、僕はデビュー以来、それまでほとんど宇多田さんの楽曲に親しんだ経験がなかったんです。音楽業界の中で、デビュー当時に、彼女についてどんなことがいわれていたか、といったことも、最近になって知るようになったんですよ。彼女はデビュー当時、一五歳にして完璧にＲ&Ｂのリズムを身につけていることや、英語交じりの歌詞の譜割りが日本語の自然な流れと異なることなどは、その当時からずいぶんたくさん指摘されていたと思うのですが、たまたまデビュー二〇周年のきっかけで、テレビの特集番組なんかが増えていたので、ぼおっと見ていたら……。最近では、若手音楽批評家のｉｍｄｋｍ（イミヂクモ）さんなどが、音楽活動に復帰して以降の彼女の作品を、「Ｒ&Ｂの歌姫」的な文脈とは違った次元で分析していたりしますが、ごく単純に、一見すごく素朴で親し気な楽曲なのに、すごく歌いにくい（笑）。というか、日本語の歌詞がリズムと組み合わさったときの切れ目が、つねに少しずつ予想とずれていくので、ついていけなくなっちゃう。……誰でも考えることでしょうが、そのことは、日本語ネイティヴでも、英語ネイティヴでもない彼女の出自と、いまだに関係があるかもしれない、と思って、もしかすると、Ｈｉｒｕｋｏをパフォーマンスとして実体化すると、こういうふうになるのかもしれない、という妄想が生まれたわけです（笑）。さらにいうと、こういうリズムの「崩れ方」や「ズレ」は、演劇でいえば劇団地点の「地点語」、特に空間現代とのコラボなんかでのバージョンアップされた地点語に通じるところがあるかもしれない、と。

佐々木　なるほど。

森山　で、このズレは何なんだろう、と思って、覚悟を決めて、練習したんですよ。ＣＤ何度も繰り返したり、一人でカラオケに行ったりして。それで、気が付いたら四〇曲くらい歌えるようになってしまった……。

佐々木　ホントにですか⁈　ていうか、もうこの話だけでいいんじゃない？（笑）

森山　いえいえ、そんな（笑）。つまり宇多田ヒカルの曲っていうのもね、リズムの中心と歌詞がズレるんです。ズレると、言葉の変なところにリズムの中心が来るから、そのときに強調されていくのが、名詞じゃなく、助詞や助動詞だったりするわけですよ。感情の出方が……。

佐々木　本来、聞かせたいはずの言葉じゃないところにアクセントが乗っかっている。

森山　あの感じが面白いなと思っていて。ｉｍｄｋｍさんは、最近の宇多田さんの楽曲を、二〇一〇年代におけるトラップの世界的流行との遭遇という文脈で捉えていて面白かったのですが、彼も注目しているように、彼女の作詞の方法が面白い。「私の作詞は作曲から始まる。／和音、主旋律、曲の構成、伴奏などがほぼ決まったデモを完成させてから、最後に歌詞に取り掛かる」（『宇多田ヒカルの言葉』、エムオン・エンタテインメント）というんですね。彼女はいわば音楽が第一言語で、言葉が第二言語のようなものだといっているんですね。もちろん、最近のＪ-ＰＯＰは、Ｋ-ＰＯＰの影響などもあって、譜割りがめちゃくちゃ凝っているのも多いので、全体として、言葉と音楽の関係性の変わり目に入っている、ということもあるかもしれませんが……。

それはともかくとして、もう一度、さきほどの「エクソフォニー」の話に戻ると、特にポストドラマ系の日本の現代演劇には、そういう傾向がいろいろなところに出てきているようにも思えるんです。たとえば、こないだ岸田戯曲賞を取った市原佐都子さんの音楽劇『バッコスの信女―ホルスタインの雌』などは、ギリシャ悲劇という「異言語」と衝突することで、市原さん自身のもともともっていた言語感覚が圧倒的に異化された部分があったと思うし、高山明さんなども、日本語の詩をわざと日本語ネイティヴではない話者に朗読させたり録音したりしている。

もう一度、岡田利規さんに戻ると、彼が『三月の5日間』で「発見」した現代口語は、その後の彼の作品にも一種の道具として用いられ続けるんだけど、他方で、二〇一〇年代の一連の作品には、少なくとも主題としての「エクソフォニー」が、一種の宣言やアジテーションのような形で、かなりはっきりと顔をのぞかせてもいます。たとえば、佐々木さんも著書の中で詳しく論じていらっしゃる『地面と床』にしても（『小さな演劇の大きさについて』、Pヴァイン）、そもそもこの作品は、日本がダメになっていく過程で日本語が消滅に瀕している、という近未来SF的な設定の中で、登場人物の口から、それに対する「絶望」が日本語で語られ、それが外国語の字幕とともに提示される、という複雑なレイヤーが出てきます。そういう岡田さんのあり方などについて、最後にお話ししてみたいのですが、そのあたり、佐々木さんはどのように思われていますか？

佐々木　『地面と床』の、あの早口と字幕のシーンは、極めてアイロニカルに批評的で、ある意味で多和田さんに先行していたともいえますよね。岡田さんがドイツでつくった一連の作品は、彼は日本語で戯曲を書いたのだけど、ドイツ語に翻訳され、ドイツ語で初演された。それらの戯曲も出版されていますが、日本語で読むと、当然ながらそれは思いっきりチェルフィッチュの劇言語で書かれている。では、あれをドイツで観たドイツ人の観客が受け取ったニュアンスは僕らが戯曲を読んで感じたものとどれくらい違っていて、どれくらい同じなのか、これはもう判断のしようがないんですよね。というか、岡田さんにだって精確にはわからないと思う。

だから、僕が最近思うのは、よくいわれるような「母国語」の問題というよりは、むしろ「他国語とは何なのか？」という問題なんですよね。これはたとえば、村上春樹はなぜ日本語でしか書かない（最初から英語では書かない）のか、という問題や、それこそ宇多田ヒカルのこと、あるいは韓国のBTSが韓国語で歌ってアメリカのビルボードで一位を獲れたことや、最近、海外の音楽ファンが日本のシティポップ、ニューミュージックの名盤を「発見」していて、向こうのレーベルからアナログ盤でリイシューされたりしているのですが、かつては「日本語はマイナー過ぎるから世界の音楽シーンでは勝負できない」といわれていたけれど、インターネット、SNSによって、そのあたりが変わってきた。

つまり、英語がわからない日本人が洋楽を聴くような感覚で、さっぱりわからない日本語の「うた」を好んで聴くリスナー層が非日本語話者に登場してきたんですね。僕はこういう変化は、チェルフィッチュや地点や、あるいは他の日本の演劇がやっていることと無関係ではないと思っています。市原佐都子や神里雄大の作品が海外で上演されるのも関係があると思う。日本は今後ますます人口は減っていくでしょうし、それこそ多和田さんの小説のような事態も絵空事ではないかもしれないのですが、僕はむしろだからこそ、これから「日本語のうた」にも「日本語の演劇」にもいろいろと面白いことが起こってくるのではないかと予感しています。

（二〇一九年一一月三〇日、東京都内。その後、加筆・修正）

（前の世紀の）00-10年代の演劇とウタについて

大谷能生

『半七捕物帳』などの作品で知られる岡本綺堂（一八七二〜一九三九）は、自身の最初の作品について、『明治劇談・ランプの下にて』において次のように語っている。

幼い頃から芝居小屋に通っていた彼の希望は劇作家として活躍することだった。彼が育った明治半ばにおける「劇作家」とは、歌舞伎の座付作者のことである。その世界に入るためには一門に弟子入りし、作者部屋の掃除あたりから始めなくてはならない。明治に入っても、劇界はまだ江戸から続く伝統をしっかりと保ち続けていたのである。英語に堪能で、近代人としての感覚を持ち、また、実家の破産で手っ取り早く稼ぐ必要のあった綺堂はこの道に進まず、東京日日新聞に勤めながらコツコツと自作を書き溜めて、上演の機会を待っていた。

前の前の世紀末あたりの話である。その頃、日清戦争を前後して、関西から上京した川上音二郎の壮士芝居が注目され、また、坪内逍遥の『桐一葉』など、門戸の外にいる文学者による戯曲も（実際の上演はもう少し後になるが）発表され始めていた。学者など知識人のあいだでは、しばらく前から「演劇改良」の声も上がっている。時代は少しずつ変化していた。

綺堂が自作を上演する機会を得たのは一九〇二年のことだった。盟友の岡鬼太郎との共作で、名古屋城を舞台にした『金鯱噂高浪』。台本が採用され、稽古に入るタイミングで、劇場から彼らに呼び出しが掛かる。歌舞伎座の仕切場で彼らは座付作者の「竹柴なにがし」と対面し、彼から脚本の幾つかの部分に対して、「ここはこれで宜しいのでしょうか」と慇懃無礼に質問を受ける。門外の者が書いた作品に対する、内輪の人間からの嫌味と意地悪である。綺堂らは素知らぬ顔をして、すべて「はい。それでよろしいのです」と答えた。すると「竹柴なにがし」は、「この脚本の第三幕では常磐津が使われているが、今度の興業では常磐津を使わないことにしたから、長唄で歌えるように書き直してくれ」と綺堂らに注文を付ける。以下、綺堂の回想。

《かれは念を押して、どうぞ長唄で歌えるように全部書きかえてくださいと皮肉らしく言った。かれの意は、おまえたちに常磐津と長唄が書き分けられるかというにあることも、私たちに察しられた。しかも彼は、大急ぎですから直ぐにここで書いて下さいと言った。なるほど常磐津と長唄とは違っている。しかしその一部に多少の訂正を加えれば済むはずであるのに、かれは全部を書きかえろと言い、かつは直ぐにこの場で書けという。所詮はいろいろの難題を提出して私たちを苦しめるつもりであることは判っていた。それに対して私たちが何とも返事を与えないうちに、何かの用があって他の人が彼を呼びに来たので、かれは脚本をわたしたちの前に突きつけて、なにぶん願いますと言って立去った。》

綺堂らは不快を感じ、憤慨するが、《すぐにその註文通りのものを拵えあげて、かれらにぐうの音も出ないようにしてやろうという意地》から、紙と筆を借りてきて、その場で三十分余りの間に一幕の浄瑠璃を書き上げて「竹柴なにがし」に突きつけた。その後もいくつか不愉快なやりとりがあったが、綺堂らの脚本は無事上演されることになった。しかし、しばらくは非常に不愉快で、劇作ももう止めようかと思った——という逸話なのだが、これを初めて読んだとき、シャーロック・ホームズに影響を受けた、きわめてモダンな探偵小説「半七」シリーズの作者が、現代では古典芸能としてもはや同じ箱の中に入っている「常磐津」と「長唄」とを、リアルタイムで即座に書き分けられる教養と能力を持っていたことに、ぼくは驚いたのだった。

常磐津は語り物で、長唄は歌である。常磐津は、宮古路豊後掾からはじまる豊後節系の浄瑠璃の一派で、豊後節は園八、新内、富本、清元などと細かく分岐しながら、江戸後期の語り物音曲のメイン・ストリームとなった——とは、ものの本に書かれてあることである。また、例えば、ぼくの手元にある『長唄を読む（3）』（西園寺由利）には、一八二〇年から昭和時代までに作られた長唄の「新曲」が三五〇曲あまり紹介されており、歌舞伎の伴奏音楽としての長唄が、上記の浄瑠璃を自身のアレンジの中に貪欲に取り込みながら、近世日本において着々と発展していった様がまとめられている。さらにここに、端唄、都々逸、かっぽれ、俚謡……などなどのお座敷リフ&ダンス・ミュージックが加わり、大江戸シティ・ポップスの世界が形成されるのだ。

これらはすべて三味線音楽であり、また、詩文と一体となった文芸作品である。江戸から明治にかけての劇作家は、このような極めて細分化された音曲世界を自家薬籠中のものとし、役者のセリフだけではなく、それぞれ異なった機能とエモーションを持つこれらのサウンドにふさわしい歌詞を書くことが出来なければならなかったのである。

岡本綺堂はその書き分けが出来た。おそらく彼らが、現場で「常磐津」を「長唄」に即座にアレンジ変更することが出来た最後の世代だっただろう。明治政府は上記の音曲を反近代的な芸能としてすべて否定し、学校教育にはドレミによる西欧音楽スタイルを採用する。綺堂がデビューした〇〇年代は、ようやっとドレミの音感が、「鉄道唱歌」といった教育唱歌や「敵は幾万」など軍歌のヒットによって、校門の外にも広まり始めた時代であった。封建期に醸造された、細かく細かく区分された江戸音曲の節回し＝大衆的音感は、明治政府の指導による平均律と周期律動によって、ここからゆっくりと、一〇〇年あまりかけて地均しされてゆくことになるだろう。

一九〇〇年前後は、日清日露の両戦争の「以後」であると同時に「以前」であり、近代日本の大いなる過渡期であり、転換点であった。この地揺れは劇場のコトバとウタにも写し込まれている。綺堂が劇作家デビューした一年後の一九〇三年は、五代目尾上菊五郎、九代目市川團十郎という二代名優が相次いで逝去し、そして、川上音二郎が『オセロ』を上演した年である。

この『オセロ』は物語の舞台を台湾に変更し、オセロは台湾総督「室鷲郎」。イアゴーは陸軍中尉「伊屋剛蔵」。デズデモーナは総督夫人「鞆音」という役名での「現代劇」だったというのだから、なかなかにすごい。音二郎一座はこの年さらに『ベニスの商人』と『ハムレット』も同じ趣向で上演し、これがみな大当たりを取った。すべて本邦初公演である。

この時期の川上音二郎一座の演目は録音の記録が残っている。

彼らは一九〇〇年に海外巡業公演をおこなっており、その時にレコーディングされた音源が発掘・復刻され、『甦るオッペケペー1900年パリ万博の川上一座』としてCDリリースされているのだ。日本人の最初の吹き込みは、これまで一九〇三年におこなわれた英グラモフォン社の出張録音だということになっていたのだが、J・スコット・ミラー氏によって発見されたこの音盤はそれよりも三年も早いもので、おそらくこの音が現存する、耳で聴くことが出来る「日本人の最古の声」の記録だろう。

音二郎と貞奴は残念ながらここに参加していないが、一座の芸人達は代わる代わる吹き込み装置の前に出て、まず名乗りを上げ、それから長唄、歌舞伎の一場面のセリフ（しかも團十郎の物真似で、とか）、端唄、民謡、オッペケペー節などを披露する。そのほとんどすべてが江戸期からつながる、三味線音感によるものだが、その中に『ベニスの商人』の一節が紛れ込んでいるのである。ちょっと採録してみよう。タイトルは『才六（＝シャイロック）（人肉質入裁判）白洲之場』。

《私は欧米漫遊中の川上音二郎一行の、和田巻二郎と申す者でございます。当フランスパリスに於きまして、ちょっとご紹介いたすものがございます。と申すのは、ニューヨークのビジョー・シアターに於きまして「マーチャント・ベニス」のコートの場を、ちょっとお聞きに達します。

僧侶「これ才六殿。今この愚僧がそなたに申すことがあるので、マよォく聞かっしゃれ。そもこの世の中に、宗教というものがあるというのは、御互いに争いの角を折って、無事太平に世を送らせたいというのが宗教の教えじゃ。……」》

坪内逍遥が『ジュリアス・シーザー』を『該撒奇談　自由太刀余波鋭鋒』として浄瑠璃に翻案したのが一八八〇年代とのことなので、やっても当然アリな舞台だとは思う。が、すでに浄瑠璃仕立てでもなく、と言って、いわゆる「近代演劇」の言葉でもない、しかし、十分に情緒纏綿としたこの「新派」のセリフは、パリのイギリス人技師の耳に、当時の欧州人たちの耳に、そして綺堂を含めた明治育ちの日本人の耳に、どのような感銘を与えただろうか。

川上らの和製西洋芝居に刺激を受けたのだろう、沙翁に関してはこちらが本家の坪内逍遥は、一九〇四年に『新楽劇論』と戯曲『新曲浦島』を発表し、「国劇」としての「楽劇」への取り組みを始める。

彼が「国民的娯楽としてのあらたな明治の舞台芸術」として措定したのは、（まさしく当時、綺堂が作っていた）長唄と常磐津を伴奏音楽に使った「振事劇」であった。西洋音楽を基盤にした「歌劇」ではなく、江戸期に醸成された固有の国劇要素を醇化発展させて「伴奏＋舞踊」を中心にしたバレエ的ステージを作ること。逍遥は一九〇六年に、留学から帰国した愛弟子・島村抱月と組んで「文芸協会」を設立する。一般的にはこの年が、現在までつながる「新劇」＝近代演劇運動の始まりとされている。

しかし、逍遥だけで考えるならば、この時点で彼が重視していたのは、邦楽の音感をそのまま生かした「国劇」の創設であった。逍遥はまさしく團菊時代をリアルタイムで併走した批評家であり、十二歳年下の抱月とも、さらにその十歳年下の小山内薫とも異なったカルチャーを、二〇世紀に入っても色濃く引きずっていたのである。

文芸協会の発会式に立ち会った小山内薫は、そこで出された「長唄混じりの余興」を見て、以下のような原稿を発表している。

《発会式とは戦闘準備の謂でありましょう。棟上式の謂でありましょう。余興とか意見とかは、発会式なる者の本質として第二位、第三位に位するべきものであろうと思います。第一位に位すべき者は、どうしても作戦計画で無ければなりません、精神的基礎の建設でなければなりません。然るに此発会式は、演説、報告などに貧にして、余興演芸の類に、豊かでありました。［……］演劇に於ける真の改革は、悪劇の撲滅にあります。悪劇とは「俳優」の悪技に依って生ずるものであります。諸君が実際俳優となって、悪技を演ずる俳優と戦い、終に其悪技を全滅し、凡ての悪俳優をして、城下の盟を為さしむるにあらざれば、諸君の任務は全うさせられたとは云われません。》（原文のルビと強調点は省略）

この時小山内薫は二十五歳。これから「西洋近代演劇」を自らの文化として展開してゆこうとする彼にとって、長唄や浄瑠璃といった旧劇の範疇に属する「遊芸的要素」は、舞台上になければないほど良いものだった。この年、洋行に出発した梨園のモダン・ボーイ二代目市川左團次と組んで、一九〇九年に小山内は近代劇専門の「自由劇場」をスタートさせることになる。

長唄と常磐津を書き分けなければならなかった時代から、わずか七年ほどでイプセンが舞台に乗っている。——実は岡本綺堂が劇作家として著しい活躍を始めるのも、この市川左團次を役者として得てからであった。彼の出世作『修禅寺物語』（一九一一）は、すでに長唄とも常磐津とも切れた、鎌倉時代を舞台にした「近代的芸術家」の物語である。

同年（一九一一）創設された「帝国劇場」は、新時代のカルチャーを代表するモニュメントとして、「今日は帝劇、明日は三越」と呼ばれるようなステージとなるだろう。しかし、そのプロセニアムにはまだしっかりと、微妙に中途半端な長さで、歌舞伎用の花道を設える装置が付属していた。帝国劇場の初年度の上演作品は、募集脚本の史劇『頼朝』と丸本物の『伊賀越』。新歌舞伎の『羽衣』とデュマ作の『椿姫』の翻案と黙阿弥の『透写筆命毛』。益田太郎冠者作の小品喜劇と近松の『世継曽我』とイプセンの『人形の家』。ダンサーによるケーキウォークと『ヴェニスの商人』と文楽と東京フィルハーモニー会のコンサートなどがゴタゴタと並べられている。帝国劇場を作った明治の財界人にとって、こういった演目がすべて、「これからの日本を代表することになる舞台芸術」として、まだ一つの同じ箱の中に入っていたのである。

ところで、ぼくと岡本綺堂はちょうど一〇〇歳違い。十九世紀と二〇世紀の、どちらも七二年の生まれである。というわけで、彼の活動年表と自分のそれを並べて見ることが時々ある。

例えば、綺堂が劇作家としてデビューした〇二年（三〇歳）の頃、ぼくはまだ音楽批評誌『Espresso』の編集に携わっていた。「複製技術を前提にした音楽批評の確立」というモダニズム運動（！）を自身の活動の中心に置いていた時期である。その廃刊後に日露戦争が起きて、日比谷公園で調印反対の暴動が起こって、夏目漱石が『吾輩は猫である』を発表する。

ぼくの最初の著作『貧しい音楽』（〇七）が出たとき、田山花袋は『蒲団』を発表している。綺堂が『修禅寺物語』を出した一一年あたりは、ぼくは小劇場の舞台音楽の仕事が忙しくなってきていた時で、ダンサー・鈴木ユキオのカンパニーに帯同してヨーロッパ・ツアーに出たりもしていた。俳優の山縣太一と組んで『海底で履く靴には紐がない』を上演した一五年には、谷崎潤一郎が『お艶殺し』を、芥川龍之介が『羅生門』を書いている。

一七年には欧州大戦が始まり、ぼくは、ここ十年SP盤の再発企画で目覚ましい成果を上げている「ぐらもくらぶ」と組んで、江戸東京博物館でライブを企画した。小針侑起氏が著作『あゝ浅草オペラ　写真でたどる魅惑の「インチキ」歌劇』で発掘した、一七年に書かれた伊庭孝の浅草オペラの台本『女軍出征』を現在のメンツで再演する、という内容である。

一七年におけるニッポンの演劇界をざっと見回していると、山縣太一の戯曲『ドッグマン・ノーライフ』は岸田戯曲賞候補にはなったが惜しくも落選。文芸協会を抜けた島村抱月による「芸術座」は、彼の夭折によって解散する一年前の絶頂期であり、彼らは松井須磨子+中山晋平による劇中歌『カチューシャの歌』によって当たり狂言となった『復活』（一四）をドル箱として地方興行を続けながら、「新劇」劇団としてはほぼ唯一採算が合う存在として気を吐いていた。

同年、須磨子とブツかって芸術座を脱退した澤田正二郎は「新国劇」を創立。しかし旗揚げ公演は散々の赤字で、関西方面にショバを移し陣形を立て直している途中である。

さらに同年、川上音二郎一座の看板だった「ニッポンの女優第一号」である川上貞奴が、音二郎の七回忌として「引退興行」をおこなう。出し物は『アイーダ』と『雲のわかれ路』。で、その貞奴が女優育成を務めていた帝国劇場は、赤字続きの洋楽部を一六年に解散させて、解雇されたバレエ教師ジョバンニ・ローシーは、それまでの給料をつぎ込んで赤坂のローヤル館に立てこもり、異国の地でまだまだ歌劇を続けようと頑張っている途中だ。

近代劇と歌舞伎とチャンバラとオペラとオッペケペーが軒を接している一七年。そんな時空間にあった浅草オペラ『女軍出征』の台本を読み、その一〇〇年後の再演を試みるに当たって、ぼくは演出を中野成樹氏にお願いすることにした。中野氏は「中野成樹+フランケンズ」（通称・ナカフラ）の主宰であって、ぼくたちは一〇年（大逆事件の年）に池袋のあうるスポットで、チェーホフの『かもめ』を、湖畔のヒップホップ・ライブおよびその周辺の無言劇として再構成した『長短調（または眺め身近め）』を作っている。

このカンパニーの特色をHP上の文言から解説すると、《時代・文化風習等が現代日本と大きく異なる、いわゆる「翻訳劇」をとりあげ、「いまの自分たちの価値観と身体」で理解し体現する。逐語訳にとらわれない翻訳、あらすじのみを死守する自由な構成、従来のイメージやマナーにとらわれぬ私たちの物語としての作品解釈、その方法・表現を「誤意訳」と名付ける。大胆なアレンジに応援もいただくが、原作ファン、および伝統に与する演劇ファンからのお叱りも多い。》という感じだ。

「新劇継承」をうたうナカフラに「浅草オペラ」を演出・再演してもらう。このアイディアはわれながらステキだったと思う。実際、舞台はかなり面白かった。この年には、また、江戸的な音感から決定的に身を引き剥がした、きわめて近代的なコトバによって作られた詩集『月に吠える』が、萩原朔太郎によって上梓されている。

——このように捻れた想像力の中で、この一〇〇年の演劇と音楽を見直してみると、二一年には何が起こるのか。二一年において、書き直しを要請される「常磐津」と「長唄」とは何なのか。「浅草オペラ」は何処にあるのか。「新劇」はどうなっているのか。『月に吠える』は？　今世紀のローリング・トゥエンティの開始を、楽しみに待ちたいと思っています。

論考 Disquisition

日本語で「歌うこと」、「話すこと」
——演劇的な「声」をめぐる考察

森山直人

一 「声」に立ち会うこと……

いきなりだが、小森はるかの『息の跡』（二〇一六年）を取り上げてみる。まだ見たことがない人はDVDが出ているので見てほしい。ジャンルの違いを越え、「演劇とは何か」という問いに急接近する瞬間があるからだ。しかも、おおげさにではなく。

『息の跡』は、東日本大震災の津波で自宅兼店舗をすべて流された、岩手県陸前高田市のある種苗店の被災後の日常生活を描いたドキュメンタリー映画である。「佐藤たね屋」の店主（＝佐藤貞一さん）は、一面ほとんど何もなくなったかつての敷地に自力でプレハブを立て、自力で井戸まで掘って営業を再開している。撮影当時、まだ二十代前半だった小森と店主とは、祖父と孫ほども年齢が離れているが、時にユーモラスで癖のある佐藤さんが、カメラ越しの小森に、自分や震災のことを、時には静かな熱狂とともに語っていく。

「演劇的」な何かが不意に訪れるのは、映画が始まってまもなくのことだ。驚くべきことに、佐藤さんは、陸前高田の被災の様子を、英語と中国語で記録した分厚い冊子を、たった一人で制作している。英語や中国語は、被災後、そのためだけに独学で学んだのだという。そして彼は、自分で書いた外国語の文章を、カメラの前で、大きな声で朗読してみせるのだ。強い訛りのある抑揚で、もちろん決して流暢とはいえないかたちで発声される外国語の声の震えが、画面越しにもかかわらず、私たちをダイレクトな何かに強烈に立ち会わせてしまう。映画の最後に、冊子に書かれているセンテンスが文字だけで紹介される。そこには、「この出来事はあまりに悲しすぎて、母国語ではとても書くことはできなかった」という意味の言葉が添えられている。

佐藤さんの「朗読」は、台詞や詩のようにも聞こえるし、歌のようにも聞こえる。彼は、死者に向かって話しかけ、自分自身（の悲しみ）に向かって話しかけ、同時に「世界」に向かって話しかけている。等身大ではおさまりのつかない出来事——もちろんそれは戦争や災害にかぎらない——に逢着した時、ひとは日常言語（散文）を放棄せざるをえなくなる。ひとえにその意味で、佐藤さんの書いた英文や中文は、一種の〈韻文〉だということさえできる。

本稿は、近代日本語における「歌うこと」と「話すこと」の重なり合いのなかで、母語が母語でなくなり、ひとつの「声」として生成する瞬間について、そしてまた何らかの方法論を通じてそこに行き着くための手がかりを考察する。ここで言う「声」とは、「演劇的なもの」の可能性の中心である、「誰かが何かを言おうとしていることが別の誰かにダイレクトに聞き取られること」が具体的に生起する現場のことだ。現代日本の舞台芸術とその周辺で、「声」は、いまどのように死に、生まれつつあるのか。この問いに対して、「歌うこと」と「話すこと」とをとりあえずの羅針盤とし、いくつかの方向から接近してみよう。

2 「歌うこと」と「話すこと」の一致……

これまでの西洋由来の演劇史においては、「台詞劇」と「音楽劇」、つまり「話す劇」と「歌う劇」は、別々の歴史として記述されることが多かった。たとえば、「新劇の父」と呼ばれた小山内薫の有名な逸話を想起してもよい。歌舞伎に造詣が深かった小山内が、一九二四年の築地小劇場創設直後の稽古場で、歌舞伎的な朗誦癖が抜けない俳優たちに口を酸っぱくして叫んだとされる「歌うな、語れ」というフレーズは、まさしく近代日本語の舞台芸術において、「歌うこと」と「語ること」——ここでは事態をより鮮明にするために「語ること」を「話すこと（speak）」と言い換えておく——を明確に分割しようとした歴史的な試みだった。

だが、「歌うこと」と「話すこと」を別枠とする発想では、「声」の主題にうまくたどりつくことはできない。その意味では、一九世紀後半の散文としての近代劇確立期に、「歌うこと」と「話すこと」を同時に視野に入れていたのは、「音楽劇」における「反オペラ」的もしくは「ポスト・オペラ」的な思考の方だった。リヒャルト・ワーグナーは、同時代のオペラにおける「言葉の音楽への従属」を厳しく批判した。「言葉と音楽の婚姻」を通してのみ実現される真のドラマとしての「総合芸術」にとって、「言葉」はきわめて重要な要素として認識されたのだ。

> 人間の内面を表出する根源的器官は、外部からの刺激によって惹き起こされた内的感情をきわめて本能的に表現する音＝言語（Tonsprache）である。（中略）この最初の言語においては、興奮し増幅された感情は間違いなく有声音による表現を結合するだけで伝達できたのであり、この結合はごく自然にメロディとなって現れずにはいなかったのである。
> （ワーグナー『オペラとドラマ』、『ワーグナー著作集3』、杉谷・谷本訳、三三五頁）

ちなみにここでの「メロディ」は、「純粋に音楽上の旋律だけではなく、発語のさいのイントネーションや詩句の抑揚も意味している」と註釈されている。ワーグナーにおける「歌うこと」と「語ること」の重なりは、ルソーに依拠しているとも言われてきた。「「音楽的な」旋律は言語の抑揚や、各言語において心の動きに用いられる言い回しを模倣する。旋律は模倣するだけでなく語り、分節はないが生き生きとしていて熱烈で情熱的なそのことばづかいは音声言語そのものより百倍も力強い。音楽的模倣の力はまさにここから生まれるのである」（ルソー『言語起源論』、増田真訳、岩波文庫、一〇三頁)。ルソーのこの発言は、先の引用におけるワーグナーと、ちょうど逆方向から、「歌うこと」と「語ること」の重合について語っている。

ワーグナーは「音＝言語(Tonsprache)」、すなわち、感性的な音声言語が、悟性を司る「コトバ＝言語(Wortsprache)」と対峙し止揚されることで、「詩のメロディ」が生まれるとする。「詩のメロディはコトバ＝音＝言語(Worttonsprache)の精華として出現するものである」。ワーグナーは、こうした理念を、彼の楽劇＝総合芸術を通して実現していく。彼は音楽を、異なる国語の違いを超えて、「あらゆる人間にとって等しく理解可能な言語」であると宣言していた。こうした思想には、音楽を通じた全人類の和解というポジティヴな側面と、音楽を通じた全人類の征服というネガティヴな側面が同居している。このような音楽至上主義は、『悲劇の誕生』(一八七二)におけるニーチェも共有しているし、一九世紀後半の西欧に広まっていた「すべての芸術は音楽の状態に憧れる」(ウォルター・ペーター)という理念の裏付けともなっている。

だが、ワーグナーにおいて、事は「歌うこと」と「話すこと」だけの関係性にとどまらない。圧倒的な器楽＝オーケストラの力が存在するからだ。無限旋律やライトモチーフ、伝統的な和声学からの創造的な逸脱を駆使したワーグナーの重厚で壮大な楽劇は、結局のところ、別の形での音楽の絶対化であり、悪しき「全体化」にすぎなかったのではないか。二〇世紀に無数に展開されるワーグナー批判の多くは、ひとえにその点にあったといえるかもしれない。

では、同じ音楽劇であるミュージカルにおいて、「歌うこと」と「話すこと」の関係性はどのように捉えなおされているのか。演劇研究者の日比野啓は、アメリカ合衆国の「統合ミュージカル」について考察している。「統合ミュージカル(integrated musical)」とは、物語と音楽が緊密に統合されたドラマとしてのミュージカルを指す用語であり、リチャード・ロジャースとオスカー・ハマースタイン二世のコンビが、『オクラホマ!』(一九四三年)、『南太平洋』(四九年)、『王様と私』(五一年)、『サウンド・オブ・ミュージック』(五九年)等を通して確立したスタイルである。日比野は、『ウエストサイド・ストーリー』(五七年)の作曲家でもあるレナード・バーンスタインの発言を引きながら、「統合ミュージカル」の特徴を次のように描き出している。


実作者の立場からハマースタインとロジャースの考えていた統合の理想形を「新しいレチタティーヴォ」だと定義したのはバーンスタインだ。(中略)ここでバーンスタインが「新しい種類の叙唱」というのは、「語りつつ歌う」、すなわち言葉と音楽の一体化のことだ。したがって、ロジャースとハマースタインがやったことは、ワーグナーがその楽劇で追求したアリアとレチタティーヴォを混合する試みを「アメリカの日常語」で行ったことだ、と一九世紀オペラの問題意識の延長線上において二人の再評価をバーンスタインは行ったことになる。

(日比野啓『アメリカン・ミュージカルとその時代』、青土社、二〇二〇年、四八―四九頁)


ここで言われていることは、ブレヒト的な音楽劇との比較で指摘される特徴、すなわち「会話劇から歌への移行が、ごく自然に行われること」と密接に関係がある。バーンスタインが、より具体的にアメリカ英語(口語)の特徴と結びつけている点は興味深い。「ぼくたちの使うアメリカの日常語は朗唱されるのを嫌います。あまりにもリズミカルで強弱が強すぎる言葉なので、自由に流れていかないからでしょう。しかしロジャースとハマースタインはこの新しい型の叙唱を使って、途方もなくオペラ風にならずに歌で筋書きを進めることができたのでしょう」（バーンスタイン『音楽のよろこび』吉田秀和訳、音楽之友社、一七七頁）。「ここでバーンスタインが「新しい種類の叙唱」というのは、「語りつつ歌う」、すなわち言葉と音楽の一体化のことだ」という日比野の定式化は——この「語りつつ歌う」という評言は、私たちの文脈では「話しつつ歌う」と言い換えてよい部分だが——先の引用でワーグナーが言っていた「詩のメロディ」を思い起こさせずにはいない。黄金期のアメリカン・ミュージカルは、「歌うこと」と「話すこと」との重なりという理念を、ある意味ではワーグナー以上に巧みに実現していたのかもしれない。

3　日本語ミュージカルのジレンマ……

以上を前提としつつ、別の場所で、日比野は、日本語で上演されるミュージカルに関して、理論的な分析を行っている。

> しかしながら、統合ミュージカルが日本の「ミュージカル」のスタンダードになることはなかった。それは一つには、日本語で歌われるナンバーがリズムを刻むのに適していない、ということがある。日本語の歌詞では一つの音符に一つの音をあてるからだ、と説明されてきた。事実としてそれは正しい。だがこの一音符一音主義が慣習として定着している背景に、日本語母語話者が音節ではなくモーラ（拍）を区切りにして発声しているからだ、ということはあまり指摘されない。（一時期の）美空ひばりや桑田佳祐のように、ジャズやロックを日本語で歌う際、英語と同様一つの音符に一つの単語をのせて発声しようとする歌い手がいないわけではない。けれども地歌や長唄、あるいは能楽の謡から受け継いだこの一音符一音主義は、現在の大半の日本語のロックやポップスにおいても守られている。
>
> （日比野啓「戦後ミュージカルの展開」、日比野編『戦後ミュージカルの展開』、森話社、二〇一七年、一二一—一二三頁）

「音節」という概念が母音の数を指す単位なのに対して、「モーラmora」は、日本語の拍を数える単位であり、「や・ま」は二モーラ、「が・っ・こ・う」は促音を含めて四モーラと数える。したがって、たとえば「東京都」は、五モーラ（＝と・う・きょ・う・と）で三音節（To/kyo/To）となる。それゆえ、この引用文中の「一音符一音主義」とは、「一音符一モーラ主義」と言い換えることもできる。明治期の唱歌以来の近代日本語による歌の伝統は、おおむねこの法則にあてはまるものが多い（「兎追いしかの山」など）。

> 日本語の歌が「間延び」して聞こえるのは、一つの音節が複数のモーラに分けて発音されることがあるから、というだけではない［＝たとえば上記の「東京都」——引用者註］。単語や文（の一部）として意味を伝えるために、日本語の歌詞は複数の音符を繋げるように歌う必要がある。だから日本語に馴染むのは朗々と歌い上げるオペレッタふうの歌唱だ。拍を刻むようにナンバーを歌うことで軽快なリズムを作り出すアメリカン・ミュージカルの手法は日本語歌詞だと難しい。一拍ごとに切れ目が入ってしまうと、日本語の意味が（文字通り）切れてしまうからだ。（前掲書、一二三頁）

「拍を刻むようにナンバーを歌うことで軽快なリズムを作り出す」というフレーズからは、たとえばジョン・コルトレーンのジャズ・アレンジ版でも有名な、『サウンド・オブ・ミュージック』の《My Favorite Things》などが想起される。楽曲中でリピートされる「These/are/a/few/of/my/favorite/things」（「/」で区切った一つ一つが一音符に当たる)」のフレーズは、一音符に多様な子音と母音のリズムが流れる余地がある。同じ部分が「一音符一モーラ主義」の日本語では、きわめて単調なもの(「タタタタタタタタター」)になってしまう。バーンスタインが、アメリカン・ミュージカルの典型的な傑作と評価する『南太平洋』の《魅惑の宵》などを英語で聴いてみれば、「歌うこと」と「話すこと」は自然に結びついているし、《My Favorite Things》を歌う映画のジュリー・アンドリュースの歌唱は、しばしばトラップ大佐の子供たちへの語りかけへと移行する。それに対して、日本語ミュージカルは、概して細かなリズムの変化よりもメロディのひとつづきの流れを重視しがちであり、「歌うこと」と「話すこと」とは、しばしば分離してしまう。

「歌うこと」と「話すこと」が巧みに往還する、という点に限れば、一九八〇年代以降のロンドン・ミュージカルにも、しばしばそのような瞬間は訪れる。たとえば、『キャッツ』(八一年)の《メモリー》などでも、劇団四季版の歌い上げるような歌唱に較べると、ロンドン版のエレイン・ペイジは、「歌うこと」と「ささやくこと」を印象的に行き来する。だが、日本語における「歌うこと」と「話すこと」の分離の要因は、「一音符一モーラ主義」だけに帰せられるものでもない。たとえば、『レ・ミゼラブル』(ロンドン初演・八五)のなかで、エポニーヌが歌う、《オン・マイ・オウン》の日本語歌詞(岩谷時子訳)を、試しに例にとってみる。

《オン・マイ・オウン》——岩谷時子訳　※ゴシック体は引用者

一人　でも二人**だわ**
いない人に抱かれて
一人、朝まで歩く
道に迷えば見つけてくれる**わ**

たとえば、冒頭の数行だけで、「〜(だ)わ」という翻訳の語尾が、きわめて微妙な問題を持ち込んでいる。この後に続く、「話し相手は自分だよ」、「一生　夢見るだけさ」に使われている「〜(だ)よ」、「〜さ」なども含めたこの種の語尾はしばしば、ミュージカルの日本語に違和感をもちこんでくる。

こうした「翻訳調」の言葉遣いについて、言語学者の中村桃子は、『ハリー・ポッターと賢者の石』の日本語訳を引きながら、的確な分析を加えている。「まあ、あんまりうまくいかなかった**わね**。**私**も練習のつもりで簡単な呪文を試してみたことがあるけど、みんなうまくいった**わ**。**私**の家族に魔法族は誰もいない**の**」(松岡佑子訳、静山社、一九九九年、一五八頁、強調原文)。ヒロインのハーマイオニーがはじめて登場するシーンの台詞について、中村は、次のように分析する。「現代の日本女性が、ハーマイオニーのように「わね」「の」「わ」をともなった女ことばをめったに使わないことは、多くの実証研究によっても明らかにされている。つまり、ここでは、英語を話しているはずの一一歳の少女が、日本人でも使わないような女ことばを話しているのである」、「外国人女性の発言は、日本人よりもずっと典型的な女ことばに翻訳されることが多いのである」(『翻訳がつくる日本語——ヒロインは「女ことば」を話し続ける』、白澤社、二〇一三年、四頁)。——まさにそのような意味で、『レ・ミゼラブル』のエポニーヌも、典型的な「外国人女性」として表象されていると言えるだろう。

『レ・ミゼ』の日本語訳にあたっては、日本初演の準備段階で、訳詞の岩谷が、オリジナルの作曲家と演出家の理不尽な板挟みに合い、苦心惨憺しつつ翻訳したというエピソードが広く知られている。だが、それでもこの部分で、「〜だわ」「〜だよ」「〜さ」と言った語尾が適当だったかはわからない。このナンバーは、エポニーヌが片思いの愛を失った直後、夜の路上でふと口ずさむモノローグである。「〜だわ」「〜だよ」「〜さ」が、エポニーヌという人物の性格付けの必要から選ばれているのだとしても、こうした語尾は、どちらかといえば他者と直接対面する場面を想起させてしまい――さきほどのハーマイオニーも、対面でハリーに話しかけている――、「目の前の観客に向けて歌い上げる」というベクトルを、より強く助長させてしまう。YouTubeで、英語版と日本語版を聞き較べてみれば一目瞭然だ。

ただ、日本語版でも、歌い方や力量によって違いは生まれる。俳優によっては、「でも一人だわ」の「だ・あ・わ」という語尾が、ちょうど下降する三音符にあたっているせいで不自然に目立ち、「孤独なひとりごと」の雰囲気からますます遠ざかってしまうのに対し、このナンバーに関しては圧倒的な歌唱力を発揮している新妻聖子の歌い方では、「〜だわ」「〜だよ」「〜さ」などの耳障りな語尾を、微妙な音色の変化や息遣いを通して、ささやくようにまるめて歌うことで、見事に英語版と同じような「ひとりごと」感が表現されている。新妻の歌唱は、翻訳調にもかかわらず「歌うこと」と「話すこと」が奇跡的に融合しているのだが、おそらくそれは、彼女が日本語ミュージカルにおける両者の分離しやすさを、十分自覚していたからではないだろうか。

4　台詞、「歌わないため」に……

これまで「歌うこと」と「話すこと」の関係性を、音楽劇から見てきたが、実は台詞劇においても、別の仕方で問題が発生している。たとえば、ラシーヌの代表的な悲劇『フェードル』の、「フェードルの口説き」として有名な場面の既訳を比較してみよう。フェードルが、継子にあたる王子イポリットに秘めていた恋をはじめて打ち明ける重要な場面であり、イポリットが父親のテゼー（＝フェードルの現在の夫）に似た面影を持つことを糸口に、イポリットその人への禁断の愛を告白する、という流れである。以下の【A】【B】は、数頁にわたる場面の、同じ冒頭部分だ。

【A】二宮フサ訳（『世界古典文学全集』四八巻、筑摩書房、一九六五年）

そう、わたしはテゼーを慕って、やつれはて、燃える思い。
わたしはテゼーを愛している、それも、地獄に姿を現わしたような、
あまたの美女に愛を捧げるテゼー、
死の神の閨をけがしにいくテゼーではなくて、
たのもしい、昂然とした、荒々しい感じさえする、
どんな心もなびかせてしまう、美しい、若々しいテゼー、
話に聞く神々にも似た、また、今こうして見ているあなたそっくりのテゼーを。

【B】渡邊守章訳（岩波文庫、一九九三年。※傍線引用者）

そうですわ、王子、この身はやつれ、燃え上がる、テゼー様への愛に。
愛しています、いいえ、黄泉（よみ）の国の者たちが見たようなあの方ではない、
取るに足らぬ幾千の女たちを愛される移り気なお方、
冥府の神の臥床（ふしど）まで穢しに行こうというお方ではない。
そうではなくて、忠実な、凛々しいお方、そしていささか猛々しい。
魅惑と若さに輝くばかり、すべての心を引き攫う、

神々のお姿か、いいえ、目の前におられるあなたのお姿。

前提を確認しておこう。明治期に生じた「言文一致」運動は、近代日本語を「散文」として確立するプロセスだった。そうして生まれたのが「新劇」であったのに対し、一九六〇年代以降に「反新劇」を掲げた前衛演劇運動の潮流は「語り」の復権であり、いわば「歌うこと」と「話すこと」の間にある、近代日本語が否定した「韻文性」への希求であったと考えることができる。たとえば、加藤道夫の「詩劇」という理念のもとでスタートした劇団四季の浅利慶太は、散文としての近代日本語を前提としつつ、よく知られている「母音法」を劇団内で確立し、大劇場でもひとつひとつの音＝モーラが粒だって聞き取りやすい発声法を良しとした。一方、いまここでの二種類の『フェードル』の場合、そもそもがフランス古典主義の正統的な韻文劇であり、その韻文性を、所詮散文でしかない近代日本語でどう表現するか、という点に翻訳者の基本的な出発点があったといえる。

【A】【B】の翻訳の違いは、実にさまざまな視点から分析可能だが、紙幅の都合上、ここではいくつかに限定して議論を進める（本来原文との関係性への考察も不可欠だが、ここでは日本語だけに焦点を絞る）。第一に、模範的な標準語のように、主語／述語の関係、修飾語と被修飾語の関係が語順正しく整理された【A】に対して、【B】はそうしたシンタクスを徹底的に攪乱し、活字だけでは読みにくいが、声に出すと初めて意味がリズムと同時に立ち上がってくる構造になっている。第二に、【A】が一人称を「わたし」と表現しているところを、【B】は「この身」としている点。【B】ではこの先に、何度か一人称「わたし」が出て来るが、演劇的な行為の次元では、「私」を「私」と呼ぶ行為と、「私」を「私」と呼ばない（たとえば「この身」と呼ぶ）行為とでは、出来事性がまったく違う。【B】はその点を意識して使い分けている。第三に、【B】では、なるべく淀みなく流れようとする【A】のような日本語の流れを、傍線部のような「そう」「いいえ」などの言葉を繰り返し挟み込むことで、流れを断ち切り、リズムを強制的に変化させていく。【B】では発語がブレーキを踏まれ、立ち上がり直す、という行為が反復されているのだ。

ごく自然な標準語として、個々の母音（モーラ）を粒立てて発語さえすれば、通念的な「分かりやすい日本語」は明らかに【A】であり、劇団四季や宝塚はもちろん、蜷川幸雄や野田秀樹に至るまでの日本現代演劇の主流は、いまなおこちらにある。だが、このやり方は「韻文性」を通り越してあまりに気持ちよく「歌い」すぎてしまう。渡邊守章（【B】）は、むしろここではそういう自然な流れを堰き止めることのなかに、出来事としての「韻文性」、いいかえれば「声」の手がかりを見出そうとしているように見える。

だが、やはりこの問題は、翻訳という文字言語のレベルにおさまる話ではない。事実、渡邊がこうした文体を構築できたのは、一九八〇年代前半に、演劇集団「円」、そのなかでも、後藤加代という俳優との継続的な稽古場での積み重ねがあっただろう。このあたりの経緯については、渡邊自身が円による『フェードル』のパリ公演（八六）終了後にまとめた『「フェードル」の軌跡』（新書館、一九八八年）や、本誌二一号に掲載されている渡邊自身へのインタビュー（「「演劇作業」の現場——ラシーヌからクローデルまで」）などで詳しく語られている。渡邊は、一九八〇年以降、自らの翻訳と演出により、「ラシーヌ・シリーズ」を上演し、『フェードル』はその集大成として作られた。そのなかで、後藤加代という俳優の身体性が見出され、稽古場での協同作業のなかで、翻訳の日本語の在り方も実践的に練られていったはずである。そうしたことを考慮したとき、上記【B】にしても、そうした具体的な身体性なしに、たんに活字レベルでのみ受け止めてしまうと、その本来の意図が薄れてしまいかねない危険性もある。

5　日本語のリズムにズレをもたらす……

　母語には、つつみ込むような支配力がある。それを、あなどることは誰にもできない。ポップ・ミュージックの視点から、そのことを徹底的に分析した仕事に、佐藤良明の『ニッポンのうたはどう変わったか：J-POP進化論』（平凡社ライブラリー、二〇一九）がある。彼はそのなかで、日本語に通底する「マトリクス」という興味深い概念を導入し、近代日本のポップ・ミュージック史全体を通して、それをリズムと音階の両面から考察している。「マトリクス」とは、「日本人」が無意識に共有している「心地さ」の原型のようなものであり、「日本語らしさ」「日本の歌らしさ」を無意識に規定しているものと想定されている。外国から異質のリズムや音階が輸入された際、それが「マトリクス」を通じて、徐々に「日本化」するという事態も頻繁に起こる。

　近代日本語の試論における同様の試みも参照しつつ、佐藤は、七五調を通奏低音とする近代日本語のリズム・マトリクスを、「四音（モーラ）一拍」「二音一拍」「一音一拍」の三段階にわけて考えようとする（詳しくは同書第六章を参照）。しかしながら、結局のところ「日本語のモーラは、そもそも歩行のリズムとは関連せず、したがって歩格を作らない」（二一六頁）ところが特徴だと言う。

　英語の韻律を規定する「歩格」は、どんなに遅いテンポでも、必ず二つの音が（ちょうど左右の足を交互に踏むように）セットになる。それに対して、日本語のモーラは、極端にいえば、一つ一つのモーラを、ただなんとなく置いていけばよい、ということだ。それが日本語に特有ののっぺりとしたリズム感（のなさ?）を作り出している。標準語もまた、音をぼんやりと等拍化していく力に支えられている、ということであり、大きな文脈でいえば、それが日本語らしさのナショナル・アイデンティティを支えているということでもある（たとえば、日本語ネイティヴが、そうでない人に向かって「あなたの日本語は上手だ」と口にするときの具体的な基準にもなっている、ということだ）。

　いままで考察してきたことも、そうした日本語の「無意識」を前提とすれば、ある程度納得がいく。つまり、平板な日本語のリズム感に対して、ひたすら「メロディックな歌い上げ」で劇的な変化をつけようとするのが、日本語の音楽劇と台詞劇の両方でおきている、ということかもしれないのである。だが、だとすれば、「声」は、必ずしもメロディではなく、むしろ等拍なメロディに陥りがちな近代日本語の基底となるリズムのほうに、何らかの揺らぎやズレを方法論的に生じさせることで立ち上がっていく可能性がある、とも言えるのではないか。劇団地点が、空間現代と行っているコラボは、間違いなくリズムからこの問題を批評しようとしているし、チェルフィッチュの『三月の5日間』は、ベタな口語のなかにグルーヴを見出そうという試みだった。

　ところで、誰もが実感しているように、近代日本語が伝統的に採用してきた「一音符一モーラ主義」は、今日のJ-POPでは、ほぼ過去のものとなりつつある。BTSやBLACKPINKなどに代表される二〇一〇年代の、アメリカヒットチャートにおける「コリアン・インヴェイジョン」は、アジア圏全体のリズム感覚を大きく変貌させつつあるし、そうした潮流のなかで、J-POPのリズムと譜割りも圧倒的に複雑になっている。その意味では、日本の現代演劇のメインストリームは、日本語ミュージカルも台詞劇も含めて、リズムとメロディの時代感覚という点で、明らかに遅れていると言わざるをえないだろう。もしも佐藤良明が示唆するように、近代日本の標準語に「らしさ」の基準を構成するリズム・マトリクスのようなものがあるのだとすれば、そうした無意識を明確に意識化しないかぎり、マトリクスの支配に屈し続けるほかないだろう。目だけでなく、耳の多様性が、日本の現代演劇には求められているのではないだろうか。

その点では、J-POPの領域における宇多田ヒカルの音楽は、明確な方法論を通じて「日本語」を異化しようとしている点で、注目に値するかもしれない。そのことについては、音楽批評家のimdkm（イミヂクモ）が、丁寧な分析を施している。宇多田ヒカルといえば、「十五歳にしてR&Bのリズム感を完璧にマスターした少女の登場」というデビュー神話ばかりが注目されがちだが、彼は二〇一〇年代後半の彼女のアルバム（『Fantôme』（一六）、『初恋』（一八））に注目を促している。たとえば、彼は《誓い》という楽曲について次のように言う。

> リズムの面で見ると、この曲［＝《誓い》］は複雑で繊細なポリリズムとして解釈できる。ピアノの左手が奏でるベースラインを基準にすれば8分の6拍子としても、右手が奏でるコードを基準にすれば4分の4拍子としても聴くことができるためだ。ヴォーカルは、このどちらのリズムともとれるポイントを、たゆたうように紡がれる。
> （imdkm『リズムから考えるJ-POP史』、blueprint、二〇一九年、二二七―二八頁）

リズムに多様な変化をつけることで、歌詞（日本語）に思いがけない異質の響きを導入することは、西洋近代音楽の原理から解放されたポップ・ミュージック一般の得意とするところであろう。そのなかでも、この楽曲は、二種類の質感の異なるリズム（左手の8分の6拍子と右手の4分の4拍子）を同時に、しかも微妙なズレを織り込みながら展開することで、たんなるシャッフル・ビートともまったく違う日本語の聴こえ方の歌になっている。リズムにおける脱中心化の試みと呼ぶこともできそうなこの種の実験は、J-POPの他の音楽家においても、さまざまな形で急速に生じているだろう。ポップ・ミュージックにおけるこのような「耳の変化」を、日本の舞台芸術は無視するべきではない。

6　二〇二〇年代の「声」……

だが、これまで述べてきたような意味で、いま最も興味深い表現のひとつは、二〇二〇年前後に登場した、一部の若い世代のラッパーたちの活動ではないだろうか。究極的には、「演劇」とは、他者の行為をダイレクトに目撃すること、他者の声をダイレクトに聞くことにすぎないとも言える。演じ手の視点に立てば、他者に自分が「何かをしている」あるいは「何かを言いたい」ことを伝えること。――つまるところ、それだけが、「演劇」にとっての重要事項であって、そのほかのことは後からついてくる事柄ではないか。

ブラック・ライヴス・マターの世界的な広がりのなかで、ラッパーの語る政治性が、あらためて注目を集めている。だが、わかりやすく分類できる党派性に還元できない「何か」こそが、アートの扱うべき真の政治性であり、舞台芸術の可能性の中心でもあるはずだ。たとえば、韓国からの留学生で、日本語でラップを作り、「日本」に対して率直な批判を実践しているMoment Joonは、自分自身が「政治的」という括り方で語られることについて、次のように言う。

> ある時点から「差別と戦うラッパー」に見られている気もします。あまり好きではないタイトルですが「差別と戦うラッパー」で知られてから多くの新しい方々から応援してもらえる

ようにもなりましたので、心から感謝しています。
しかし、恥ずかしながら自分の音楽とメッセージを応援してくださる方々に、どうしても疑問を抱いてしまうのも事実です。それは、ただ「差別と戦う」という私のイメージを消費したいだけではないか、という疑問です。
（Moment Joon「日本でBLMを叫んだ貴方へ」、『現代思想』二〇二〇年一〇臨時増刊号、一七七頁）。

日本に根強くあるガイジン差別と同様、「差別と戦うラッパー」消費に対する違和感が、彼を「声」へと駆り立てる。普通の散文で話すことが不可能で、しかも単に歌い上げることもできない何かを言うために。HIPHOPの単純で複雑な、「日本語らしさ」とかけ離れたリズムが、その「声」をおおげさにでなくサポートする……。

《TENO HIRA》——Moment Joon『Passport & Garcon』（二〇二〇）所収。
（以下、抜粋）
ラッパーいつもそうだった　日本語ラップの村に逃げちゃう
ラッパーはいつもそう　何も思わずビッチと言えちゃう
ラッパーはいつもそう　政治はいつもそう　日本はいつもそう
それが君の口癖（What do you say?）確かに疲れそう
（中略）
この島のどこかで
君が手を上げるまで
寂しくて怖いけど　ずっと歌うよ
見せて　手のひら　（ひら、ひら）×4

すでに紙幅が尽きつつあるので、詳細に検討する余裕はないのだが、私がこの楽曲で一番興味深い点のひとつは、最後のリピート部分（フック）のなかで、観客がレスポンスする「ひら　ひら」という部分が、二つとも同じ音の高さで歌われていることだ。最初の「ひら」から二つ目の「ひら」にかけて、普通に音程を下降させれば、いかにも「歌」らしく聞こえる。だが、二つ目の「ひら」が下がらないことで、ある「感情」が「声」となって伝わってくる気がするのだ。

最後に、女性ラッパーのなみちえの「声」を引用して終わりたい。日本語ネイティヴでありながら、肌の色のせいで「日本人」から「ガイジン」扱いされることで湧き上がる「感情」が、一筋縄ではいかない形で「声」化されている。日本の現代演劇の舞台で、こうした「声」が当たり前に響くようになるのは、どれだけ先の未来になるだろうか。アルバムはぜひネットなどで聞いてください——。

《YOUは何しに日本へ?》——なみちえ『毎日来日』（二〇二〇）所収。
YOUは何しに日本へ?
さっさと俺の前から引っ込んで
what do you think tell me that seriously
ちゃんと言いたいこと言う　ヒップホップで

インタビュー Interview

明瞭な発音で唱えること
——現代に生きる琉球芸能の神髄——

宮城能鳳　聞き手：田口章子

宮城能鳳(みやぎのうほう)氏は琉球王朝時代の楽劇である組踊(くみおどり)や琉球舞踊の実演家として活躍する人間国宝。女形の後継者育成に尽力し、組踊を琉球王朝以来の上演形態で、日本を代表する伝統芸能として現代につなげた功労者でもある。今回は氏の芸に対する思い、後継者を育てることの重要さなどについて伺った。

宮城能造師匠との出会い

田口　能鳳先生とのご縁は、春秋座で開催しております公開講座「日本芸能史」に、講師としてご登壇いただきましたことがきっかけでした。

宮城　何年前でしたっけ？

田口　二〇一一年です。おかげさまで組踊や琉球舞踊というものに出会うことがかないまして、先生とのご縁にひたすら感謝しております。

宮城　こちらこそ。とても勉強させていただいて、ありがたいなと思っているんですよ。

田口　本日は琉球芸能の世界を教えていただいた先生に、いろいろとお話を伺っていきます。先生が組踊や琉球舞踊と出会われたきっかけは？

宮城　琉球古典音楽と琉球舞踊にも心得のあった父の影響で、幼少のころからその環境で育ちました。豊年祭などの地方(じかた)を父がやっておった関係で、小さいときから父と一緒に祭りや近くの集落の催しに出させていただいておりましてね。ですから一年間でも割といろいろなことをさせていただきました。見たり、聞いたり。

田口　小さい頃から、そういう環境にあったんですね。

宮城　やり出したのは小学生の頃からですけれども、本格的に始めたのは中学校へ入ってからです。父の友人で玉城源造先生という方が毎週のように、うちに三線(さんしん)のお手合わせでいらしていたんです。

その方は三線をなさっているけれど、舞踊研究所もされていて、踊りも教えておられたんですよ。中学生のとき、父が三線のお手合わせの合間に、「教えてもらいなさい」ということで踊りを始めたのがきっかけです。

田口　日常の中に芸能の環境が整っていたんですね。

宮城　田舎のお師匠さんというんですか、芸能コンクールに出るためにやるというのではなく、一応は若衆踊（少年の踊り）から二才踊（青年のりりしさを表現する踊り）、あるいは女の踊りの基本的なもの、そういうのを教えていただいて、やっておりました。

　しかし私、高校生のときは洋楽ファンだったんですよ（笑）。ピアノや声楽に夢中になり、西洋音楽の専門の先生に本式に学びまして、音大をめざしていたんです。でも高校二年生のときに母を亡くしましてね。父は芸能ばかりで、あまり頼りなくて、母がほとんど家計をみていました。結局、音大というとお金もかかりますし、内地へ行かんといけませんので、進学を諦めて就職したんです。

宮城能鳳氏

田口　琉球芸能は、西洋音楽とは対極にあるものですよね。

宮城　そうですね。ただあとあと感じたのですけれども、西洋音楽（声楽）をお習いしたことで腹式呼吸、あれだけは組踊に役立ちました。ご存じのように発声は組踊と西洋音楽ではまったく違います。それ自体はあまり勉強になりませんでしたけども、腹式呼吸だけはだいぶためになりました。

　ですからのちに組踊をしごかれるようになったとき、先生方によく「この子は音感がある」といわれました。先生方のほとんどがお芝居の役者さん上がりでしょ。当時、私はボーイソプラノだったから（笑）、「お芝居もやってみたら」と誘われたこともありました。

田口　お母さまが亡くなったことで音楽大学への進学を諦めて、その後はどういう進路を進まれたのですか。

宮城　結局、家計をみないといけませんので、琉球政府に勤めました。

田口　ずいぶん堅いところにお勤めなさったのですね。

宮城　そうなんですよ（笑）。朝から晩まで変化のない、はっきり申し上げて、一つのレールの上を行ったり来たりしているような生活ですよね。同じ仕事をやって帰ってきて、また同じことの繰り返し（笑）。事務屋ですからね。それが性に合わなかったのじゃないかと思います。やはり毎日、変化に富んだ芸能の世界の方に魅せられたのか、すぐ辞めちゃって、アルバイトをしながら組踊の修業をしたんですよ。

田口　そのときの師匠というのはどなただったのですか。

宮城　琉球政府で働いているときに、宮城流の流祖・宮城能造（みやぎのうぞう）先生の舞台を拝見する機会があり、身震いするほど感動を覚えました。やはり組踊や琉球舞踊が好きだったのでしょう。仕事を終えて帰るときなど、バスを降りて自宅までの帰り道（約四・五キロ）、舞踊のこねり手（註）や組踊のせりふを唱えながら歩いていたほどで、忘れかけていた組踊や琉球舞踊の世界に戻ろうと決め、門を叩くことになるのですが、まあ田舎出で引っ込み思案なものですから、本当に。

田口　先生は引っ込み思案だったんですか。

宮城　今でもそうなんです（笑）。ほんと、誰も信じませんがね。それで能造先生の師事を仰ぎたく伺うんですけども、田舎出の私にとって芸能界で名人として知られた能造師匠は雲の上のような存在でしたから、門を叩く意気地がないんですね。ですから行っては戻りというのを四、五回ぐらい繰り返しまして。それで自分の誕生日に意を決して、「今日、伺わないともう自分は一生舞踊をやれない、この世ではもう教われないんだ」と強く思って、ようやく門を叩いて先生に面会を果たしました。

　当時、私はすごく痩せていたんです。四六キロぐらいしかなかったですからね。それで初対面のとき、能造師匠は私の第一印象を「こんなにも華奢な青年が芸能界の荒波に乗っていけるかなあ。大丈夫かなあ」と感じたそうですが、「見かけによらず、なかなか芯のしっかりした青年じゃないか」と思われたそうです。「これまでよく頑張ってきたなあ」なんておっしゃってくださいました。

田口　能造先生のどのようなところに魅かれたのですか。

宮城　拝見した舞台というのが能造師匠と同じく女形で名を成された親泊興照（おやどまりこうしょう）先生との雑踊（ぞうおどり）、コンビ舞踊の『加那ヨー天川（アマカー）』でした。能造師匠の男性でありながら、あまりにも色香のある踊りに魅（み）せられましてね。

田口　能造先生は女踊、女形の名手であり、能鳳先生はその女形の踊りに魅せられていったと。

宮城　そうですね。やはり潜在的に女踊が好きだという気持ちをもっていたんじゃないでしょうかね。それで入門を許されたんですけどね。

田口　親泊興照先生はどんな方だったのでしょうか。

宮城　演劇界では女形で名を成した方なんですよ。ですが能造師匠と踊る場合、『加那ヨー天川』も『金細工（かんぜーくー）』踊も親泊先生が男の役で、能造師匠が女の役をなさっていたんですね。

田口　師匠に恵まれましたね。

宮城　そうですね。ただね、私がこれまでがむしゃらに脇目も振らず突っ走ってこられたのは、当時、私の四、五歳ぐらい上の先輩で舞踊家の御曹司の方々がおられたんです。私は名門の出でも何でもないわけですから、この人たちと肩を並べて芸能界でやっていくには、この人たちよりも何倍も勉強しないといかんという、そういう意識の下に、もう無我夢中で組踊、舞踊に徹しました。

　ですから恥ずかしいんですが、もう遊び事を一切知らないで（笑）。ほんとに、女性でいうと「箱入り娘」的な感じですね。本当に私から舞踊、組踊を取っちゃったら何も残らないんです。それほどそれに熱中して、これまで歩んできました。

田口　先生の「能鳳」という素敵なお名前に、何か由来はありますか。

宮城　私が名前をいただいたとき、一度に二、三名も名取を許されましてね。それで先生は、こんなたくさんの人の名前を私一人では考えられないから、各々考えてきなさいといわれましてね。それで、自分で能鳳と。お見せしたら、「あ、これ、いいじゃないか」ということで。

田口　では能造先生の「能」の字をいただいて、「鳳」は先生自身がお考えになった。

宮城　そうです。鳳凰というと不死鳥ですか。これは中国の劇界の方に聞いた話ですが「鳳」の字は女形に適しているようなことをおっしゃっていました。

田口　華やかで縁起のいいお名前ですね。女形にぴったりです。

宮城　ありがとうございます。

田口　能造先生のお稽古の方法というのはどのようなものでしたか。

宮城　先生は温情のあるお人柄でしたが、お稽古については厳しい方でした。まず、最初に歩みから、姿勢、いろいろ見るために『かぎやで風』を何回もさせられました。それで次から男踊、女踊と偏らないように交互に並行して教えるという形をとっていました。女踊が好きだからと女踊ばかりさせるのではなく、女踊がうまくなりたかったら男踊も二才踊もしっかり勉強しなさい、男踊をうまく踊りこなすには女踊もやらんといかんよという感じの指導法でした。

　ですから師匠は女形をめざす者に、最初から女踊ばかりを徹底的に教える方ではなかったですね。ご存じのように琉球の芸能における女形というのは、歌舞伎の女形とは違います。お芝居で二枚目もなさるんです。そういう感じなので、二枚目をこなすにはやはり男踊をしっかり身につけないといかんという。それで師匠は女踊を徹底してしごくのではなくて、男踊を並行して教えましたね。

　だから若いときは、あの踊りを習いたいんだがなあと思っても、なかなか教えてくださらないんですよ。むしろ先生は空手の有段者でもあったので、空手の基本的なものとかを教えられるんですね。それから交互に女踊、男踊を並行して指導なさるんです。

　この指導法が立派だなと思いましたのは、同門で同じ名取をもらった人ですが、女踊が好きだったんでしょうね、女踊のお稽古のときには一生懸命立ってお稽古するんですけれど、男踊になったら座って絵ばっかり描いているんですよ、稽古しないで。ですから、この人の技を見たら、やはり女踊でもタコの踊りみたいでクネクネして芯がないんです。そんなことからみても師匠の指導法というのはご立派だなあと。並行して勉強すべきなんだなということを悟りました。

田口　初めて「日本芸能史」にご登壇いただいたとき、女踊を見せていただいたあとに、『鳩間節』（雑踊。明治以降創作された、きびきびと速いテンポの踊り）を踊っていただいたのですが、とっても軽快で明るくて、リズムに乗っておられて、先生はどちらも踊られるんだと感動しました。先ほど女踊だけではなくて全部ができなくてはいけないというお話を伺って、納得しました。

宮城　私は欲張りなのでしょうかね。好きな踊りは？と聞かれると即答するのが難しいくらい、女踊も男踊も古典舞踊から雑踊まで。古典女踊の『諸屯』、『伊野波節』、二才踊の『高平良万歳』、雑踊の『花風』、『鳩間節』、もうすべて好きなんですよ。自分でいうのも変ですけれども、わりと各ジャンルの踊りを舞台で踊り込んできたような感じがします。

田口　授業で先生から女踊の基本である、こねり手、それから歩みの爪先を上げるという足の使い方を教わりました。

宮城　すり足ね。

田口　こねり手とすり足（歩み）というのが基本になるのですね。

宮城　頻繁にこねり手が出てくる『浜千鳥』という踊りがありますでしょ。あの踊りでよくいわれました。片手こねり、両手こねりといろいろなこねり手があります。そして手踊の場合、特に指先まで神経を使って、きれいに指使いをやるようにということをよくいわれました。

「朝薫五番」と『諸屯』

田口　組踊ではどんな演目、お役がお好きですか。

宮城　強いて挙げれば、組踊の規範であり基本といわれる玉城朝薫作の『執心鐘入』の宿の女役、『銘苅子』の天女の役、『女物狂』の母役、それから世話物の名作で高宮城親雲上作『花売の縁』の乙樽、そして唯一、恋愛物で平敷屋朝敏 作『手水の縁』の玉津役でしょ

琉球舞踊『本花風』　2020年11月29日「琉球舞踊と組踊　春秋座特別公演」　撮影:桂秀也

うか。これらは数多く演じました。

田口　やはり「朝薫五番」（玉城朝薫が創作した五つの組踊『二童敵討(にどうてきうち)』『執心鐘入』『銘苅子』『孝行の巻』『女物狂』）は特別なものですか。

宮城　そうですね。沖縄県立芸術大学（以下、芸大）の授業や国立劇場おきなわでの組踊研修講座でも基本にしています。この朝薫作品のすべての役柄をこなすことで組踊の順応力が養われますし、それによりほかの組踊がすぐ熟せるといいますか、ほとんど対応できますね。

田口　「朝薫五番」、どの作品も親子の情愛ですとか、男女の機微、人と人との心のやりとりがすごく繊細に描かれた作品ばかりだと思いながら拝見しております。やはり先生が演じられるときは、ご自身なりに作品を解釈しながら取り組まれるのですか。

宮城　そうですね。もう何百回とやったかもしれませんけれども、やるときは今回、初めて演じるんだという気持ちで全部せりふを通して役作りをします。

田口　演じる先生から見て、玉城朝薫はどんな人物だったと思われますか。

宮城　単なる芸能実演家というよりは、偉大な学者先生みたいな感じに思えますね。

田口　実は今日の午前中、玉城朝薫のお墓参りをしてきたんです。

　春秋座では二〇一二年より隔年で「琉球舞踊と組踊　春秋座特別公演」を開催し、毎回、「朝薫五番」の中から一つずつ上演させていただいてきました。おかげさまで今年（二〇二〇年）、最後の一つを上演するんです。それで、ぜひお墓参りをさせていただきたいと思いました。

宮城　お疲れ様でした。ありがとうございます。

田口　そういえば、お好きな演目の一つ、『花売の縁』はまだ見せていただいていないのですが、これはどのようなお話ですか。

宮城　これは首里士族の夫婦の家が貧しくて生活が苦しくなったので、旦那さんの森川の子(しー)が山原(やんばる)に出稼ぎに行って一二年ほども音信不通になっているところを奥さんの乙樽が子どもを引き連れて、道中、旅芸人の猿引や薪木取に出会って、森川の子の消息を聞き、三人で首里に帰っていくというハッピーエンドなドラマです。演じていて、やはり胸が詰まる思いがします。この組踊において私は女の役だけでなしに森川の子とか、薪木取(たきぎとり)の老人の役も何度かやったことがあります。それほど素晴らしい作品ですね。芸大では森川の子と薪木取の二役を兼ねてやったこともあります。

田口　二役早変わりですか。

宮城　早変わりで。

田口　そういう演出というのはあるのですか。
宮城　たまにやる人はいますね。
田口　私は初めて琉球芸能に触れたのが「日本芸能史」で観せていただいた先生の『諸屯』（失った恋にあきらめがつかず悶々ともだえる女心を表現する女踊の中で最も難しいといわれる曲）でした。心を奪われました。
宮城　ありがとうございます。
田口　それが、春秋座で琉球芸能公演を企画したきっかけです。本土ではなかなか観る機会に恵まれません。
宮城　そういえば一度だけ、東京藝術大学の奏楽堂で、今、芸大に勤めております三線の仲嶺伸吾さんが独演会をしたいというので「賛助出演してもらえませんか」といわれて踊ったのが『諸屯』でした。そうしたら、その会場に故・中村勘三郎さんがおみえになっていたそうで、「琉球舞踊という、こんなすごい踊りがあったのか」と、びっくりしておられたというお話を聞いたことがあります。
　技巧を要する三角目付（夢から覚めた後のむなしさを表現する所作）や「月やいりさがりて」のところで月見手（月を見る所作）をしてゆっくりゆっくりゆっくり腰を落としていって、ゆっくりゆっくり立ち上がるところがありますでしょ。そこなんかはもうびっくりしておられたらしいですね。
田口　隔年ではありますけれど、京都の方たちも琉球芸能の春秋座特別公演を本当に楽しみにしています。先生に琉球芸能の奥深さ、魅力的な世界をお教えいただき本当に感謝いたしております。
宮城　ありがとうございます。組踊と琉球舞踊は国の重要無形文化財に指定され、組踊は世界無形文化遺産に登録されるまでになりましたけれど、そのほかの日本を代表する伝統芸能、能楽や文楽、歌舞伎などと比べると認知度がまだまだ低いんです。その中で京都芸術大学ではこんなに取り上げてくださって、本当にどういうふうにしていいのかなと思うぐらいに感謝いたしております。

組踊の基本となるもの

田口　先生が組踊を教わるときにいちばん厳しくいわれたことは、どのようなことですか。
宮城　やはり、「明瞭な発音で唱えることを心掛けなさい」ということと、せりふの一字一句、最後の一文字までしっかりいい切るように唱えを練習しなさいということです。もう何回も同じ言葉を繰り返しさせられました。「もう一度、もう一度」「まだ聞こえない。もう一度、もう一度」といわれましたので、先生はお歳を召されて、耳が遠くなられたのかなと思ったこともあるぐらい厳しい稽古でした。そうやってしごかれましたよ。指導する立場になった私も師匠の指導法に倣って若い人たちに稽古をつけています。
　もう一つは、組踊独特の古典語の発音。それもウチナーグチ独特の発音で、今、五十音から消えているような文字ですけれども、こういうものを特に厳しく教えられました。
田口　歌舞伎の世界は女形というのがとても大事で、女形の代わりに女優が演じたら、歌舞伎は成り立たないと思っています。組踊や古典舞踊においてはどのようにお考えですか。
宮城　おっしゃるように、長年、組踊をしてきて思うのには、やはり能楽や歌舞伎と同じように男性でやるのが組踊だろうと思います。もちろん女性の皆さんにも教えていますけどね。やはり、きちんとした大舞台、伝統的にやる組踊の場合はオール男性でやらないと、いろいろなハンディがあるんです。たとえば女の声と男の声はまったく違いますでしょ。女性の声はキンキンとして、聴いた限りは良い響きをするんですけれど、声質が違います。私が若い頃は男の役をよくやっていましたが、相方が女性だと何か変なんですね。音高はしっかりしているはずだけれども、違和感があり、何か違っているんじゃないかなぁという。そういう経験からやはりやるならすべて男性でやると。
もしも女性の皆さんを入れるならば、主人公の二人を女性でやるとか、そういうのはいいと思うんです。けれどやはり最終的にはオール男性でやるのが伝統的な組踊だというふうに思います。
田口 士族の文化、王宮の男性のみで作り上げたものが基本になっているということですね。
宮城 ええ、そうです。どうしても男性の場合は舞踊もそうですが女性になろう、なろうとします。そうではなく組踊の演者としての基本、様式、あるいは舞踊の基本的なものをしっかり身につけていれば自然体で、自然な動きで違和感なく女の役をやれるんです。どうしても女になろうとしたら言葉は悪くなりますが、汚くなりますから、自然体でやることが大切ですね。
田口 先ほどもおっしゃられましたが、琉球古典語は難しいものですね。どういうふうに言葉をお教えになるのですか。あるいはどうやって習得されるのでしょうか。
宮城 これはずいぶん時間がかかります。去年、国立劇場おきなわの第五期の研修生が修了しましたけども、その中に初めて本土から二人来ていましてね。沖縄の人でも古典語というのは、ろくに発音ができないのですが、彼らも一生懸命やりまして、なんとか身につけました。けれどもやはり難しいんじゃないでしょうか。普段使わない発音なんですよ。日常で使うウチナーグチともまた違うものですから。沖縄芝居は普段使うウチナーグチでもできるのですけど、組踊に関してはどうしても古典語の発音じゃないとダメなんです。
田口 そうするとお稽古の順番としては言葉が最初ですか。
宮城 やはり言葉をしっかりすることです。組踊の骨格といわれるのはやはり音楽、せりふ、舞踊でしょ。どれが大事というよりは一つ欠けてもダメです。所作は琉球舞踊の基本をもってやっているんだという意識がないといかんですね。お芝居なら少々アドリブというのか、自分が動きやすいようにやっていいと思うんですが。組踊はやはり型物であり、また歩みの芸能だといわれる。この歩みだけでも役柄によって違うんですよ。同じすり足でもね。
田口 役柄によって違うのですか。
宮城 違いますね。按司(アジ)、大主(ウフヌシ)とか、あるいは女の歩みとか。まあ、特にテンポですけどね。
田口 たとえば母親、それから娘というのでも違ってくるのですか。
宮城 そこまで極端じゃないですけれど。悲嘆にくれている場面の歩み、あるいは喜びを表現するときは早足で歩くとか。そうするにはしっかりすり足をやらんといけません。すり足せずに歩くのがいるんですよ、たまに。だからすり足がいかに難しいかということです。歩みの芸能だといわれるだけのことはあります。
あともう一つ、難しいと思うのが表情をあまり表にあらわさないということです。お能は面(おもて)をかけてやります。組踊は面をかけませんん。強いていうと鬼女に変化したときの般若の面、これだけですね。
ですからある意味、表情は難しいですね。やはり能面の如くといいますか、表情を変えちゃいかんということ。表情に出してやるのではダメなんです。ためて、観客を泣かす。懐かしい場面でも、悲しい場面でも、抑えて、抑えて。それでは表情に代わる何があるかというと目線。沖縄の言葉で「みじち」といいますが、それと面使い。「面(めん)をかける」あるいは「面を入れる」ともいいます。目付(みじち)と面(めん)使いが連動する形で、悲しむときは下に落としたり、喜ぶときは顔を上げたり。このあたりは能楽と同じです。だけれど表情は変えちゃいかんわけです。だから、目付と面使いが連動する形で表現します。
田口 難しいですねえ。
宮城 細かくいったら難しいんですが、こういう言葉があるんですよ。お聞きになったことがあると思うのですが、ウチナーグチで「たーがんないしん組踊、ならんしん組踊」という言葉。これは「誰にでも簡単にできるものも組踊、どうしてもできないものも組踊」という、ちょっと矛盾したいい方です。「たーがんないしん」つまり「誰にもできる組踊」というのは結局、せりふを覚えて唱えれば間違いなく、もうできたもんだと思うということですね。ですが、そこからが問題です。深く究めていくと今、申し上げた細かいところ、目線とかね。お芝居なら表情が出せるから悲しいときは泣き面して組ったりしていいですが、組踊は一切ダメでしょ。だから面の角度、目線の角度で喜怒哀楽を表現する。その違いがあります。

田口　すごく洗練されていますね。

宮城　だから、私はいつもいうんですよ、組踊の役者としてやっていくには古典舞踊をしっかりと究めなさいと。立ち居振る舞いはすべて舞踊だといっています。

田口　先生ご自身は組踊を始められてどのくらいで、手ごたえを感じられましたか。

宮城　いやいや、もうそれはとても（笑）、それは申し上げられないですね。わからないです。ただ強いていえば無心に演ずる。無我の境地で演じたというのがたった一度だけありました。何十年このかた『執心鐘入』をもう何百回やったかわからないけれども、その中でそういう貴重な体験をしたのが、ただ一度だけありました。

田口　それはどういうときだったのですか。

宮城　『執心鐘入』と『銘苅子』の天女を東京の国立劇場（一九八五年）でやりましてね。そのプログラムをそのまま大阪の国立文楽劇場へもっていったんですが、そこでの出来事です。

それが東京に行くときから私は風邪を引いちゃって、咳もひどくて点滴を打って舞台を務めたのですが、不思議なもので舞台に立つと咳ひとつ出ないんです。ただ体力が落ちているからちょっとフラ

組踊『銘苅子』 2016年6月5日「琉球舞踊と組踊　春秋座公演」 撮影:清水俊洋

フラするんです。こりゃ、ふらついてるなぁという感じはしましたけれど、そのまま事なく終えたんですね。

そして移動した大阪の文楽劇場の舞台で無我の境地、無心に演じるというのを体験したんです。そのときは組踊音楽太鼓の人間国宝、故・島袋光史先生との共演でした。『執心鐘入』の最後、鬼女の立ち回りがあるのですが、それをどういうふうに演じたのか一切、わからない。ただ太鼓の音だけしか耳に入らないんですね。座主と小僧三名を相手にいろいろとやるけれども見えないんですよ。そういうこともあるものだなあと思いましてね。

舞台がはけてホテルへ戻ったら夜中、咳込んでとても胸が痛いんです。それで沖縄に帰ってすぐ病院に行きましたら、お医者さんに叱られましてね。保険証には本名しか書かれませんでしょ。初めて行った病院だから、あちらも私とわからないわけですよ。宮城能鳳と書けばすぐわかるはずですけども、本名は知らないでしょうから、「いったいどんな仕事してるんだ」って叱られてね。どうしたんですかと聞いたら「肋骨にヒビが入ってるじゃないか」というんで。

田口 咳のしすぎで。

宮城 そうなんでしょう。咳もせずして舞台を務め、舞台が終わりましたら素に戻りますでしょ。ホテルに戻ったらもう夜通し咳き込んで、苦しいわけですよ。舞台上で無我無心に演じた初めての体験でした。

後継者を育てるということ

田口 先生は現在、国立劇場おきなわの組踊研修で指導しておられますが、その前は芸大で教えていらっしゃいました。

宮城 そうです。

田口 羨ましいと思いますのは、芸術大学に伝統芸能の学科があるということです。

宮城 最初は組踊、琉球舞踊を専攻とする「邦楽専攻」という名前でしたが、邦楽といったらあまりにも広義だから、もう少し琉球のものであるということをわかっていただくために「琉球芸能専攻」で「琉球古典音楽コース」と「琉球舞踊組踊コース」でいいのではないかと改称しました。

田口 「芸大へ行けば能鳳先生に教えていただける」ということは確実にわかっているわけです。

宮城 そうですね。

田口 それも組踊、古典舞踊を。日本の大学では珍しいことですね。

宮城 ええ。もう本当に沖縄のみですよね。ほかの大学に範例があれば、それに準じてカリキュラムを組んだりできたと思うんですけれど。ですから最初の一〇年間ぐらいはたいへんでした。いろいろな委員会がありまして、もう会議ばっかり。芸大の一、二期生はあまり授業をやる時間がなくて本当にかわいそうだったと思います。

田口 先生の元で学んだ学生たちが、今度は国立劇場の研修生となって入ってきたりするわけですね。

宮城 芸大を卒業して、さらに細かく学びたいと研修生に応募して。研修の一、二期生はほとんどそうです。

田口 組踊研修生制度というのは、国立劇場おきなわができてから始まった制度ですか。

宮城 そうです。私が芸大を退官した翌年からスタートしまして、一期生からみています。芸大での教え方といいますか、ノウハウはだいぶこちらにももってきています。

劇場が開場する前まで、特に若衆や女形をこなせる者が少なく、組踊の上演に支障をきたすのではと、若手の養成が急務といわれていたんです。研修生に主に組踊を教えるけれど、女形をこなせる人材が出るかどうか。いなければ女性にさせたらどうかというご意見を出される方がいたんですよ。ヤマトンチュの学者先生ですが。

田口　無責任な発言です。

宮城　私はそれで「ちょっと待ってください。一〇年足らずで私が育ててみせます」ということを大きな声でいいました。

田口　男性後継者の育成を叫ばれた先生の強い思いが、組踊の女形を滅ぼさずに済んだということですね。

宮城　教え子たちがみんな頑張って、よくついてきてくれました。一〇年足らずで女形も何名か育っています。今ではもうすべての役柄がこなせる人材が揃い、頼もしい限りです。

田口　研修内容はどのように組み立てていかれたのですか。

宮城　スタートする前に委員会がありまして、そこに呼ばれましてね。研修曲、課題曲として「朝薫五番」と『花売の縁』を勉強させれば十分、組踊役者としてやっていけるのではないかとご意見を申し上げたら、その通り組んでくださったんです。

田口　研修期間は三年。

宮城　そうです。一年に二曲勉強します。前期・後期ですね。ただ、二曲といっても作品に登場する人物——女の役、男の役、子どもの役、老け役、間の者(まるむん)の役のすべてを教えますからたいへんです。一生懸命やらないと身につかないですね。

　ご存じのように組踊には流派というのがないんです。ですから私が伝承者の頃に教わりました際にも先生方は「伝承芸」にご自分の風(ふう)を加えて、ご自分の型として教えていただきました。特にわれわれが伝承者の頃は、ご指導なさる先生方も輪番制で、この年はこの先生が、翌年はあの先生と、教えられる方が代わったので、『執心鐘入』も何名かの先生に教わりました。そうすると、その先生独特のやり方といいますか、その方の型があり、そういうものでお習いしてきたので、私も芸大の学生や研修生にも、先生方からお習いしたものに、さらに私なりの風を加味して、能鳳の型としてお稽古をつけております。

田口　国立劇場おきなわの芸術監督である嘉数(かかず)道彦さん、はじめは「組踊ははっきりいって好きじゃなかった」そうです。ところが芸大に入学して能鳳先生にご指導を受けているうちに、組踊のすばらしさに魅了され、もうガラッと宗旨替えしたというお話を伺いました。そういうふうに先生の影響を受けた若手実演家たちが、今の舞台を支えているんですね。

宮城　教え子たちが頑張っていましてね。大学院まで出た人たちも何名かいますので、その人たちが本当に頑張ってくれて、私も苦労した甲斐があったなぁなんて思う場合があるんですよ。

田口　先生の世代と若手との間、中堅の方がいらっしゃらないんですね。

宮城　そこがあまりいません。

田口　それはけっこう、たいへんなことですね。

宮城　ですから、芸大ができただけでも少しはよかったと思います。若すぎはしますけれども、いろいろな役柄をこなせる人数はだいぶ育っていますので。それもなかったらこの劇場（国立劇場おきなわ）を運営していくのが、もうたいへんだったと思います。

田口　すごく羨ましいのは、沖縄で生まれ育った方たちが、沖縄の文化が大好きで、誇りに思っていて、お稽古に励むということです。それがやはりいちばん大事なことではないでしょうか。だからこそ、こうやってつながっていくのかなと思います。

宮城　おっしゃる通りです。

田口　今の研修生は、ほとんどが沖縄の方ですか。

宮城　そうですね。先ほど申しましたように研修生の五期生から二人出たぐらいですね。ほかはもう全部ウチナーンチュ。外の方で入ってこられるのは、まだこれからだと思います。

田口　研修生になる若い方たちは組踊、古典舞踊とどうやって出会うのでしょうか。関心をもつきっかけみたいなものは。

宮城　やはり沖縄人として生まれた血筋でしょうか。琉球音階、音楽に興味があるとか、ご両親の勧めがあったとか。そうでもなければ洋楽に走る人の方が多かったのではないかと思いますけども。

田口　先生もかつては洋楽に走りかけて。

宮城　そうなんですよ（笑）。やはり自分は組踊舞踊をやるべきもんだなあと思って、戻ってきました。

組踊を担う若手へ期待すること

田口　期待をもって若手を指導されてきたと思います。

宮城　芸大のOBに加え研修生が五期生まで修了し、舞台を観ていましても、いろいろな役柄をこなせる人材が育ちました。ですが芸事というのは、これでいいということはまったくありません。要するに、ゴールインすることがないのが芸の道だと思うんですよ。生涯ずっと歩み続けないといかんのが芸道だと思います。ですから若い人たちは今に甘んじないようにしてほしいですね。

　そして組踊は、日本を代表する伝統芸能の一ジャンルに認められていますので、それを自分たちが担っていくという精神をもって、しっかり取り組んでいってほしいなあと思います。

　さらに、今一度、初心に立ち返り、組踊の本質を見極めるべく、若手実演家が心を一つに手を携えて、まことの組踊の魅力、すばらしさを世界へ発信してくれることを期待しております。

田口　組踊の現状と今後について伺います。

宮城　国立劇場おきなわを開場した当初、組踊をご覧になるのは、ご年配の方が主だったんですが、それでも満席かというとそうではないんですね。今は若手が育ち、出演する機会が多くなりましたので、観客層も若返りました。若い人たちが組踊を観るようになってきています。スター的な存在の子が何名か出ていますので、そういう人たちのファンでしょうね。わりと場内は賑わっていますよ。

田口　それはとてもうれしいことですね。

宮城　そうですね。立派な劇場ができても観客動員はどうなるのか、みんなが気にしていたことですからね。だから、彼らにかけるものは大きいです。もう世代交代でわれわれは指導できればいい方。もう舞台に立つということはあまりないだろうから。彼らが頑張って世界に発信していくようにしてもらいたいなと思います。

田口　沖縄というのは、たいへん芸能の土壌が豊かな土地です。そうしますと厳しい目で舞台をご覧になる方が多いのではないかと思います。客席が舞台人を育て、また舞台が客席を育てるという関係が芸能にとって大事ですね。

宮城　そうですね。

田口　それが沖縄では成り立っているのでないかなと思うのですが。

宮城　まあ、昔ほどではないでしょうけども、だんだん、そういうふうになっていくのではないかなと思います。

　だんだんと申しますのは、こんな立派な劇場だと、敷居が高いと考える方がまだたくさんいらっしゃるんですよ。私、タクシーに乗りますと、運転手さんに「劇場にいらしたことはありますか。組踊をご覧になったことはありますか」と聞くんです。そうすると、まだ行ったことがないという方が、だいぶいらっしゃるんです。「どうして」と聞くと、「われわれが行くところじゃない、敷居が高くて」とかなんとかかんとかいうんです。「とんでもない。誰でも気軽に入れますよ。観てくださいよ」といっています。まだ、ごく一部の人が観るもの、自分は行くところじゃないという意識はあると思いますね。沖縄の宝、素晴らしい芸能をまだ理解していらっしゃらない方が多いんですよ。

田口　若手の方たちがこれほど頑張っているというのは、なかなかないことですね。

宮城　みんなアルバイトをしながら、技を究めるために通ってきてくれています。私が誇りに思うのは能楽や文楽、歌舞伎にも同じように研修制度が敷かれていますが、向こうは大御所がわりといらっしゃるのに、落伍して辞めちゃう研修生が多いそうなんです。ありがたいことに組踊研修生は、五期生まで一人も途中で辞めた人がいないんですね。全員、修了して今、活躍しています。それだけはもう本当に喜ばしいことです。

向こうはどういうふうになさっているのかわかりませんが、組踊研修の状況を羨ましがっていると人づてに聞いたことがあります。年に一度、東京の研修生と交流しに行くんですが、歌舞伎とかバレエとか、いろいろなジャンルのところへ特別研修ということでね。そこでいろいろお話が出ていましたよと報告を受けたことがあります。

田口　自分たちの大地が生み出し、はぐくんできた文化に対する愛着というのが強いんですね。

宮城　そうですね。もともと、琉球王国のもとに生まれて、育ったものということが大きな要因かもしれません。こういう素晴らしいものを担っているんだという意識と使命感ですね。

田口　誇りをもって取り組んでいるということですね。それがある限り組踊も、琉球舞踊も永遠です。先生もご苦労した甲斐があります。

宮城　いやいや（笑）。そうですね。少し、そう思います。

田口　最後に先生にとって組踊とは？

宮城　やはり、ウチナーンチュの魂。それが包含されている楽劇じゃないかなと思います。すべてウチナーンチュの肝心（チムグクル）。女性の思いとか、そういうもので成り立っていますから。ですからたとえば『執心鐘入』の宿の女を演じるときに、私は細かい心理描写も私なりの演出で加えているんですよ。先生方からお習いしたままじゃないんです。さっき申し上げたように、私の風、型としてですね。研修生にもいいますが、当時の女性像を念頭に置いて演じないといかんよと。現代っ子の女性の形でこれをやったのでは、全然このドラマはダメだと。タイムスリップして、あの頃の時代のウチナーの女性はどうであったかということも念頭におきながらやらんといかんよと、よくいうんです。

装束にしても、沖縄の伝統的な染物・紅型（びんがた）をどういうふうに着るかとか、あるいは首里織はどういうふうにできるのかとか、衣裳はどこで誰が作ったのか。そういったものすべてが組踊には包含されています。やはり沖縄人の魂がこもっているのではないかなと思います。

田口　組踊や琉球舞踊を多くの方に観てほしい、今後も春秋座から琉球芸能を発信していきたいと思います。今日は長い時間、貴重なお話をありがとうございました。

宮城　こちらこそ、ありがとうございました。

（二〇一〇年一〇月　国立劇場おきなわにて）

註　**こねり手**

一、両手を顔に向けて上げ、面をかけて手首をあてる…（拝み手）
二、両手首を内側に折り、廻しながら軽く下ろす…（こねり）
三、その手を押し上げて、なで下ろす…（押す手）
※この3つの手法を連動する形で熟すのが「こねり手」と称する。

舞台芸術　Performing Arts

レクチャー　Lecture

開学三〇周年記念事業
猿翁アーカイブにみる三代目市川猿之助の世界
第五回フォーラム
〈感動〉

「猿翁アーカイブにみる三代目市川猿之助の世界」は、三代目市川猿之助（二代目猿翁）が京都芸術大学に寄贈した貴重な歌舞伎関係資料をもとに三代目猿之助の軌跡をたどるフォーラムである。二〇二〇年一〇月に春秋座（京都芸術劇場）において開かれた第五回フォーラムでは「感動」をテーマに寄贈された三代目出演作品の上映と講義が行われた。ここでは三代目猿之助の創作に深く関わった脚本家・横内謙介氏と石川耕士氏の講義を採録する。

〈感動〉がうみだすもの

「泣き申さず候うては化し申さず候う」

江戸時代中期の儒学者細井平洲のことばである。泣くほど感動して涙を流したときに、人は素直になって向上心が芽生え、考える力が生まれるという意味だ。

三代目市川猿之助（二代目猿翁）は本学創設者である初代理事長徳山詳直からこのことばを教えられたとき、腑に落ちるものがあった。祖父二代目猿之助（初代猿翁）から「人に感動を与える立場の者が自ら感動を知らないでどうするか。いい人に出会い、いい芸術に触れなさい」と常々いわれてきたからである。感動させることが芸術であるという思いで歌舞伎と向き合ってきた三代目猿之助。

今回は、三代目猿之助が与えてくれた〈感動〉とはいかなるものであったのかについて考える。「感動を与える大学でありたい」と願った初代理事長と三代目猿之助の思いがひとつになってできあがった春秋座。「感動」は本学の理念を支える大切なことばでもある。

（田口章子）

三代目市川猿之助（二代目市川猿翁）

昭和一四年生まれ。つねに「時代とともに生きる歌舞伎」をめざし、伝統の継承と創造に全身全霊をかけて走り続けている。「猿翁十種」をはじめとする家の芸の継承はもとより、『義経千本桜』『加賀見山再岩藤』などの古典歌舞伎の再創造、『菊宴月白浪』『競伊勢物語』などの古劇の復活、さらには『ヤマトタケル』や『新・三国志』シリーズなどのスーパー歌舞伎の創造まで、パワフルな活動はみごとな芸術的完成を見せる。現代歌舞伎に多彩で豊穣な成果をもたらしてきた演劇活動の中から「三代猿之助四十八撰」を制定した。歌舞伎にかける熱い思いと革新的な発想は、三代目市川猿之助が育てた弟子たちにも確実に受け継がれている。平成二四年六〜七月新橋演舞場において、祖父が名乗った猿翁の名を二代目として襲名し、甥の市川亀治郎に猿之助の名を譲った。

京都芸術大学では、平成五年に芸術学部教授、平成一一〜一五年副学長に就任。集中講義では学生に歌舞伎の実技実演指導も行った。同大の春秋座には徳山詳直初代理事長とともに劇場の構想・設計から関わる。春秋座初代芸術監督として、柿落し公演の『日本振袖始』をはじめ、数々の舞台を企画し出演した。

感動は驚きとともにやってきた

横内謙介

【作品解説】

『雪之丞変化２００１年』

三上於菟吉作の時代小説『雪之丞変化』をヒントに三代目市川猿之助の原案を横内謙介が脚本化した作品。猿之助によれば「横内さんはかつての歌舞伎の狂言作者と座頭との関係のように、私と何度も協議を重ねて幾度も脚本を書き直してくれた」ことで、意図した狙い通りの作品に出来上がったという会心の作。

初演は一九九〇年（平成二年）九月（パルコ劇場）、その後、一九九一年（平成三年）一月（近鉄劇場）、一九九四年（平成六年）一月（パルコ劇場）、一九九五年（平成七年）八月（シアター・ドラマシティ）、一九九五年（平成七年）九月（パルコ劇場）、二〇〇六年（平成一八年）年五月（名古屋・中日劇場）で上演。

三代目猿之助が演出を担当、雪之丞と闇太郎、浪路の友情と恋を軸に未来への飛翔という二十一世紀歌舞伎組のメッセージが込められた注目の舞台となった。

「私の雪之丞秘話」市川猿之助

私も一度は「雪之丞変化」をやってみたいと思っていたが、此頃はいささか貫録が付き過ぎた。（中略）この物語を平凡に劇化したのでは色物といわれる商業演劇の域を一歩も出ない。思いっきり翔んでいる「雪之丞」にしたいと思って、闇太郎を異星人にし、雪之丞と浪路が輪廻転生した二〇〇一年の一月一日から江戸時代の過去へバック・トゥ・ザ・フューチャーする案を思い付いた。そして時代劇と現代劇と、それにＳＦと歌舞伎という四つの世界が交錯する「雪之丞」を創ったら面白かろうと考えた。

（『雪之丞変化２００１年』公演パンフレットより）

（田口章子）

このようなときにお招きいただき、また、そのような中でもこんなに大勢の方に来ていただきありがとうございます。実は私の劇団も今、東京の小劇場で公演中です。明日で終わりですが、ヒヤヒヤです。二週間前に関係者全員がＰＣＲ検査を受けまして幸い陰性だったので、そのまま公演しましたが、その間に他の劇団にクラスターが起きまして、明日は我が身かと本当にヒヤヒヤしました。陰性だから安心だといっても翌日、罹ればそのようなもの意味がないという。いったいどうしたらいいのだろうと途方に暮れています。

そもそも猿之助歌舞伎というのは魂の濃厚接触、人と言葉と物の三密状態で、その圧倒的パワーで人を感動させるという世界観のものです。コロナ時代にそぐわない規模、人数ですから、稽古期間も短くしてくれと各プロデューサーがお願いしているさなか、逆行していく世界観のものです。でも、今日はそれを思い切り懐かしみながら、いつか復活するぞと願いを込めてお話ししたいと思います。せめてお話の中だけでも、あの世界を懐かしもうではありませんか。どうぞよろしくお願いします。

今回、取り上げるのは『雪之丞変化２００１年』です。初演は平成二（一九九〇）年、渋谷のパルコ劇場です。一九九〇年ということは三〇年前、二十一世紀歌舞伎組、澤瀉一門の中でも若手筆頭の市川右近、笑也さんの時代です。そして中村信二郎（現・錦之助）さん、坂東彌十郎さんらで、パルコ劇場という五〇〇人ぐらいの小劇場で歌舞伎をやる。今でこそコクーン歌舞伎など現代劇場で歌舞伎を上演するのは珍しくないですが、当時、パルコ劇場でやるのはとても画期的なことで、そういう意味でも猿翁さんは先駆者であったと思います。

その前に『伊吹山のヤマトタケル』で二十一世紀歌舞伎組を旗揚げし、大当たりをしていました。そして新作『雪之丞変化２００１

年』が作られたというわけです。これはもともと『雪之丞変化』という大衆小説でした。なぜ有名になったかというと、往年の大スター・長谷川一夫さんによる映画化です。ストーリーは主人公の雪太郎の父親が土部三斎という悪者にはめられて憤死します。その仇を討つために雪之丞という名の歌舞伎俳優になり、女形をやりながら土部三斎の近くにすり寄り、復讐を果たそうという思いのもとにいます。その雪之丞に肩入れする闇太郎という謎の忍者のような男がいます。雪之丞に同情し、共感して陰になって助けるのですね。猿翁さんは、雪之丞と闇太郎の二役を長谷川さんがやっておられます。猿翁さんは、それを二十一世紀歌舞伎組で取り上げたいと取り組んでおられました。

実はこれはここだけの秘話ですが、最初は別の作家さんに頼んでいたそうなのです。それが不成立になり、九月初日なのに僕が呼ばれたのが半年前の三月ぐらい。その大御所の名前をしばらく教えてくれなかったんです。誰だったのか、唐十郎さんです。アングラの大家ですよ。赤テントという劇団。もう訳のわからないことをテントの中でやっているアンダーグラウンドシアターですね。

唐十郎さんの台本をお読みになったことがある方は、そんなにはいらっしゃらないと思いますが、読んで意味のわかるものじゃありません。場面、場面は面白いですし、言葉も美しいのですが、ストーリーを説明しろというと、たいてい誰も説明できないんです。それでは猿翁さんと合うはずがないので、不調に終わって当然だろうと今になると思うのですが。でも二人でご飯を食べたときは、わりと意気投合したと猿翁さんはおっしゃっていました。ただ残念ながら日の目を見ることがなく、もう半年しかないので誰でもいいから頑張れる奴を連れてこいというような指示だったという話です。

そのときに、世界的な舞台美術家の朝倉摂先生が、僕の商業劇場デビュー作の美術を担当してくださってこんな若者がいるよと紹介してくださり、僕が呼ばれたということなんですね。

そして実際に仕事にかかることになります。おかげさまで大好評になり、都合四回ぐらい公演しました。これは一九九五年、初演から五年後の舞台写真です。

【写真】

こちらのスキンヘッドが彌十郎さんの土部三斎。頭を本当に剃っちゃっていました。悪役です。

【写真】

主人公の雪之丞が信二郎さん。そして右近さん、今の右團次さんが闇太郎です。長谷川一夫さんは二役やっていらしたけれど、ここでは別の方がやっておられます。

『雪之丞変化2001年』では、闇太郎は宇宙人という設定です。最初に猿翁さんに呼ばれたとき、「いろいろ考えたのだけれど、せっかくパルコで若者がやるので奇想天外なものにしたい。長屋に宇宙人が出てくるという話にしたいんですよね」っておっしゃられて（笑）。ですから闇太郎は宇宙人です。

台本は僕一人ではなく、猿翁さんらと相談をしながら作っていくわけですが、この宇宙人は雪之丞に恩返しをするために江戸時代に来て、仇討ちを助けるのです。なぜならば古代、宇宙船が難破したときに救ってくれたのが雪之丞の前世の人だったから。ここからかなり難しいですけどもみなさん、ちゃんとついてきてくださいね。人間は輪廻転生して常に生まれ変わっている。それで最初に助けてもらった雪之丞の前世の人に恩返しをしたかったのですが、その人はわりと幸せに生きたので恩返しのチャンスがなかった。ところがその人が生まれ変わると雪之丞という不幸な悲劇の人になってしまったので、「おお、私が助けますよ」と、宇宙人が義理人情をもって助けにきている。そして、宇宙人と人間の間に友情が生まれる、というストーリーです。

これは元ネタがありまして『コクーン』というハリウッド映画です。これを猿翁さんがとても気に入っていて、「宇宙人と人間の交流を描いたものなので、とにかく見てください」といって、それを元にストーリーを作っていったようなところがあります。

【写真】

土部三斎の娘・浪路が笑也さんです。この人、籠の鳥なんです。全然自由がない。たまたま芝居を観にいって雪之丞に一目惚れします。しかし雪之丞は復讐のために浪路に近づきますが、本当に好きになってしまいます。

【写真】

これはカーテンコールの様子です。赤いお揃いのTシャツを作って着ています。Tシャツと黒いパンツで、若い歌舞伎ですよね。でも顔は歌舞伎。この頃、スーパー歌舞伎はすでにあるのですが、猿之助演出のようなエッセンスが詰まっていますね。

宇宙人が雪之丞に恩返しにくるという話ですが、舞台は江戸時代だけではすまないのです。現代にも輪廻転生しているんですね。物語の最初は未来の二〇〇一年から始まります。初演時は一九九五年だったので二〇〇一年は未来だったんです。幕開けのところを観ていただきましょう。映像は平成一八(二〇〇六)年に中日劇場で再演したものです。

【映像】

かつて女形だった雪之丞が、現代では革ジャンでバイクに乗る若者になっています。雪之丞役は段治郎さん。今は新派に行って喜多村緑郎さんになっています。今から壁に向かって走り、自殺をしようしています。しかし大怪我をして病院に運ばれ、緊急手術が始まるというのがオープニングです。これは初演のときも同じで、信二郎さんがバイクで自殺するシーンから始まりました。

この男ユキヒコは宇宙飛行士の卵という設定です。日本人で初めて宇宙に行く飛行士になるとか、ならないとか。その頃、実際にそういう話があったのではないかと思います。ところがその夢が叶わなかったので自殺をした。飛べなかった宇宙飛行士が現代に転生した雪之丞。ここに市川笑也さんが演じるタカミヤ先生という男性の外科医が現れます。浪路が輪廻転生して外科医・タカミヤになっている。しかも性が変わって男性になっています。雪之丞が自殺をし、浪路が手術をするという大きな構造がございます。少し飛ばして闇太郎登場のあたりまで行ってみましょう。

緊急手術の場です。セットもそれらしくしてあり、専門用語でやっています。生死の境目にいる主人公にどこからか呼びかける声がします。すると医者の一人が手術帽を取り「あっしでございますよ、闇太郎ですよ」という。そういうことです。みなさんついてこられていますか。

江戸時代、闇太郎は恩返ししそこねているんです。ずっと恩返ししそこなっている設定です。今回こそ、この人を救いたい、いよいよ恩返しができるぞというところです。そして、前世の話を聞かせます。前世では雪之丞といい、一生懸命仇討ちしようと思ったけど、真実の愛を見つけ命を燃やしたんだよと話し、ここから江戸時代になります。手術中もずっとこういうお話が続いていきます。

さて、今日のテーマ「感動」ということについて。僕はこの仕事で猿翁さんにお会いするまで、もちろん名前は存じていましたし、浪人時代に一回だけ祖母に連れられて猿之助歌舞伎を観にいったことがあります。それはちょっと縁だなと思うのですが、ですがまさか親しくなり、一緒に仕事をするような人だとは思っていませんでした。

僕は高校時代から高校演劇の台本を書いたりしていましたから、

唐十郎さんの舞台も観ています。僕はその後のつかこうへいさん、野田秀樹さん、鴻上尚史さんらの世代。アングラより少しあとですね。アングラはとにかくわけがわからないという感じでしたが、その後の小劇場ブームになるとわかりやすくやろう、楽しくやろうという感じになる。その頃の演劇ブームの一人です。でも歌舞伎はあんまり眼中にありませんでした。

それがパルコ劇場という歌舞伎から見れば冒険的な場所、僕からすると檜舞台という互いの中間地点で出会った感じです。そして猿翁さんと出会い、いちいち強烈でした。簡単にいうとすべてが驚きでした。しかも驚いたあとに感動があって、その感動がもとで今こうしています。これは、締めの言葉でいおうと思っていたのですが、すでにこのパンフレットに書かれていました。「泣き申さず候うては化し申さず候う」。これは猿翁ファンなら覚えてる言葉ですし、呪文です。お題目といってもいいですね。つまり感動しないと人間は変わらないよということなのですが、これは猿翁さんの座右の銘のようになっています。人を動かそう、変えようと思うときは金や脅し、名誉ではなく、本当に感動させることだと。いい言葉だなと。改めていう必要はないですが、僕もやはり感動して、猿翁という人に心酔していきました。

なぜに感動したか。もちろん生き様や考え方もあります。僕はその当時、演劇界に登場したばかりで血気盛んな演劇青年でしたが、猿翁さんは本当にすごい演出、演劇観をもつ人だなと思いました。当時すでに大人気者でありましたし、名優としての誉れが高かった。そしてスーパー歌舞伎を作った猛優、時代の改革者とされていましたが、あまりにもそちらの部分の名が大きすぎて、演出家としての才能を語る人はそんなにいなかった気がします。何かちょっと変わったことをやっている人のような位置付け。他の部分が大きすぎたというのが、僕は理由だと思うのですが。とにかく猿翁さんの演出に痺れていくんですね。

どこに感動したかというと、その一つ目が物語の一幕の切れです。『雪之丞変化2001年』の続き。雪之丞の正体がばれ、土部三斎との立ち回りになる場面を観ていただきましょう。

【映像】

浪路を土部三斎の家に置いておけないと連れて逃げることとなり、土部一族と闇太郎、雪之丞の大立ち回りになります。ここは澤瀉屋(おもだかや)得意の立ち回りです。実は二〇〇六年版はパルコ版をもとに石川耕士さんが大舞台用に演出し直しておられます。

ちょっと飛ばして闇太郎が二人に、舞台上に作られた山門へ逃げようと誘います。三人が山門の上へ逃げると下では逃げ場をなくせと守りを固めます。ところが闇太郎は宇宙人ですから魔法の力でやっつける。だったら最初から魔法を使えよなんですけど(笑)。そこはまあしようがない。

二人は闇太郎と手をつなぎます。そして闇太郎が「あっしの星に来てください。あっしの星で生きればいい」といいます。これ『コクーン』にあるんです。ひとことでいうとそのパクリです。

ここのト書きを読みますね。

闇太郎「お二人とも、さあ、手をしっかりとつないで……。それじゃ、行きますよ!」

すると三人はまばゆい光に包まれる。

そして、まるで彼らが星そのものにでもなったかのように美しく輝きながら、満天の星空に消えていく。

残された者たちは、その光をただ呆然と見送る。

これが一幕の終わりです。私がこのト書きを書いています。なんと無責任なト書き(笑)。映画ならともかく演劇ですからね。当時、

『スターウォーズ』が生まれて一〇年以上経っていますから、特撮SFみたいなものの全盛期で、演劇人は、こんなものが出てきたら演劇なんか観ないよなとみんな思っていた時期です。

実際、僕たちも小劇場でやりながら、そういうものの影響が大きかったですね。物語的にはSFやファンタジーのようなものが取り入れられていきました。アングラ以降、ただただリアリズムに家の中のことなどをずっとやるのではなくて、非日常がとても大事なものになってしまっていました。渡辺えりさんや唐十郎さんもそうでしたね。渡辺えりさんなどは、いつの間にか妖怪が家に住み着いているとか、襖を開けると妖怪がバッと出てくるとか、そんなファンタジー、非日常みたいなものを取り扱うことがすごく多かったです。でも舞台表現としての面白がり方はあったにしても、スペクタクルで表現することは難しかったですね。

実は、この台本を作るのはとても大変だったんです。このあとでお話ししますけれどいじめられた。今でいえばパワハラですね。拉致監禁の上、鞭で叩かれて書き直せ、書き直せと三日間苛まれるという感じですから。「じゃあ、演出してみろ」という気持ちが僕の中のどこかにあったのかもしれない。

僕自身、劇団を率いていましたから、演出もするのですよ。ですから自分でできないことは書かないようにしていたんですけれど、これはもう、知ったことかと。そんなにいうのなら思うままに書いてやる、と思って書いたのがこれ。そして、これをどのようにされたかというのが、第一の感動です。

ト書きに「まるで彼らが星そのものにでもなったかのように美しく輝きながら、満天の星空に消えていく」と書いていますが、宇宙人がこの人たちを宇宙に連れていく、どんな絵ができたか。観てみましょう。

【映像】

白い階段の途中に三人がきれいな形で立っています。宇宙が描かれている透明な紗幕が下りてくる。やっつけられた土部一族は下の回り舞台でグルグル回っている。

観たら別にこんなものかと思われるかもしれませんが、僕はこの白い階段が出てきたときにびっくりしましてね。こんな手があるのかと。宇宙船に乗って去っていくのでなく、自分たちで上っていくんですよ。階段は途中まであり、上の方からドライアイスの煙を落としているのですが、ほんとに天に続く階段が出現したかのごとくなっています。三人が階段の途中できれいな形になっている姿を見せて幕切れでした。

この演出を見て衝撃を受けました。稽古場では、この演出がわからなかったんです。というのも軽井沢での三日間の監禁が明けて、もう知ったことじゃないと、東京の劇場に入るまで行かなかったので、その後どうなったか知らなかったものですから。

【写真】

この舞台は九月の初日に向けて八月一杯、猿翁さんの別荘がある軽井沢で稽古をしていました。そのときの写真が『年鑑おもだか'90』に載っています。これが僕です。パソコンがなくて東芝のワープロで書いています。横にいるのが猿翁さんで、「さあ、書け、こう書け」といっているわけです。これは稽古以外の時間なので一緒ですが、稽古中はテーブルをあてがわれ、一人ポツンと置かれてずっと書けと。当時、一五、六歳の笑三郎が僕のお茶入れ係で。それは去年、話しましたね。私が台本を書いているとき、笑三郎が一人で勝手に踊りを踊っていたと（『舞台芸術』23号収録）。

【写真】

次は稽古場の写真です。のちに立派な建物が建ちますが、このときはまだプレハブのバラック小屋。軽井沢というと、おしゃれな小道があり、別荘が建っている旧軽を思い出しますが、窓の向こうはキャベツ畑です。

【写真】

次は今は新派に行き、河合雪之丞になった春猿さんが写っています。雪之丞という名前は、猿翁さん自身が襲名しようと思っていた時期があったそうですね。相手役をしているのは猿弥さん。若くてまるで高校演劇のお稽古をしているみたい。猿弥さんはむく犬という役、春猿さんは軽業のお初という雪之丞に惚れるあだな姐さん。この二人は盗賊です。楽屋にこそ泥に入るけれど、雪之丞のいろいろなことを知り、闇太郎と同じく手助けをします。

【写真】

これが稽古風景。暑かったから、この場所にクーラーはなかったように思います。この写真、怒られているところですね。でもこのとき、みんな泣いたと伝説になっています。彌十郎さんもみんなの前で男泣きさせられたって。「あんた、これじゃねっ」と鬼のようだったと。私もずいぶんね（笑）。今でいえばパワハラです。

【写真】

昼に素麺を食べている写真です。ご飯は稽古場でみんなで食べるんです。ラグビーチームの合宿みたいですよね、それも強いラグビーチームじゃないですね（笑）。稽古場に布団敷いて雑魚寝して稽古して、机並べて素麺食べて、ここでひと月過ごしていたんですよね。ですからサティアンと呼ばれていたんです。ちょうどあの時期だったんですね。みんな歌舞伎俳優なのに浴衣で稽古していないし、時々、変な声が聞こえてくるから近所の人たちは気持ち悪かったと思います。こんな所で作っていたんですね。

この稽古の前、猿翁さんはバイエルン国立歌劇場の『影のない女』というグランドオペラの演出にドイツへ行って帰ってきたところだったんです。僕はわりと早めに台本を書いて渡していたのですが、ドイツに行かれていたので読めてなかったのですね。それで軽井沢で読んで、ああだこうだと始まったわけです。僕も軽井沢に呼ばれ、念のためとワープロを持っていったのですが、念のためどころじゃなかった。ワープロが壊れるかというぐらい打たされましたから。

昼に着いて一座の人たちと読み合わせをして、この台本はこれだけ欠陥があるとバーッといわれ、これだけ直してもらいたいと。ほぼ全部（笑）。そのときは僕も猿翁さんのテイストがわからないから、エーッと思いながらも、やらざるをえません。だいたいの振り返りが終わったのが夜の一一時ぐらい。いちおう僕はパルコの仕事で行っていますから、さすがに雑魚寝ではなく、おしゃれなペンション風のホテルを用意してくださっていました。そこにはプールもあるという話でしたから海パンも持っていっていたんです、実は。だって作家ですからね。稽古を見ていればいいんだと思うじゃないですか。ところが三日後に解放されるまでに直してくださいって始まっちゃったわけ。ほんとに直るのかなと思いながらも、先ほどの写真のように猿翁さんが張り付いて、共作のような感じになったんですね。

ホテルへ着いたのが一二時。そうしたら朝の八時に澤瀉の人から電話がきて「できたところまで欲しいと猿之助がいっている」と。前の晩の一二時に解放されているんですよ。それなのに朝八時に電話かかってきて、できたところまでよこせって、つまり寝ていないと思っているのかと。一事が万事この調子で。まずそのときは、感動はしませんでしたけれど驚きました。これはとんでもないところに来たなと。

でもまあ、この辺から少し猿翁さんと気が合ったのかもしれません。こういうときにわりとくそ度胸といいますか、だったらやってやろうみたいな気持ちになれたところがよかったのですね。そこから三日間、海パンを一度も鞄から出すことなく、書いては稽古場へ持っていく。猿翁さんはいつも稽古の合間に読んでくださり、「こうこう、こうこう」と直して四日目の朝かな。もう帰る日の昼ぐらいにようやく解放されたという思い出ですね。

やはりものすごいパワーでしたね。ずっと稽古をし、一緒にご飯を食べて寝て、起きて、稽古して、直しての繰り返し。その間には、その年の歌舞伎をどうするかという打ち合わせもおそらくあったはずです。なんてパワフルなことだろうと思います。

二つ目が演出という部分です。台本はいろいろな書き方をしますが、基本的にイメージしか書いていません。そこをどう演出で膨らませるかで舞台は別のものになります。僕は自分で演出する場合と、人に演出してもらう場合があります。やはり演出家によって、せっかくこう書いてあるのになんでそんなことするのかな、膨らんでほしいト書きが膨らんでないというときはすごくがっかりするのですが、この場面については本当にびっくりしました。

結局、雪之丞は仇討ちをし、土部三斎をやっつけました。ですが、この話の中では、浪路が自分の愛する人の仇が自分の父だということを知り宇宙で自害してしまいます。宇宙で自害した浪路を江戸に返すのが演出として面白いところです。結果として、雪之丞は仇討ちをしましたが、自分の人生を生きたとは言い切れない、雪之丞としての人生はここまでだと自害するところで、いちおう『雪之丞変化』は終わります。最後に歌舞伎役者として『鷺娘』を踊り、もう一回やり直すために生まれ変わるぞというようなことをいって死ぬ。喝采の中で自分の生を終える雪之丞。

【映像】

雪之丞「闇太郎よ、私の声が聞こえているか……なぜ我らが輪廻転生を繰り返すのか、今、私にはわかったぞ。（中略）私に出来ることはすべてやった。力をすべて使い果たした。あとは、ただ次の世に生まれ変わるときまで、この命を天に預けておくだけだ。さあ、浪路よ、私は今、そなたの元へ行くぞ。雪太郎でも雪之丞でもない、ただ一つの永遠の魂となって！」

雪之丞はその刃を自分の胸に突き立てる。

するとそのとき、天から浪路が降りて来る。

この台詞も何回書き直しさせられたかわからないです。そして、これも無責任なト書きですね。天から浪路が降りてくる場面です。赤布は澤瀉歌舞伎、スーパー歌舞伎でお馴染みですね。天から浪路が降りてくるというト書きは、このように表現されています。

天から降りてきた浪路が雪之丞に手を伸ばして、

浪路「一つの物語の終わりは、新しき物語の始まりでございますね。時はすべての罪を星空の彼方に消し去り、我らは悠久の時を経て、再び星の巡りの下に、この世に甦るのでございますね。そうして、思い出深いこの故郷の星で、我らは幾たびの出会いを繰り返すのでございますね。また、新しき物語の始まりでございます」

やがて雪之丞はユキヒコに、浪路は医師タカミヤの姿にそれぞれ輪廻転生していく。

こんな無責任なト書きはないです。ありえないですね（笑）。何がどうしてどうするというのがト書きじゃないですか。このとき、笑也さんはきれいな着物を着た浪路の格好です。雪之丞は『鷺娘』の衣装のまま倒れて死にます。黒子が出てきました。黒子の手で今、かつらを外しました。浪路は医師に、雪之丞は大怪我して手術されている現代の若者になります。手術台の上に雪之丞を乗せます。黒子というのは歌舞伎において見えていない約束事になっていますね。そして笑也さんが手術台の後ろに立ち医師の形になりました。闇太郎が出てきます。ト書きのこの二行がこのように演出されました。

これだけ見ると「別に」と感じるかもしれませんけど、はじめて舞台稽古で観たとき、ほんとに震えました。鳥肌が立った。何が優れているかというとSFX全盛の時代だったので、どうやってこれを輪廻転生させてくれるのか。どんなケレンでやってくるのかって楽しみにしていたら、ケレンではなかったのですね。堂々と舞台上で着替え、鏡を黒子に持たせて自分でメイクもするんです。三〇〇年の輪廻転生を黒子がやる。黒子というのは見えているけど見えない、運命のような存在。

SFXは、ただボンヤリと客席で見ていても、イメージが僕たちの脳に語りかけてくれ、そのまま芸術であるかのごとく錯覚を生んでくれます。しかしこの演出は、観客の想像力やこの物語に深く共感をもたないと見えてこない演出です。それがないと「何をやっているの?」で終わってしまうかもしれない。しかし観客が想像力をもったとき、輪廻転生という途方もない荒唐無稽な物語が立ち上がってくる。それから笑也さんが美しい娘から医師に変わる。これは歌舞伎ならではの美しさですね。なぜ、ずっと白塗りで医師をやっていたのか、その秘密がここでわかるのです。これは演劇にしかできないSFXだと感じました。僕ら演劇人はSFXが出たとき、これで演劇を観る人はいなくなるのではと思いましたが、そんなことは絶対ないぞ。まだまだ演劇にできることはいっぱいあるぞと、駆け出しの小劇場の演出家だった僕は、ものすごく勇気づけられました。

同時にたった二行のト書きにこれだけいろいろなものを込め、驚きと共に感動をくれたこの演出力に瞬間、敬服し、この人のもっているものをもらいたいと思いました。その中には、今思えばですけど情熱や弟子たちを鍛えている姿があります。

実は『雪之丞変化2001年』の中に、一つ大きなメッセージを込めています。それは宇宙飛行士が自殺するというところ。なぜ自殺をするか。コネのある奴が宇宙に最初に行くことになり、優秀だったこの宇宙飛行士が弾かれたという設定です。

僕は、歌舞伎はみんな名門の家に生まれた人しかやれないと思い込んでいたんです。また、そういうところにしか才能はないんだろうと勝手に思っていました。それは日本の世の中の行き詰まり感と同じだなと、勝手にわだかまっていたのですね。この世の中、コネや金、名前がある人の価値でできているんだよと勝手に思っていました。

ところが二十一世紀歌舞伎組に出会って何に感動したかというと、市川右近は踊りの家の生まれですが、歌舞伎の人ではない。それに笑也は八戸の工業高校でアイスホッケーをやっていたんですよ。その人が染め物に興味をもって日本文化に近づくために歌舞伎業界に入り、澤瀉一門で立派なものを世の中に出していった。その姿にびっくりしまして。でもこれは僕にも関わってくるテーマだなと思いました。僕も後ろ盾は何もなく、ただ演劇が好きでやっているだけ。彼らと僕は年代・世代的にほとんど同じだったと思うのですが、すごくシンパシーを感じました。だからこそ闇太郎も頑張れと雪之丞を助けるという話にしたんです。

公演のあとに打ち上げの席で猿翁さんが、「『八犬伝』の台本を頼みます」といってくださり、苦労が一瞬にして報われました。僕はまた猿翁さんの傍にいられる、この人のもっているものを全部受け取っていこうと決意をしました。

そして昨年、お話ししたのですが、『八犬伝』は疑似家族の話にしました。(『舞台芸術』23号収録)。八つの玉をもった義兄弟、大法師（ほうし）を架空の父親、伏姫を母親とした疑似家族の誕生の話です。その原型は僕が軽井沢で見た姿でした。藤間紫さんは大女優の片鱗もなく合宿所のおばさんで、猿之助さんもご飯の間もずっと芝居について語り、「あの場面はこうしろ」といっている。そして雑魚寝している子供たち。当時二〇人ぐらいいたでしょうか。親子でも兄弟でもなく一つの志で集まって合宿生活し、一つの思いと目標に向かってやっている家族のような存在。それで『八犬伝』をあのように創りました。

今、思えば、その合宿所にいろいろな方が来ました。朝倉摂先生もいらっしゃったし、加藤和彦さんなんてデザート係でしたからね。料理がとてもお上手な人で、イタリア仕込みのティラミスを用意してくださり、打ち合わせや稽古が終わるのをずっと待っていらっしゃる。終わるとみんなでご飯を食べる。僕がはじめて会った歌舞伎の一門が澤瀉だったもので、それが当たり前なのかなと思っていたのですが、とんでもない。これは本当に特別な空間であり、特別な場所でした。また、それも永遠ではなく、ある一時期、いろいろなものが重なり合って生まれた奇跡の時間、空間だったと思い浮かぶのです。

今となっては猿翁さんが二時間ぐらい横に張り付いて書いている端から、「さあ、書け、さあ、書け」といい、書いたものを読んで、「もう一回、愛していると入れろ。一回じゃ伝わらないから、三回」などと、とにかくずっといってくる。本当に面倒くさいなと思いましたけどこんなに幸せな時間はなかったなと思っています。その感動でこの仕事を一生続けていこうと思いましたし、猿翁さんのもっているものを全部、できれば受け継いで次の世に伝えていくようなことをしたいと思っています。ですから、今回のような機会を与えていただけたことを幸せに感じています。

猿翁さんは、演出家だけされていても世界的な人になったと思います。蜷川幸雄さんが演出家としてある時代を築きましたが、双璧をなすほどの人だったと思っています。僕は蜷川さんからも驚愕すると共に感動を与えてもらった瞬間がありました。僕が書いた台本を、こうやって演出するのかと。だけど猿翁さんというのは全然、負けてない。むしろ勝るところが、たくさんあった人だなと感じたことを今日は皆さんにお伝えしたいなと思います。

三代目猿之助が演じる感動の名作
～時代・世話・新歌舞伎

石川耕士

【作品解説】

『一谷嫩軍記・熊谷陣屋』

一九七二年（昭和四七年）二月、市川猿之助は自身が主宰する「春秋会」第六回公演で『一谷嫩軍記』に熊谷直実を初演し、新しい演出を試みた。

原作を尊重し、序幕「須磨浦陣門の場」「組討の場」、二幕目「生田森熊谷陣屋の場」を従来の「型」にとらわれることなく、作品の内容を掘り下げるというもの。「型」は芝居の観客に伝えるべきテーマは何かという目的のための表現手段であって、目的そのものではないという考え方を表明し、観客の心をいかに打つことができるか、現代人にみせる歌舞伎を意識した意欲的な試みを行った。

当時の新聞劇評には、

陣屋では、段ぎれに、僧になった熊谷がカブトを先にとること、軍次があとからカサを持って来ることなどうれしい改良があり、相模が髪を切って夫と二人で花道を入るという、めずらしい本文復活もある。一人で引っこむのとちがう、べつな哀感があり、小次郎を失った夫婦の悲しみがつよく出たのは、予想以上であった。（「東京新聞」戸板康二）

『一谷嫩軍記』上演は、実験と冒険と創造をめざして主宰した「春秋会」の、本来の目的を果たすと同時に、画期的な試みとして記憶される公演となった。

「一谷嫩軍記レポート」市川猿之助

近頃の歌舞伎がつまらなくなっている原因の一つに、いわゆる「型」が一定して一つのパターンとなり、誰も彼もがその型でなければ本格でないなどと錯覚して、その型ばかりをなぞって、結果、生命力のない、力の弱い、観客の心を打たない、感激性の薄いつまらない芝居になってしまっていることが多いとよくいわれておりますが、私もその通りだと思います。（中略）歌舞伎の型は長年にわたり何代もの名優により洗練され、どうやっても歌舞伎の枠の中ではこれ以上の表現手段はあり得ないのではないかというような優れた型がたくさんあるので、つい手段と目的をすり違え、その型（外面的様式表現）を演っていさえすれば目的（観客の心を打つ内面的感動）が達せられていると錯覚している人たちが多いように思います。（中略）今回春秋会で『一谷嫩軍記』を取り上げるにあたり、先に述べたような私の見解と芸の冒険心から先人の残した優れた型や創造があるのを承知で、ただ漫然とそれをなぞっているだけでは気が済まず、その優れた先人の型と創造をキッチリ勉強した上で、あえて私の解釈や創意も入れて種々工夫してみました。

（「おもだか」第四号）

『義経千本桜・すし屋』いがみの権太

一九八〇年（昭和五五年）七月、歌舞伎座で『義経千本桜』の通し上演をする際、単調、退屈になりがちな部分を検証し、冗漫な部分をカットする一方で、従来カットされたり、ゆがめられていた台詞をもとに戻すという作業をおこない、精力的な上演台本を作成した。

このとき、立役にとっての博士論文といわれる平知盛、いがみの権太、狐忠信の三役に挑戦。猿之助は「三役を通していちばん大切な演じるこころは、人の心に潜むさまざまな内面への深い思索と人の世の無常感を、演者がいかに受け止めているかにある」とする。権太においては、粋さ、軽み、ユーモアといった世話物の味を大切に、下積みの人間のもつ翳りと哀れを出すことを心掛けて演じた。

「歌舞伎に感動を」市川猿之助

生身の人間であるから、長い時間椅子に腰かけて芝居を見れば、疲れるのは当然である。芝居がおもしろくなければ疲労感はそのまま苦痛となって残るが、深い感動を伴えば、疲れは決して苦痛にはならないだろう。ただ単に筋や表現がわかったというだけではなく、心底歌舞伎に魅せられ夢中になり感動したという状態に観客をさせなければなるまい。

（『猿之助修羅舞台―未来は今日にあり』）

『荒川の佐吉』

真山青果作の新歌舞伎。一九三二年（昭和七年）四月、歌舞伎座で十五代目市村羽左衛門らが初演。外題は『江戸絵画 両国八景』。

一九七一年（昭和四六年）一月、東横劇場で演じた猿之助の佐吉は、自身の境涯を主人公に仮託したかのような意気込みが面白く、猿之助を語る上で見逃せない佳作として評価された。

三代目猿之助は、人情にがんじがらめになる渡世人の生き方を描くこの作品を、男のドラマにしようと工夫し、昭和初期の新歌舞伎から現代歌舞伎への改良を試みた。

「歌舞伎は面白くなくっちゃ」　市川猿之助
（義理人情劇を脱する対策は）演者と脚本との戦いいかんだと思います。芝居は役になりきれ、とよくいいますが、いま義理、人情劇でそれをすると、かえって反発を買う傾向にあります。だから顔で笑って心で泣くというか、精神的には役に泣いても、舞台上である程度突っぱねて演じる、その葛藤がむずかしいですね。

（「読売新聞」一九七一年六月）

（田口章子）


毎年、伺っておりますが、このアーカイブに以前いらしてくださった方、手を挙げてみてくださいますか。大勢いらっしゃる。ありがとうございます。初めての方ばかりならいいんですが、こう大勢いらっしゃると、気をつけないと、その話、前に聞いたとなりそうですからね。猿翁さんもそうなんです。同じことばかりおっしゃるので、五〇回聞いた、一〇〇回聞いたと冗談でいうのですが、あながち誇張ではないのです。それは僕にではなく、僕と一緒にいるときに別の方におっしゃるのですが、僕は隣でその話を何度も聞いているから、カウントすると、おそらく一〇〇回ぐらい聞いているのじゃないかなと思う話もあります。

中でも五〇回ぐらい聞いたかなと思うのが、先ほど横内謙介さんがお話しくださった『雪之丞変化２００１年』。これは三上於菟吉の原作ですが、僕は猿翁さんから、「この小説を普通に劇化したのでは、色物といわれる商業演劇の域を一歩も出ない。だから『バック・トゥ・ザ・フューチャー』の趣向で書いてもらった」と耳にタコができるほど聞かされました。

そうしたら五年前に、四代目の猿之助さんから、『雪之丞変化』をオーソドックスに劇化してくれといわれました。四代目は亀治郎時代も『雪之丞変化２００１年』に出演してはいなかったけれど、三代目が普通に劇化したのでは絶対に失敗するといっていたのを、まったく知らなかったはずはないと思うんですが、それをやってくれといわれて。こんなプレッシャーはないですよね。大尊敬する猿翁さんに、絶対失敗するといわれていたようなやり方で劇化にチャレンジしたのですから。結果がどうであったかは、ご覧になられた方のご判断に委ねたいと思います（笑）。


去年は猿翁さんが脚本をお書きになった『金門五山桐』と、『南総里見八犬伝』の映像を観ていただきましたが、今回はスタンダードな名作狂言を猿翁さんで観てみようと、時代物と世話物、新歌舞伎の三本からご覧いただきたいと思います。

まず時代物の『一谷嫩軍記』の「熊谷陣屋」。これは昭和四七（一九七二）年二月、国立劇場で行った自主公演、第六回春秋会で上演したものです。「陣門・組打」といわれる、熊谷直実が敦盛を討つ場面。そして討ったと思った敦盛が実は自分の息子、小次郎直家であったという「熊谷陣屋」の二幕を上演し、熊谷直実で引っ込んだあと、白塗りの美しい女小姓になり、『鏡獅子』を踊るという趣向です。

このときも、耳にタコができるぐらい聞かされた話があります。猿翁さんは、ずいぶん前から国立劇場で自主公演をすることを決めて発表もしていたのに、国立劇場の主催公演で、三月に七代目尾上梅幸さんの『鏡獅子』を、四月に八代目松本幸四郎さんの『一谷嫩軍記』を上演することになったのです。それで「僕が高いお金を払って劇場を借りているのに、同じ演目を翌月と翌々月にぶつけるなんて、あんまりだと思わない？　人間国宝級で誰が見ても素晴らしい梅幸さんの『鏡獅子』と、幸四郎さんの「熊谷」の前に僕がやったって誰も観にきてくれないよ！」と、腹を立てていらっしゃいました。

そのときの「熊谷陣屋」を観ていただきます。「物語」や「首実検」の見せ場も観ていただきたいのですが、今日は最後に近い場面、熊谷が出家したとわかる場面です。普通は先に鎧を取り、衣装を脱いで坊さんの衣姿になりますが、兜をかぶったままなので、頭でっかちでバランスが悪いと思います。でも最後に兜を取り、アッと驚かせたいのか、そのような演出ばかりになっています。

ところが、十三代目の片岡仁左衛門さんは、そのような勿体ぶったことをせずに、まず兜を取って坊主を見せ、みんなアッと思わせておいてから、おもむろに鎧などを脱いでいきます。この型は今の十五代目仁左衛門さんもなさっておられます。仁左衛門さんのように父親の型を息子がやるのはわかりますが、他の方は誰もなさらないのに、しかも猿之助さんは東京の俳優であるにもかかわらず、そちらがいいと思ったらなさる方なのですね。

では、兜をもう取ったところから観ていただきましょう。

【映像】

兜を取り、坊主頭を見せてから衣装を脱いでいきます。「熊谷陣屋」は、よく出るお芝居ですが、仁左衛門さん以外でこのやり方をするのは今もいったように猿翁さんだけだと思います。猿翁さんはこのとき、三二歳ですから、本当の熊谷の年よりずっと若いですが、そうは見えませんね。貫禄があります。歌舞伎では実年齢より若い役を演じる場合が多いですから、そういう意味では、むしろ珍しいパターンでしょうね。

【映像】

義経は澤村宗十郎さん。このときは訥升（とっしょう）さんです。平敦盛の母・藤の局は澤村田之助さんです。熊谷の奥方・相模（さがみ）は中村雀右衛門さん。これも誰もなさらない文楽のやり方で、熊谷がお坊さんになったのを見て相模も髪を切ります。

弥陀六が尾上菊次郎さん。四代目猿之助さんのお芝居にもよく出ていらっしゃる坂東竹三郎さんのお師匠さんです。本来、女形の方なので、弥陀六をなさるのはびっくりですね。関西の方だからなのでしょうか、何でもおできになります。雰囲気でいうと、『封印切』のおえんさんがよいのですが、槌屋の治右衛門もなさるし、驚くのは、『奥州安達原』の「袖萩祭文（そではぎさいもん）」の傔仗直方（けんじょうなおかた）もやりますし、奥さんの浜夕もなさいます。お爺さんもお婆さんもおできになるわけですが、やはり女形がよかったですね。

義経にいう「もしまた、敦盛生きかえり恩を仇にして返さばいかに」という台詞で、ほとんどの弥陀六は正面を切ったままですが、十三代目の仁左衛門さんは、義経のほうを見て背中を見せる。この菊次郎さんもやや背を見せています。

【映像】

熊谷直実は立役の大きな役ですから、猿翁さんが本公演でも演じられてもよさそうですが、なさったのは大阪の新歌舞伎座だけで、東京ではなさっていません。このあと、復活狂言など、珍しい演目を手がけたり、創造することを期待されてしまったので、このようなオーソドックスな古典を演じる機会が少なくなったという意味では、これも一つの運命なのかもしれません。

【映像】

熊谷が去る前、弥陀六と「命があらば男同士」というところ、きちんと立っていっていらっしゃいますね。今度、『熊谷陣屋』をご覧になるとき注意してください。まだ、わらじの紐を結びながら台詞をいっている熊谷が多いです。間に合わないのでしょうけれど、やはり大事な台詞ですから結び終えて立っていうべきですね。

互いに挨拶をして去って行きます。奥さんを捨てて熊谷一人で行くのが普通ですが、特殊なのは奥さんと二人で花道を入ることです。子供を失った父親と母親が一緒に行く。これも一つの演出だと思います。

そしてこのとき、ほとんどの俳優さんは、「十六年は一昔。夢だ。あ〜あ夢だ」とおっしゃいます。ただ仁左衛門さんだけが「十六年も一昔。夢であったなぁ」とおっしゃっていました。本文（浄瑠璃）のとおりです。猿之助さんは、この仁左衛門さんの型でされています。これは好き嫌いで、どちらがいいとはいえませんが、仁左衛門さんしかやらない原文尊重でやるというのは、やはり猿之助さんの常に役に臨む態度だといってよいのではないでしょうか。

【映像】

幕が引かれ、幕だまりから三味線の方が出て、花道の付け際で送り三重（さんじゅう）というこの引っ込みのための演奏をします。熊谷夫妻は付け際に座っています。そこへドドンジャジャンという陣鉦が鳴りハッと武士の本性が出て立ち上がりますが、「ああ、自分はもう僧になったんだ」と思います。常は一人芝居ですが、この演出では夫婦の交流があります。立ち上がった熊谷は、茫然自失で相模が後ろから声をかけても、覚醒してくれず前へ回ります。互いに見つめ合っていると、また悲しみがわいてきて、熊谷の膝にとりつき泣くと、熊谷が相模の肩をポンポンと叩いて、わかっているよと伝えます。そして息子の首が残されている舞台に思いを残しながら引っ込み、幕となります。

普段は熊谷が相模をほうっておいて幕外になるので、相模がかわいそうですよね。知らないうちに子供を殺され、夫は説明を何もせずに一人で無常を感じて引っ込んでいく。私、一人残されてどうすればいいんだろうと思うでしょうね。

次の映像も同じく義太夫狂言で、『義経千本桜』の世話場「すし屋」です。猿翁さんの芸をたっぷりと観ていただくために、いがみの権太が「もどり」といって、善心に立ち返り、自分の妻子を犠牲にしたことを語る場面を見ていただこうと思います。

前半の、まだお客さんに悪人と思わせている場面で、母親から金を取ろうとしたりと、面白い場面がたくさんあります。他のところは割愛させていただいても、ここだけは観ていただきたいと思うのが、鮓桶をもって花道を引っ込む場面です。

奉公人の弥助が実は維盛だと知った権太は、維盛を捕えて源氏方

『一谷嫩軍記・熊谷陣屋』昭和47年2月国立劇場（第六回春秋会）

に渡そうと追いかけます。ですが、先ほど母親から取ったお金を鮓桶に隠しておいたのを思い出し、取りに戻ります。ところがその前に父親の弥左衛門も、別の鮓桶の中に維盛の身替り首として、維盛の家来の首を入れていました。権太は重さが同じだったので、間違えて首が入った方の鮓桶をもち、花道を一目散に走っていきます。それが「重いを証拠に取り違え」です。

権太は猿翁さんの当たり役で、何度もやっていらっしゃいますけれども、その中から昭和六三年七月の歌舞伎座の映像をご覧いただきます。気力、体力がみなぎっていていちばんいいときですね。特に鮓桶をもって走っていくところの元気がいいんですね。それでは鮓桶の引っ込みのところを観ていただきましょう。

【映像】

猿翁さんが片肌を脱いで見得を切っています。この時期の権太がいちばん意気がいいと思います。脚がいいでしょ。あの脚にお客さんは惚れるらしいです。猿翁さんの脚を見せる役、本当にいいんですよね（笑）。あちこち傷だらけの脚なんですがね。猿翁さんもスーパー歌舞伎の『オグリ』は四時間以上、なんだかんだやるけれど、古典の『小栗判官』の方は本筋とはまったく関係のない浪七役で、「どっこい兄貴！」といって脚を見せて見得を切ったら一発で元が取れてしまうんだよ」といっていましたね（笑）。本当に魅力的な脚です。

猿翁さんは、白塗りの二枚目の役もいいですが、僕はこういう役がいちばん向いておられたのではないかなと思います。『千本桜』の三役（佐藤忠信・源九郎狐、平知盛、いがみの権太）は何度もやっていられて、やはり狐忠信がいちばんとなるのでしょうけれども、私は三役の中では権太がいちばんだと思っています。

さて、権太が引っ込んで家へ帰り、桶の中を見たら首が入っています。父親はこの首を維盛の身替りにしようとしているのだなと思い、父親の恩返しのため、維盛の妻子、若葉の内侍と六代君の身替りとして、自分の女房子供を使おうと決めます。そういうことをあとでいいますが、いつ、そのように決心したのか。原作を読むとこの幕の初めからそのつもりだったと読める節があります。「金の無心を囮に入り込み」といいますから、母親に金の無心にくるときから、もう維盛のことを気にしていたということになります。ですが、今の上演ではどうもそうは見えません。「これは理屈だけでは絶対、説明できないものだ」ということを猿翁さんはおっしゃっていました。

ある時、猿翁さんのパートナーの藤間紫さんが、ベケットの『ゴドーを待ちながら』という不条理劇に出演され、それを観た猿翁さんは「鮓屋は不条理劇だ。権太がいつ、どこで、どう考えて、こういう行動をしているのかが全然わからない、書かれてない。これこそがほんとの不条理劇だ」とおっしゃっていました。その権太が本心を語る、手負いのところからご覧いただきましょう。

【映像】

父親の弥左衛門は、三代目河原崎権十郎さん、おっかさんは五代目の上村吉弥さんです。父親に刺され、手負いになった権太が梶原に渡した首は、弥左衛門が鮓桶に入れていた首で、引き渡した内侍と六代君は自分の女房子供だと告白します。そして父親が維盛夫婦と若君はどこかと尋ねると、「逢わせましょう」と善太（権太の子供）の笛を吹きます。

【映像】

ここも普通だと、「おっかさん、ここに善太の笛が入っているから、吹いてくれ」と頼むのですが、猿翁さんの権太自ら吹きます。

『義経千本桜・すし屋』昭和55年7月　歌舞伎座

しかし、傷に苦しんでいるからちゃんと吹けないという手負いの芝居にしています。

【映像】

維盛たちが戻ってきて、今、「弥助がツラ」といいかけ、ツラ（面）というのは悪い言葉ですから、「あなたのお顔に」といい直しました。細かいことですよね。でも「弥助がツッ」といっても初めてご覧になるお客さんには、これからは何のことかわからなくなってくるかもしれませんね。難しいですね。

このあと、いちばん盛り上がる、自分の女房子供を身替りとして縄をかけるとき「血を吐きました」という台詞があるのですが、普通は「血」のあとがいえず「チ、チ、チチチチ」となります。ですが「チチチ」では、お客さんはその後、何をいおうとしているのかわからないのではないかと思うのですね。猿翁さんは「血を吐く」の「は」までいいかけて、「血をハー、ハー、ハー」でもつんです。「血をはー」まで行くと、「血を吐く」かな、とだいたいわかりますからね。

【映像】

権太「手を廻すりゃ倅めも、これ、ちゃんや　おらもおっかあと一緒にと　共に回して縛り縄」

今、下座の三味線が止まったのはおわかりでしょうか。歌舞伎の下座音楽というのは、いちばん大事なときはわざと演奏をやめるのです。その方が、台詞が立つからです。歌舞伎は音楽劇で常に音楽が流れているので、止まったときにお客さんがハッとするのです。その効果は大きいと思います。この場面は、本当にたっぷりとした台詞回しです。

権太「血をはーきまーしたー」

いかがでしょうか。こちらも、どちらがいいとはいいませんが、おそらく先に笛を吹くところで「ピー、ピー、ピー、ピピピピピ」とやりましたので、また「チー、チー、チチチチチチ」というよりも、たっぷりと「血をはー、はー、はーきましたー」という方が力が入ると思い、このやり方をなさったのだと思います。どのやり方でもいいのですが、どれがいいか試してみようということがあってもいいのではないかと思います。

去年(二〇一九年)七月に海老蔵さんが『義経千本桜』を十三代目團十郎襲名にかけて、十三役を演じるというのをなさいました。そのとき、いがみの権太で「チチチチチ」ではなくて、「血をはー、はー」とされたので、「それ、猿翁さんのやり方ですね」といったら、「そう、この方が絶対いいから」といっていました。海老蔵さんは、猿翁さんを尊敬していて『四の切』も澤瀉屋型を習ってなさいましたが、少なくともこっちがいいか、あっちがいいかと考えているということですね。僕は猿翁さんに育てられたので、いろいろなやり方を試してみるのは当たり前だと思っているのですが、今は海老蔵さんのように試して、いい方を採るという人は珍しくなってしまいました。

ほかの若い俳優さんは、新しいものを作るのは大好きで、この頃、新作が多すぎるんじゃないかといわれたりするぐらいですが、昔からある古典に対しては、そのやり方がいいかどうかの評価をしてはいけないし、評価はしないと決め込んでしまっている。そうやって育ってきたので染み込んでいるのですね。ですから、このやり方、あのやり方を試してみるという精神はまったくないです。

評価をしないということについては、学者の先生までもが加担して、あの人のこのやり方、この人のあのやり方と、いいとこ取りをすると、型の純粋性が崩れて、松嶋屋の型、澤瀉屋の型がわからなくなり、不純になるのでよくないというようにいう人すらいます。よいと思われることを集めてやるのに、何が悪いのかと思います。

最後に新作歌舞伎の『荒川の佐吉』をご覧いただきましょう。平成七年の映像をご覧いただきます。

【映像】

ヤクザの親分・鍾馗(しょうき)の仁兵衛の娘・お新が玉の輿にのり、大店の丸惣(まるそう)へ嫁いだのですが、目の見えない子供が生まれ、仁兵衛が養育費目的で孫を引き取るのですが、その夜死んでしまい、下っ端ヤクザの佐吉がその子を必死で育てます。佐吉が立派な親分になった頃、お新の夫が重い病気になり、子供に会いたい、引き取りたいと申し出てきました。佐吉にとっては、赤ん坊のときから育てた子供を、今になって父親が病気だから返してくれといわれても納得できないというところです。

佐吉「金持ちの根性というものは、無理というより、むごいもんだ」

ここで笛が入ります。ここからの台詞が非常に叙情的だということですね。佐吉は自分の欲ばかり考えずに、少しは貧乏人の心の底を察してくれてもいいではないかといいます。

そして、「余って捨てる乳があるものを」と、赤ん坊を抱きながらお新の家の傍をうろついたと、昔の思い出を語ります。自分には乳が出ないから、赤ん坊が泣いても飲ませてやれない、辛かった。渡すのは嫌だ、嫌だと涙します。

ちょっとお涙頂戴のような芝居に思うでしょう。本名題は『江戸絵両国八景』といいますが、真山青果さんが歌舞伎と新国劇両方のために作った作品で、同じときに両方で初演されました。新国劇では『天晴れ子守やくざ』という大衆演劇のような題名でした。でも、この芝居の本質をぴったり表しています。

子供を返すのは嫌だという佐吉ですが、仲介に立っている大親分・相模屋政五郎に「子供のことを考えたら、一度は不人情をしたけど実の親のところへ返してやるのが、ためになるんじゃないか」と諄々と諭され、承知をします。そして何もかも捨てて江戸を離れて旅立ちます。その最後の場面だけ古い方の映像でご覧いただきましょう。これは昭和四六（一九七一）年の映像です。先ほどご覧いただいた「熊谷陣屋」の前年ですから、三一歳ですね。立派な貫禄のある親分に見えると思います。

【映像】

相模屋政五郎親分が孝夫さん、今の仁左衛門さんです。この頃は二〇代ですから、佐吉を諄々と諭す親分には若すぎますが、出てくださっています。仁左衛門さんは、この芝居を好きだと思われたのか、この後、『荒川の佐吉』をよくやっていらっしゃいますね。そういう意味でも貴重な映像です。

今回、この作品を選んだのは、先ほど横内さんも触れていらっしゃいましたが、この大学の初代理事長・徳山詳直さんが猿翁さんにお話しされた、「泣き申さず候うては化し申さず候う」という言葉からです。

これは江戸時代の儒学者・細井平洲がいった言葉で、感動して涙を流したとき、人は素直になって向上心が芽生え、考える力が生まれるという意味です。ですからご覧になって、こんなのは安っぽいお涙頂戴ものだよというような芝居でも、素直な気持ちで観ると向上心が生まれるきっかけになるということですね。そういう意味でも、安っぽい大衆芝居だと決めつけられないと思っています。

『荒川の佐吉』昭和46年1月東横劇場

そして「かす」というのは、「化す」と書きますね。「ばける」という言葉はこのごろ、使わなくなったので「あいつ、化けたな」というと、「えっ！ 死んで幽霊になったの？」といわれちゃいそうですが、一昔前は使われていました。スポーツ選手でも「あの選手、急に化けたね」といいます。急に飛躍的に能力が上がることを「化ける」という。役者さんなら「襲名した途端に化けたね」、というような使い方をしたものです。

最後に横内さんのお話を受けて、今回のテーマと違う話ですが、お話ししたいと思います。平成七（一九九五）年九月に私が脚本を書きました『西太后』を、猿翁さんが演出されました。そのとき、私は失敗をしてしまったのです。どういうことかといいますと、先ほどのお話にありましたように、横内さんの場合はト書きを具体化の斟酌なく書き込んでいいわけです。猿翁さんは「こんなト書き書いているけれど、現実にこれをどうやって舞台化しろというんだろう」と困惑しながらも、でも一見無理なような卜書きをどう演出しようかと考えることにより、発想がふくらむことになるのです。

　ところが僕がそれをやるとだめなんです。「あんたさ、これ、どうやってやるつもりなんだよ。あなたは自分が演出するとしたら、どうやってやるつもりか全部考えて書かないとだめなんだよ」と。この場面の装置はどうなの。どこから登場するの。このとき何人舞台にいるの。そのときの役者は、衣装は何を着ているの。かつらはどんなのをかぶっているの。出入りの三味線と唄は、どんな下座音楽を使うの。といった具合で全部、答えられないとダメだというわけですよ。そういうふうに鍛えられるというか、育てられたので、『西太后』のときに出演者に「はい、このときにあなたはこっちから出ます」とか、「こう動きます」ってやっちゃったわけです。

　そしたらあるとき、稽古の休みの日に猿翁さんに呼ばれまして、「石川さんね、あなたは自分が偉ぶりたいとか、自分が仕切っているというところを見せたいという人ではなくて、自分が書いたからこの芝居はこうやるのがいちばん正しくて、こうやるといちばん流れがいい動きになるというのをわかっていて、そういうつもりでいってくれているというのを僕はわかる。僕はわかるけれども、今回は一門の役者だけで演じる歌舞伎じゃないんだ。風間杜夫さんや村井国夫さんなど、いろいろな出演者がいるプロデュース公演で、いくら脚本を書いたからって、あんたが全部「ここでこうやります」「ああやります」ってやっちゃうと、市川猿之助演出なのに何なんだって思われちゃうよ」と。仰せのとおり、僕が間違っていたわけですから、「あんたね、ちょっと出過ぎているんだよ、少しわきまえなさい。だめだよ、だめ！」。これで済むことなんです。でもね、九月の公演なので、稽古は暑い八月でしたが、猿翁さんは汗をかきながら「あなたはそういうつもりじゃないというのはわかっているんだけどね。ちょっと控えてもらわないと」と、僕ごときにお説教するのに、ものすごく気を遣って、言葉を選んで、傷つけないようにしてくれている。もう、こんなの感じちゃったら、なんて自分は馬鹿だったんだろうと思ってね。ほんとに涙が出ますよね。これで泣いたから向上心が生まれて、考え深くなった（笑）ですが、この性格ですから、ついやっぱり、「こうしたほうがいいんじゃないですか」が出ちゃうんですけども。

　そういう意味では、『荒川の佐吉』のような、何の見返りも考えずに目が見えない子供を育てる、こんな役は心の清い人がやらないと嘘になってしまいます。安っぽいお涙頂戴劇と思われやすい作品だけに、よけい安っぽくなってしまう。本当に優しくて好人物である猿翁さんが演じておられるから信じられて、お客さんが一緒に泣けるわけですね。カリスマだとか風雲児とか、そちらの面ばかり際立っていますが、本当はナイーブで優しくて、人の心に気を遣う人だということを、今日は「感動」ということに合わせて皆様に申し上げたいと思いまして、この話で締めさせていただきます。どうもありがとうございました。

生に根ざした必要な演劇の到来
——演劇という職能の存在論的変貌

多木陽介

二〇一九年三月一六日、イタリアはジェノヴァ、テアトロ・デッレ・トッセ劇場。約五〇〇席の会場がほぼ満席だった。この日は『存在の症候学——医師と詩人の為の精神障害診断統計マニュアル』の最終日。ジェノヴァの演劇集団ストラニタ（一九九七〜）の演出と主演を兼ねるアンナ・ソラーロと二、三人のプロの役者とともに演じる三〇名は、何と全員精神病患者である。作品では、彼らが自分自身、つまり「患者」役になって、ソラーロ演じる精神科医の診察室に一人ずつ診察を受けにやって来る設定になっている。どの場面も彼らのちょっと不思議で詩的な「症状」が話題なのだが、全てのシーンが意外性に溢れ、軽やかな喜劇調で展開する。観客は爆笑しつつも、いつの間にか、通常「症状」ないし「病気」そのものと同一視されがちな患者たちの方が、実は、ずっと人間的であることに気づかされる。その時、笑いと感動のなかで精神医学そのものが脱構築され、どんな症状も豊かな人間性の一部と言えるような

図1、図2:『存在の症候学 – 医師と詩人の為の精神障害診断統計マニュアル』の舞台。「先生」と「患者」が診察室で一対一で向き合うシーンと、患者全員が登場し、集団で演ずるコロス的なシーンが交互して進行する。（撮影:ドナート・アグアーロ）

「もうひとつの」世界が見えて来た。

確かに、舞台作品としても見事であったが、筆者が注目したポイントは他にあった。プロの役者とともに精神病患者たちが多数参加していたこの舞台からは、近代以降「芸術」たろうとして探求を重ねて来た演劇とは明らかに異なる価値観とプロセスをもった、新しい演劇の存在論が浮かび上がって来たのである。

ソーシャルシアター

イタリアで、いわゆるソーシャルシアターが盛んになり始めたのは、九〇年代である。それは、プロの演劇人の指導の下、精神障害者施設や麻薬中毒患者のリハビリ施設、刑務所、あるいは犯罪や貧困故の問題地域、さらには災害や戦争[1]の被災地など、社会的に極度に危機的な状況にある人々自身が、役者として参加しながら、一種のセラピー、社会的リハビリとして行なわれる演劇のことを指している[2]。

この手の演劇に関する研究も盛んで、書店に研究書も並ぶし、大学には専門の講座もあり、刑務所演劇に限ると、筆者も加盟している全国刑務所演劇評議会[3]という組織や、そこが中心になって毎年開催されるフェスティバルまであるが、当初はソーシャルシアターの全てが見るに値する水準を持っていた訳ではなかった。ところが、今世紀に入る頃から幾つかの特殊な劇団の成功[4]によってこの手の演劇と「プロ」の芝居の境界が曖昧になったこともあって、近年にはかなり腕のある演出家たちがこの分野で指導にあたるようになり、芸術的側面だけを見ても、その価値は多くの「プロ」の舞台にも決してひけを取るものではない。特に刑務所演劇は、タヴィアーニ兄弟の映画『塀の中のジュリアス・シーザー』[5]のおかげで一般観客にも今まで以上にその存在が認知されるようになっている。

だが、演劇批評家の多くは、未だにソーシャルシアターを自分たちの批評眼に値する演劇として受け入れ切れておらず、ストラニタの超満員の観客席にも批評家は誰もいなかったが、そのこと自体が、実は、演劇の「芸術」的側面だけを見る多くの批評家たちにはついていけない新しい演劇が生まれつつあることを物語っているとも言えるだろう。

「優しき生の耕人たち」による歴史の創造力の修復

演劇界におけるこの現象は、実は、前世紀末より社会全般で始まったある傾向の一例である。その頃から、世界はそれまであまり見かけなかった新しい職能の登場に気がつき始めた。また、建築家や庭師等の伝統的な職能も、それまでとは異なる使命を担い始めた。様々な職業の存在論に変化が起き始めたのである。しかも彼らは、実に多様な分野に属しながら、世界観だけでなく仕事の方法論に至るまで、多くの共通点をもち、それぞれの分野で、フェリックス・ガタリの著作『三つのエコロジー』に言われる、自然環境、社会環境、そして精神環境における三つのエコロジーを実践する人たちであった。一言で言うと、多様な分野において、資本主義的論理から離れ、改めて生命とその価値を中心に置いた新たな地球運営法を追求する人々である。二〇〇八年に、私は「優しき生の耕人たち」という共通の名称の下に彼らの仕事を追い始めた[6]。

ドイツの現代芸術家アンゼルム・キーファーは、かつて歴史を巨大なエネルギーに喩えていたが、そのエネルギーの創造的な側面に注目する時、刻一刻現在という瞬間において地球上に歴史という物語を書き付けて行く、集団的な創造力のようなものだと考えることが出来る。この歴史の創造力は、「自然」と「人間」（身体およびその意識、無意識を含めた精神の働き）と「技術」という三者が三つ巴になって輪舞を踊るようにして発揮されるわけだが、産業革命以降、「技術」だけが異様に強大化し、その論理の下での「人間」の精神と身体の調教と「自然」の搾取が限界に近づき、歴史の創造力の輪舞のバランスは、今や崩壊寸前の状態にある。自然、社会、精神の各環境における危機的状況の元凶がそこにあるのは言わずもがなだ。

　そんな危機的状況の中で、必然的に登場した「優しき生の耕人たち」が実践するエコロジーとは、それぞれの分野において、歪みや損傷を被った創造力（単に芸術的な創造力ではなく、問題を見いだし解決して行く、生存のための知恵と技術全般を指す）を修復ないし治療する作業だと言える。そして、演劇の世界にもやはり必然的に、「優しき生の耕人」的な演劇人が登場したのである。

創造力の木

「優しき生の耕人たち」の仕事を理解するために、人間の営む個々の活動がもつ創造力や、その総体としてのある職能や文明全体（歴史）の創造力を、かつてパウル・クレーがしたように[7]一本の大きな木（「創造力の木」）に喩えてみよう。この図式（図３）では、大地（土壌）が環境（自然、社会、共同体）、その中に広く深く伸びている根及び幹の太い部分が人間の身体と精神、そしてそれに支えられて無数の枝を広げている樹冠の部分が技術（文明）と言われるものにあたり、すべてが有機的に繋がっている。この木の中を樹液のように上下にエネルギーと物質が流れている訳だが、上向きのベクトルが「進歩」、そして下向きのベクトルは、過去に学びながら、深い省察をもたらす「退行」である（図４）。前者が文明のアクセルだとすると、後者はいい意味でのブレーキと言えるだろう。ある時代の文明の持つ「歴史の創造力」は、常にこの二つのベクトルの総合として発揮される訳だが、個々の人間の創造力を観察しても同様のことが言える。

　産業革命以降、資本主義の圧力とともに上向きの「進歩」のベクトルが強烈に増大して、この木の樹冠の部分ばかりが異常に成長する一方で、「退行」を忘れた文明の地下ですっかり等閑（なおざり）にされた根はやせ細り、頭でっかちの巨木はいつ倒壊してもおかしくない状態にある。これは、我々の文明のかなりリアルな肖像画だと言えるだろう（図５）。

　極度にバランスを崩し倒壊寸前にあるこの木を救うには、闇雲に「進歩」しようとするのをやめて、この木の樹冠部分に集中する現代社会の物資とエネルギーを、一旦、根元の方に向かって引き下ろす（退行させる）ことで、やせ細った根をしっかりと育て直し、土壌にも潤いをもたらす必要がある。では、演劇において、自らの創

技術文明
（生産、消費、社会、経済、政治、等）
人間
（意識、無意識、身体）
環境
（自然、社会、共同体）

図3.創造力の木

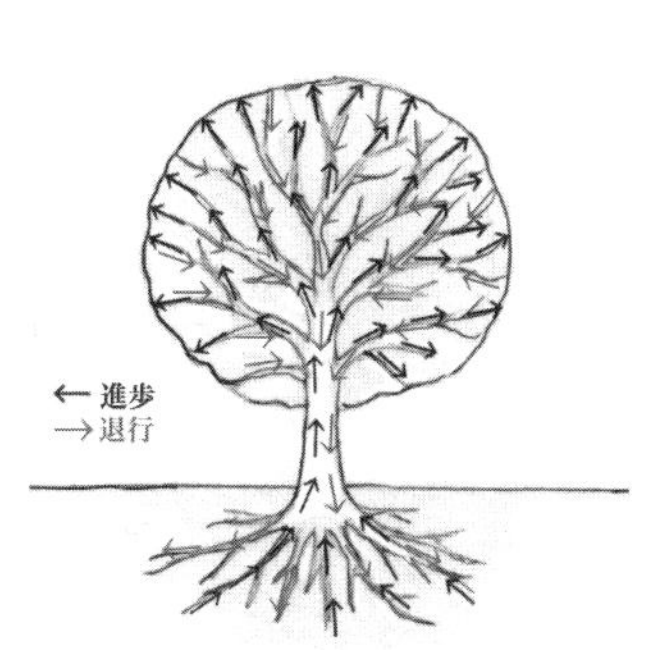

図4.進歩と退行の二方向のベクトル

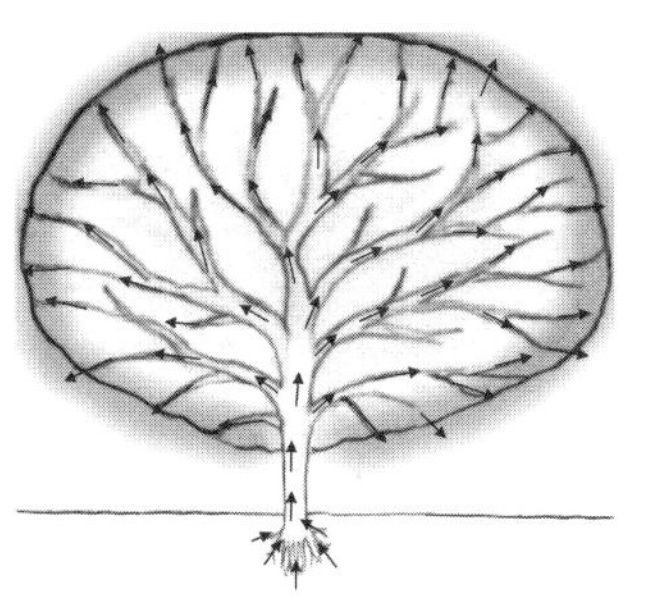

図5.樹冠ばかりが異常に成長し、根がやせ細り、今にも倒れそうな創造力の木の姿は、現代文明のかなりリアルな肖像画である。

造の「根っこ」へ下降するとは、どういうことなのだろうか。

生身の人間の生の中に根の生えた演劇

演劇という創造力の木を想定してみよう。それは、生身の人間が構成する社会という土壌に、演劇人の身体と精神を通して広く深い根を張り巡らし、そこから神話や現実社会の多様な主題を吸い上げ、それを個々の芸術家の心身および技巧（枝先に配置）を通して成熟させた果実が舞台作品にあたるような木である。

「優しき生の耕人たち」と言える演劇人たちが、演劇という創造力の木の「根っこ」にまで降りようとする時、そこに彼らが見いだすものは、役者や観客という生身の人間の存在（生、人生）そのものである。今回のソラーロたちの芝居のように、ある困難な生を生きる本人たちとの対話なり、ワークショップの中から、彼ら自身の生と関わりのある素材が引き出され、それらを構成したものが舞台となって行く時、実際に生きる人々の生の現実の中に「根っこ」が深々と伸びているのは明らかだ。

こうして、必ず「根っこ」となる俳優個人の存在（生）を起点と考える時、当然、芝居の作り方も必要な技術も変わって来る。彼らが置かれた状況を語るに相応しい既存の戯曲を選び、演出することも可能だが、参加する生身の人間という素材を元に劇作がなされることも多くなる。

そして、演技術は、二〇世紀の主流がそうであったように、戯曲に書かれた「人物」を模倣（ミメーシス）するというよりも、如何に（主題自身でもある）自分の内面にある真実を隠さず、透けるように映し出すかが問題になる。近年のピーター・ブルックも、演技が分厚い仮面となって役者の人間性を覆い隠すよりは、俳優という実在の人間のリアルな人間性が透けて見えるような「透明な」演技を好むようになっていたが[8]、そんな舞台を前にする時、我々は虚構の「人物」以上に、「人」を見ていることに気づく。これは微妙だが大きな違いであり、芸術（表象）と人間の関係に根本的な変化が訪れていることを物語っている。

幅広い多様な根

演劇という木の根は、個々の創造の場で演じる個人の生に根ざしているというだけでなく、非常に幅広く多様なカテゴリーを包み込むように社会全体に根ざしている必要がある。

Covid-19下、自分たちの社会的位置づけの再認識を迫られ、自問と討論を続けたイタリアの舞台芸術家たちの一部が、トスカーナ州の海側の町ピオンビーノで七月末に開催した演劇フェスティバル「コンタミナ」[9]は、例年と違い、演目以上に討論会に大きな比重を置いていた。三日間の期間中、毎日日暮れ前に二時間ほどの討論会がもたれたが、その主題は一日目「文化（演劇）と学校」、二日目「文化（演劇）と社会政策」、三日目「文化と生で演じる舞台芸術家」であった。これらの討論会で見えて来たことは、イタリアという国で、様々な障害はあるものの、実に細かく社会の各セグメントに演劇が入り込んでいるということであった。小、中、

図6.演劇フェスティバル「コンタミナ」の討論会二日目で登壇する筆者。（中央）（撮影：アンドレア・チェザリーニ）

高合わせて全国で約五五〇〇校以上が何らかの形で課外授業として演劇を取り入れており、学校での演劇教育を全国的に支援するアジタ（AGITA）という組織まである。そして先述の通り、ソーシャルシアターという形で、囚人、精神病患者、移民、被災者その他の社会的弱者たちを巻き込んでの演劇活動というものが非常に活発にある。

　オフィシャルな劇場の舞台上で発表される芸術作品という形だけではなく、常に詩的な輝きをもちながらも（これがなくては意味がない）、ケア（治癒）、教育、社会問題支援という形で、二重、三重の意味と機能をもちながら社会の中で実践されることで、演劇は社会という土壌にしっかりと根を張ることが出来るのだ。

演劇の多様な機能の回復

「優しき生の耕人」的な演劇においては、演劇創造のプロセスがセラピー的な機能を果たしていることが多い。これは精神病患者の場合も、刑務所の囚人の場合もそうである。稽古は単に役柄を覚えて上手くなるための練習ではない。演劇という経験には、何らかの形で傷を負った人格や人間性を治癒する力が備わっているのだ。上演に至るまで、演劇集団ストラニタはこのプロセスに約一年の歳月を費やしたそうだが、そのプロセス自体が何より大事で、その中で患者たちの数人は、症状の上でも驚くほどの回復を見せたと言う。

　これは、何を意味するのか？　それは、近代、特に二十世紀以降、「芸術」になろうとした演劇が喪失した、演劇本来の多様な機能の一つが、ここで取り戻されているということである。演劇には本来、詩的な側面とともに「神聖」なものや「自然」とコミュニケーションをする能力[10]や「治癒」の効力もあったのだが、現代世界において、これらの機能はもはや演劇のものとは見なされていない。ところが、ストラニタや多くの刑務所演劇の劇団の実践するソーシャルシアターは、現代演劇の喪失した演劇本来の能力の一部（特に治癒力）を演劇に取り戻しつつあるのだ。

　囚人の多くは、育った環境のせいでその人間性に何がしかの傷を負った者が多いだけでなく、刑務所自体が彼らの精神にもたらす外傷も計り知れない。例えば、刑務所内には（割ると凶器になる）鏡がないので、囚人たちは自らの顔や全身をまともに見ることが出来ない。これが数年続くと、彼らは自分の身体的なアイデンティティを喪失してしまうという。舞台に立つことは、観客の視線という鏡によって、この失われたアイデンティティを取り戻すとして決定的な意味を持っている。また他の人物を演じること自体が、犯罪者という自分しか知らない多くの囚人に、新しい人生の可能性を教えることにもなる。演劇は、囚人たちの傷んだヒューマニティをかなりの度合いで癒し、修復してくれる。再犯率が六七％と高いイタリアだが、所内で演劇を経験した者たちの再犯率がたった六％という数字は、その効果を如実に物語っている。彼らにとって、演劇をすることは、単なる仕事でも遊びでもない。壊れた人間が生まれ直すための決定的に必要な営みなのである。

図7.サルッツォ刑務所の囚人たちと演劇を創造する劇団ヴォーチ・エッランティの傑作『アムニ』（作・演出:グラツィア・イゾアルディ、2013年）。彼らの多くも、演劇経験のおかげで、刑務所生活で萎縮し切っていた人間としての尊厳を回復した（撮影:パオロ・チャベルタ）。

「人が集まらなくてもいい社会」の脅威

ところが昨年、どんなに演劇人が生身の人間の生に根ざした演劇を実践しても、演劇が社会空間から消えてしまう、その恐ろしい可能性を初めて実感した。それは、Covid-19の影響で世界中の大半の劇場が閉鎖されたからというよりも、その間に我々の社会が、ネット会議やリモートワークという形式で、一時的とは言え、驚くほど簡単に「人が集まらなくてもいい社会」に移行出来てしまったからである。これは既にそれを受け入れる態勢が潜在的に社会に整っていたことを意味する。実は十九世紀以来、[11]「人が集まる場所をもつ社会」を嫌う資本主義は、人と人のつながりを徐々に寸断、希薄化し、経済関係だけでつながる社会を準備して来たのだが、現在一〇〇〇万人近くが社会的孤立の危機に瀕し、年間約三万件の孤独死が報告されている日本の状況等はまさにその帰結である。人間同士の間の関係がここまで薄れた社会においては、当然生（なま）の上演はその存在理由を失い、ストリーミング等の代替物での代用が進んでしまうだろう。演劇の木の下の土壌（社会）がこれほど乾涸び空疎化していると誰が思っただろうか。改めてそこに寄り添い、いたわることから始めなくてはならない。

注

1 イタリアではないが、ユーゴ内戦下のサラエボで一九九三年の夏にスーザン・ソンタグが地元の俳優たちと上演した『ゴドーを待ちながら』も同じように、サラエボの市民や参加した俳優たちにとって一種のセラピーとして機能していたから、その意味では、あれも一つのソーシャルシアターであったと言える。

2 従って、外部のプロによる慰問的な公演とは本質的に違う。

3 イタリアの全国刑務所演劇評議会の所属団体は約五十、全国の刑務所で継続的に演劇活動をする囚人の数は現在約一〇〇〇人。

4 拒食症的な身体や超肥満の身体等、特殊な身体性をそのまま演出に活かした劇団ソチエタス・ラッファエッロ・サンツィオやいわゆる演劇学校的に教育された身体を持たない俳優を多数擁するピッポ・デルボーノ劇団などは、国際的な成功を収めている。

5 タヴィアーニ兄弟の二〇一二年の作品で、同年のベルリン国際映画祭で金熊賞を受賞。

6 その最初の成果は、アクシス誌に二〇〇九年二月〜二〇一〇年八月に掛けて十回連載した特集「優しき生の耕人たち」。

7 Paul Klee on Modern Art, Faber, London, 1966, P.13

8 Peter Brook, Climat de confiance - entretiens menés par Pierre MacDuff, Québec, Les éditions de L'instant Même, 2007, p. 54.

9 原語の〝CONTAMINA〟には、「伝染させる、感染させる」というような意味があり（如何にもCovidに影響されたような名前だが、今年生まれたイベントではない）、舞台芸術への熱を感染させよ、という意図が込められている。

10 例えば、狂言師も昔は、喜劇の演技者であるというだけでなく、シャーマン的に自然と交信する役目も果たしていた。

11 そもそも画一化された労働力の確保と叛乱の芽を摘む目的で、十九世紀中頃に西欧で発案された「一住宅＝一家族」というシステムが共同体の人間関係の寸断に大いに貢献し、日本にはそれが戦後、怒濤の勢いで導入された。国民を核家族と言う最小単位に分割し、それをかつての半公共空間（座敷、客間）を排除して完全にプライベート化した住宅空間の中に隔離することで、近隣の人々同士の交流は格段に減少したのである。

論考 Disquisition

岸田理生と太田省吾をつなぐ風の中の「匂い」
――『糸地獄』と『風枕』を中心に――

岡田蕗子

人は自分一人の言葉だけで何かを語ることは難しい。劇作家岸田理生（りお）も様々な他者を受け入れながら自身の作品の世界観を組み上げた。他者からの影響という点では、演劇実験室天井棧敷で本格的な演劇創作を始めた経緯もあり、天井棧敷主宰者の寺山修司の作品世界と対比され論じられることはあった。[1]寺山以外の同時代の作家からの影響はあまり言及されていないが、岸田自身は資料の中で幾度か太田省吾が作・演出をした転形劇場の作品への関心を述べている。本稿では太田省吾の作品世界の岸田の作品世界への影響を推察し、同時代を生きた演劇人の間に関係性の横軸を引き、舞台作品が生み出す広がりに想いを馳せてみたい。

一　メルクマールとしての転形劇場

現在ある資料の中で、岸田はどう太田省吾の作品世界に言及しているのだろうか。太田を中心に結成されていた劇団転形劇場の解散を受けて刊行された『水の希望――ドキュメント転形劇場』に寄せたエッセイ「船出に」の中で、転形劇場への想いを述べている。

> 転形劇場の作品に、はじめて出会ったのは、『硝子のサーカス』でした。
>
> 冒頭、二人の男が棺桶状の物を運んで登場した瞬間から劇世界の底に引き込まれ惹かれ、観終ったとき裡に在ったのは、

1　寺山修司との対比を含む先行論文の一例に、『第二次シアターアーツ』（晩成書房、二〇〇六年秋号）所収の鹿野晶子「影に漂う「私」――寺山修司と岸田理生」（四二頁―四七頁）や、同書所収の池内靖子「『糸地獄』における対抗的語りと身体性――「母殺し」を超えて」（五八頁―六三頁）がある。

「観客の満足というのは、こういうものなんだな」
という手応えだったと記憶しています。
それ以来、私は、転形劇場のかなり忠実な観客になりました。[2]

『硝子のサーカス』の初演は一九七六年、岸田の天井桟敷入団の二年後である。天井桟敷の公演に演出助手や共同台本担当者として参加をしていた頃で、創作を始めた初期の段階で転形劇場に出会っていたことになる。「観客の満足」や「かなり忠実な観客」というように、自身を観客に位置付けているが、観客は俳優や照明や音響、空間という様々な要素が織りなす作品世界全体を観るものである。戯曲を含めて、舞台全体が持つ世界観が岸田の理想形の一つだったのかもしれない。

岸田は「転形劇場の作品群は、いつも、あるひとつのメルクマールだったという気がしています」[3]とも述べる。例えば劇団の在り方としてのメルクマールであったようであり、一九七七年に、岸田が天井桟敷や早稲田大学演劇研究会の仲間らと共に立ち上げた「哥以劇場」の旗揚げ人の一人である宗方駿の回想録『あの頃』には、一九七九年頃に「十年で天井桟敷にならなくてもいいから、五年で転形劇場になろうね」[4]と岸田が述べたと書かれている。劇団規模の話なのか演劇界での劇団の立ち位置の話なのか、発言のニュアンスはわからないが、転形劇場をひとつの指標とした例として挙げられるだろう。

作品理解をする時の指標にもなっていたようであり、演出家オン・ケンセンの依頼で戯曲を提供した『ディスディモーナ』の稽古期間中に書かれた日記帳の二〇〇〇年二月二一日の頁には、通し稽古を観た後に書かれた「決心して、正直に劇作家としての意見を言う。」という一文に、補足として「『水の駅』との比較」という一言が書き添えられていた。『ディスディモーナ』の稽古は英語で行われており、英語の会話が特別に得意というわけではない岸田にとっては複雑な内容を伝えることが難しい状況だろう。比較の詳細はわからないものの、そのような言語的に不自由な状況下でも比較対象として『水の駅』を持ち出し得るほど、転形劇場の劇世界は内化されていたのだと考えられよう。

『水の駅』はエッセイ「船出に」の中にも、観た時に満足をした作品例として名前が挙げられている。

『小町風伝』の老婆が抱え込んでいた沈黙、『風枕』の風の子たちの誘惑的な囁き、『水の駅』の水音……、私は、それらの出来事に出会う度、とことん満足し、その分打ちのめされ、ほとんど酩酊して帰り、自分の劇のことを考えたり止めたりしていました。[5]

ここで挙げられている作品は、それぞれ『小町風伝』は一九七七年、『風枕』は一九七八年、『水の駅』は一九八一年の初演であり、岸田が天井桟敷のスタッフと哥以劇場の座付き作家という二足の草鞋を履いていた時期の作品である。この時期は、天井桟敷の劇団員同士で議論をした内容や怪奇幻想文学のモチーフや泉鏡花の文体などの他者の言葉や要素を取り込みながら、岸田が独自の作品世界の在り方を模索していた頃にあたる。[6]では一つのメルクマールであったという転形劇場の作品に関してはどうだろうか。太田省吾が書いた作品世界の中から、岸田が何らかの要素を自分の作品世界に取り込んだと考えることは可能だろうか。

厳密に言えば、岸田はエッセイの中で「転形劇場の作品」という言葉を用いているため、俳優や照明や音響、空間という戯曲以外の要素も含めたものに惹かれたのだと思われるが、それらを検討することは今後の課題とし、本稿では戯曲部分やエッセイを考察対象として太田からの岸田への影響を検討したい。特に、エッセイの中で岸田が名前を挙げた作品から『風枕』を取り上げ、太田の『風枕』における「風」を巡る表象と、『糸地獄』（一九八四）を含む岸田の諸作品の中の「風」を巡る表象との類似性と、両者の作品における「匂い」の用いられ方を通して考えようと思う。

二　岸田作品における「風」の役割

「風」は岸田が作中で繰り返し使用するモチーフの一つであるが、その説明をする前にまず、風と深く関わるモチーフである「家」の説明をしておきたい。

岸田は家や家族の関係性を描くことで、比喩的に国家の在り方や制度の問題を表現することがある。そのことに関して外岡尚美はインタビュー記事「無名の女性たちへ向けて」の中で、『朧月記』（一九七九）や『糸地獄』を例にあげ「母と娘との複雑な関係が家と国家との関わりの中で書かれていますが、これらの相互の関わりについてご説明いただけますか。なぜこのような関わりをお書きになったのでしょうか」[7]と質問をしており、その問に対して岸田は次のように答えている。

> これまで私が行ってきたことは、第一に女性性の復権ということ、そして第二に天皇制を殺していくこと、すなわち天皇という名の父を殺していくことでした。第三に自分がなぜ今ここにいるのかということを、第一、第二の問題のあとに考えると、自分を産んだ人である母につながります。かつての私にとって母という存在は父に添い寝をしていた存在、言い替えれば旧来の慣習に添い寝をしていた存在であり、自ら意志して発言しなかった存在でした。母権制から家父長制、天皇制国家への流れを考えるとき、孤児的状況に自らを置いていくこと、産むこと、生まれることを否定していく女たち、つまり母を殺す娘という存在を描いたのです。[8]

この答えからは、岸田が家族の関係性を描く時に「母権制から家父長制、天皇制国家」というように制度の問題を視野に入れていたことがわかる。そして、「父」を制度の頂点に居る存在である天皇の象徴、「母」を制度の中で再編され、家父長制や天皇制国家を沈黙のまま補佐し続ける存在の象徴と捉え、親を殺し、孤児的状況を選ぶ「娘」を通して、既存の制度を否定した。そしてそのような家族が暮らす「家」は「国家」の比喩となっている。インタビュー記事の「あとがき」で外岡は「彼女の視線がおもに父権的「家族国家」という原理のもとに統合された社会構造の中での女性の位置を検証することに向かっていた」[9]と説明するが、まさにその「家族国家」の象徴として、家の比喩は用いられていた。

家を国家に喩えて表象する時、家に吹き込み、登場人物に個人的

2　岸田理生「船出に」弓立社＋転形劇場（編）『水の希望――ドキュメント転形劇場』弓立社、一九八九年、八九頁。
3　同書、八九頁。
4　宗方駿「あの頃」は、以前ウエブサイト「岸田理生のページ（http://www.lepton.jp/rio-kishida/）」上で公開されていたが、現在は公開を終了している。筆者は以前自身でプリントアウトをしたものを参照している。その中の「6、捨子物語の頃2」の部分に転形劇場への言及がある。
5　岸田理生「船出に」前掲書、八九―九〇頁。
6　哥以劇場時代の岸田のドラマツルギーに関しては、拙書『岸田理生の劇世界――アングラから国境を越える演劇へ――』（大阪大学出版会、二〇二一年）第一章を参照。
7　岸田理生、外岡尚美（聞き手・構成）「無名の女性たちへ向けて」『シアターアーツ』七号、晩成書房、一九九七年、九〇頁。
8　同書、九〇―九一頁。
9　同書、九二頁。

な記憶を思い出させる時に用いられるモチーフが「風」である。例えば『臘月記』は、一九三六年の二・二六事件と小栗虫太郎の小説『白蟻』の世界観を背景に、天皇家の暗喩である牛井本舗菊野屋と、その影のような存在である馬霊一族の話が描かれる。両家は双子の女が母親として支配しており、菊野屋に仕える「将校」が、二・二六事件に失敗した後に、馬霊一族の母親を殺し、嫁の「咲良」を逃がす場面で終わる。

一家の血族ではない将校と咲良は、家に仕える形で制度に組み込まれている存在として対のように描かれる。劇は、その将校が二・二六事件を通して菊野屋、つまり天皇制国家に関与する試みに失敗した後、馬霊一族、つまり家父長制の中から咲良を逃がすことで、代替的に制度の在り方に一矢報いる場面で終わる。

将校と咲良の共犯関係は劇中の交流を通して徐々に構築されるのだが、その一環で、咲良が自身の個人的な快楽の話をすることで、将校に将校の母の記憶を思い出させていく場面がある。風は、咲良が快楽の話をする先駆けとして登場する。

咲良　（ふっと）風が、吹きませんでした?
将校　風?
咲良　ええ。ぬるりと生温い風が……。（ついと立って窓をあける）
じっと風に身を浸しておりますとね、昔が帰ってくるようですわ。裾から入ってまいります風が、肌と着物の間で暖められて胸元から立ちのぼってくるときは、少しばかり汗の匂い。（と、胸元をくつろげ将校の近くに坐る）
風が、傷の上を通りすぎると、冬の風でも、そよろと春風。すると、傷口にはすきとおる卵がぷつぷつと植えつけられるのです。[10]

このように咲良は風の気配を感じ、そこから昔に思いを馳せて語り出す。家父長制の構成員としての嫁ではなく、個人としての快楽の記憶を語る咲良の言葉は将校の個人的な過去の記憶を呼び起こすひきがねとなり、制度を崩す火種を連鎖的に生み出していく。

同様に『夢の浮橋』（一九八〇）では、「紙」という名で暦づくりをする母親が守る家が、夜になり娼家に変化する段階で、風が吹き込んでくる。紙は「生臭い春風が、そよろと裾から入ってくる。ああ、いやだ」[11]と呻き、風を感じとる。春風が裾から入ってくるという情景は、『臘月記』の咲良の台詞が示す情景と似ており、春風を巡る特定のイメージを岸田が繰り返し用いていたことが推察される。

咲良や紙の例のように、登場人物の一人が風を感じる場合以外に、複数人の語りで風を巡る情景を作り上げる場合もある。例えば『火學お七』（一九八二）では、娼家の「女主人」と「暦屋の女房」と「産婆」という年を重ねた女三人が昔を思い出しながら、春風を巡る詩のような台詞を語る。

産婆　生臭い……風　春の風　春風
暦屋の女房　春風がね　裾から入りますと
女主人　肌と着物の間で　ぬくめられて
産婆　乳と乳の間を通って
暦屋の女房　胸元から　立ちのぼるときは
女主人　少しばかり　汗の匂い[12]

語る内容は咲良や紙と似ているが、二人と異なり、複数人が一つの文章を分けあいながら抒情的に語っていく形式が特徴的である。

同様の台詞は、春以外の季節の風でも作られており、捨子「灰子」の父探しを通して大正時代を描く『捨子物語』（一九七八）には、老婆の灰子が他の老婆たちと秋風を巡る情景を語る台詞がある。また、複数の女性の身の上話をつなげて構成された『宵待草』（一九八四）では、二人の「風婆」が夏風を巡る情景を語る台詞がある。これらの台詞は劇世界の全体に影響を与えるような使われ方というよりは、間奏曲のように場面の間に差しはさまれる形で用いられる。

『臘月記』や『夢の浮橋』での風の使われ方と、『火學お七』や『捨子物語』、『宵待草』での風の使われ方が複合的に用いられた作品が、記憶喪失の捨子「繭」の母探しを描く『糸地獄』である。繭は、昼は糸屋、夜は娼家という「糸屋」で働く糸女たちの身の上話を聞き取る中で、自らの記憶を取り戻しつつ、母を探し、母を殺し、その母の背後にいる者を倒し、糸屋の制度を崩す。その繭の母探しに並走するように、複数人の糸女たちが風を巡る情景を語りで作り、その情景と呼応するように繭の歩みも進む。そして繭が記憶を取り戻す時には風が吹く。風と呼応するように行動することで、繭は糸屋の体制を崩すまでに至る。

岸田は家を国家の喩え、家族や家の構成員たちの関係性を天皇制や家父長制という制度の喩えとして描く。その時、動きようのない家に吹き込み、変革をもたらすものとして象徴的に用いられるものが風なのである。

三　「風」を巡る文体の類似

このような風を描く時、岸田の文体には特徴が二点ある。一つは『臘月記』の咲良の台詞にある「ぬるりと生温い風」の「ぬるり」や「そよろと春風」の「そよろ」というような独特の副詞が用いられる点であり、もう一つは『火學お七』の女三人が「春風がね　裾から入りますと／肌と着物の間で　ぬくめられて／乳と乳の間を通って」と、一つの文章を分担して語ったように、文章を複数人で分け合いながら語るという形式である。そしてこれら二つの特徴は、太田の『風枕』の風娘の台詞の中にも見出すことができる。

『風枕』は一人の老婆の過去が徐々に明らかにされる劇である。劇はまず、老婆が孫娘と童話『赤ずきんちゃん』を語りあう場面で始まる。老婆のもとにショールを探す嫁と息子の信太郎が現れたり、孫娘と妊娠の話をしたりした後、孫娘が去り老婆一人になると、風娘たち二人がやってくる。

老婆　だれ。戸をたたいたのは……。だれ……無礼者……。

老婆、闇からおそう敵を探る。
野の草花を手にした娘たちが、窓からあらわれる。

娘たち　あたしたち、風の娘、春の風、ゆるい風、フフフフ……。
老婆　おや、風。どこから、まぎれ込んできたんです。
娘たち　ふうっと、ぬうっと……静かに、空が揺らぎます。[13]

風娘たちが語る台詞の中の「ゆるい風」の「ゆるい」や「ふうっと、ぬうっと」というような副詞は、岸田の咲良の台詞にある「ぬるりと生温い風」の「ぬるり」や「そよろと春風」の「そよろ」と

10 岸田理生『臘月記』出帆新社、一九八二年、六四頁。
11 岸田理生『吸血鬼・夢の浮橋』白水社、一九八五年、四八頁。
12 岸田理生『岸田理生戯曲集Ⅰ　捨子物語』而立書房、二〇〇四年、一六八―一六九頁。
13 太田省吾『太田省吾劇テクスト集（全）』早月堂書房、二〇〇七年、一六二頁。

似た独特の質感を持つ。日常的に用いない言葉の組み合わせが醸成するイメージやリズムは、家の中にある日常の奥に隠された非日常的な時空間へと舞台空間を変えていく。

　そのような独特の言葉遣いと共に老婆を訪れた風娘たちは、「そう、そう」と相槌を打ちあい三人で確認しあうように言葉で記憶を形成していく。

風娘1　散る、散る、春着る、だれかさんのお古。
2・3　そう、そう。
1　思い出の木造の黒づんだ(ママ)校舎があって……。
2・3　そう、そう。
2　思い出した時のように、はっと桜の木が春になりはじめると……。
1・3　そう、そう。
3　思い出のような淫らな風を吐いて……。
1・2　そう、そう。[14]

　思い出の校舎や桜の木といった春の情景を語りながら、やがて三人は、土手を駈けて夕陽にぶつかりそうになった恋の記憶や、結婚後に包丁をといだり洗濯物をしぼったり子供をおぶったりした母としての日常の記憶というように、情景を広げていく。三人は各自がその記憶の持ち主であるかのように語るため、記憶を巡り三つの主体があるかのような感覚が想起される。このような一つの記憶を複数人で言葉を分け合い形成する手法は、岸田の『火學お七』や『捨子物語』、『宵待草』や『糸地獄』の中にある風を巡る台詞の中でも用いられたものでもあった。

　岸田の風を巡る表象には、独特の質感を持つ副詞の造成と台詞の複数人での分け合いという形式上の特徴があるが、それらは太田の『風枕』での風娘たちの台詞の形式にも見出すことができた。そして、それらの文体は、日常を描く舞台空間に非日常的な記憶を持ち込み、舞台の時空間を異次元に展開させるのだが、記憶の主体は複数化され、言葉によってその主体が特定されることは避けられている。

　その様子がよくわかるのは『風枕』である。風娘たちが記憶を語り合う内に、子供をおぶったり、子供をぶったり、子供にぶたれたりする記憶に言及した時、風娘1が「……ね、それはだれかしら。ね、おぶっているのはだれですの」と問う。すると風娘2は「ぶたれた人？」と応え、風娘1は「うんん、赤ちゃんをぶった人」とつなげ、記憶の主体を探す対話が始まる。[15] 話は、過去の人物の造形が具体的にイメージできるかという問に展開するのだが、片隅に居た老婆が主体を探す風娘たちの言葉を制する。会話の中に突然入りこんできた老婆に対し、風娘1が「どなた？」と老婆の主体を問うと、老婆は「あたし？……あたしよ」と主体を自分だと言いつつも「あたしがあたしでないような……どうでもいいような、妙な気分」と主体を自分と定め切らないままに、風娘たちが語る恋や母親の記憶が自分の記憶と重なるということを語り始める。[16]

　このように言葉で形成された記憶は、記憶の持ち主を定めずに、主体の複数性が担保されている状態になっている。そしてその記憶が個人的な色合いを増すきっかけは「匂い」である。

四　風が運び込む「匂い」の重要性

　岸田と太田の風の表象は、文体の類似に加えて、「匂い」を運び込む役割を担っている点でも共通項を持つ。そして匂いは太田の『風枕』と岸田の『糸地獄』の中で重要な役割を担っている。例えば、『風枕』では先述した風娘たちが記憶の主体を探す場面で、老婆は次のように言う。

老婆　静かに、して。匂いが、失せて、しまうじゃないか。ぞらぞらと、空を、かきまぜないで……。イメージだやらという言葉で、そこらを、ひっかかないで、おくれ。[17]

これは舞台が老婆の過去へと向かう時の転換点となる台詞である。風娘たちが、「イメージだやらという言葉」で記憶の主体を具体的に追求しようとした時に、老婆は言葉で主体を特定しようとする行為を止める。そして言葉ではなく匂いを求め、匂いを辿ることで、老婆は過去へと遡っていく。

匂いを求める老婆の台詞をきっかけに、舞台上では夫と結婚する以前の老婆の恋人であった「男」や娘時代の老婆の体を求める「唖」の「ヤスオ」、その言葉を通訳する「盲」の「書生」、ヤスオの父親の妾の「洋服の女」などとの過去が、「牧師」や「窓の男」といった周辺の人物と共に展開していく。劇冒頭で示される「老婆と息子と嫁と孫娘」という単純な家族の関係性の裏にある、複雑な人間の関係性や感情が表出していく。それらは社会制度や家族制度を保護し運用するための倫理や道徳の規準に照らし合わせて是非を問うことが難しい、私的な領域にある記憶である。このように『風枕』の老婆の台詞では、匂いが言葉と対照的な位置に据えられ、言葉で捉えきることができない記憶を喚起するきっかけとして用いられている。

そのような匂いに関して、太田は、エッセイ「嗅ぐ」（『新劇』一九八一年九月号初出）の中で論じている。匂いは正確に言葉で説明することができず、錯覚だと言われれば反論できないが、「とにかくこの私の内部ではたしかに生きている感覚としてある」[18]と説明し、匂いを自分自身の内的感覚と関連させて次のように述べる。

> 言いかえれば、個々人の内部でしか生きられない、つまり言語化しにくい領域に属する印象といった全体的把握の能力を〈嗅覚〉であると言い張っていることになるのかもしれないが、少なくともそれは嗅覚と接続しうる根拠があるのだとは言ってよいのではないだろうか。[19]

太田は匂いを感じる嗅覚を、言語化しにくい領域を把握する感覚だとする。同様の分析はエッセイ「嗅ぐ」（『季刊へるめす』一九八六年一〇号、一一号、一二号初出）の中でも行われており、太田は「匂い、嗅覚に感じるものは言葉から遠い」[20]と述べ、匂いと言葉が捉え得るものの違いを示唆する。太田の言葉を借りると、『風枕』で老婆が匂いを感じている時、老婆は自身の内部にある、言語化しにくい領域に属する記憶を捉えようとしているということになるだろう。

また、太田はエッセイ「ある匂いのこと」（『新劇』一九七三年一〇月号初出）でも匂いに関して考察をしている。癲癇発作を起こした女性の呼気の匂いと知的障碍児の施設[21]の匂いを、一つの同じ匂いだと感じた太田自身の経験を分析したもので、異なる二種類の匂い

14 同書、一六二頁。
15 同書、一六四頁。
16 同書、一六五頁。
17 同書、一六五頁。
18 太田省吾『動詞の陰翳』白水社、一九八三年、四二頁。

19 同書、四三頁。
20 太田省吾『舞台の水』五柳書院、一九九六年（一九九三年初版）、九一頁。
21 「ある匂いのこと」の文中では「精神薄弱児の施設」となっているが、本稿中では「知的障碍児の施設」とした。

を同じ匂いとして結び付けたのは自分の嗅覚の仕業だと分析し、次のように述べる。

> 特別な匂いを感じ、しかも二つを同じ匂いとして結びつけたのはわたしの嗅覚の仕業である。幻臭といったものかもしれぬが、ひょっとすると自分自身の出した匂いなのかもしれない。わたしが、肉体の惨状に出会ったとき鼻の粘膜に分泌された粘液（ハナの一種）の匂いなのかもしれないと。[22]

このように太田は匂いの源を外部に求めるのではなく、自分の肉体の内部に認める可能性に言及をしている。癲癇発作を起こした女性の呼気の匂いの主体はその女性にあり、知的障碍児の施設の匂いの主体はその施設に存在する様々な主体にある。匂いを発する主体は明らかに異なり、決して同じ匂いであるわけはない。それを同じと認識することは太田にしかできないことであり、それを抽象論ではなく「粘液（ハナの一種）の匂いなのかもしれない」と、具象的な肉体の反応として、太田は捉える。

太田にとって、何かが匂う状態は、自分の記憶が刺激され、肉体の反応を感じている状態である。風娘たちの言葉を聞く内に老婆は匂いを感じとるが、匂うことは太田の言葉でいうと「自分自身の出した匂い」を感じることである。太田の匂い論を当てはめてみると、『風枕』での老婆は、風娘の言葉に刺激を受けて反応した自分の肉体の変化を感じていることになる。

先述したように『風枕』では老婆が匂いを感じた後に、老婆の過去のいくつかの場面が再現されていくが、その後、劇は終盤に老婆が自身で自身の肉体を触る場面に至る。「おもしろいわ……こっちの手で、左手をこうさわると……左手は右手にさわられてるわ……左手はさわられてる。[23]」と、老婆は目、唇、喉、胸、おなか、と、一つ一つ名を呼びながら、自分の肉体を触り、確認していく。『風枕』は舞台上で老婆の過去を再現して場面を展開するのだが、その裏で表現されていることは、匂いを感じることから始まる老婆の身体の再確認、再獲得なのかもしれない。先述したように匂いは「言語化しにくい領域に属する印象」を示しているが、老婆は匂いを感じることで言葉では言い表しきることのできない過去と共に自身の身体存在に気付く。その匂いをもたらす外部からの刺激が、風娘で擬人的に表現される風であった。

岸田理生の『糸地獄』の中でも、風がもたらす匂いは言葉と対照的な位置に置かれ、言語で捉えきることのできない過去を主人公の繭に伝える役割を担っている。先述したように『糸地獄』は記憶喪失の少女繭が、昼は糸屋、夜は娼家である糸屋へ赴き母探しをする筋である。糸屋では昼は糸をつむぐ女、夜は色を売る女として働く「糸女」が働いており、彼女たちが客の男を悦ばせるために語るものが「身の上話」である。その話は糸屋で働く男たちによって教えこまれた虚構であり、劇の終盤で繭が母を見つけた時に、母は身の上話を聞き取りながら自分を探したのかと尋ねるのだが、繭は次のように答える。

> 母　おまえは、いつだって一人だよ。……どうやって私を探したんだい？　身の上話を聞いたから？
> 繭　言葉では何も思い出せない。
> 母　だったら、どうやって？
> 繭　匂い。
> 母　えっ？
> 繭　匂いです。母さん。風の底に濃い匂いがうずくまっていて、その匂いを嗅いだら、とたんに煙が湧いたみたいに、昔と母さんを思い出した。

母　犬の子だね、まるで。
薊　匂いが私に教えてくれた。母さんは二度あたしを裏切ったと。すべり出しはニセの裏切りで仕上げはホントの裏切りだと。[24]

このように薊は身の上話に代表される「言葉」で過去を探すことを止め、「匂い」で過去を探し、母を見つける。劇の転換点となる場面で、風の底の匂いは、言葉では捉えられない「昔と母さん」という過去を薊に知らせる媒体として機能する。薊に言語化しにくい領域にある記憶を気づかせる匂いの機能は、『風枕』における匂いの機能と同様である。

そしてまた、『風枕』での匂いと同様、『糸地獄』での匂いも、匂いの嗅ぎ手の肉体の再確認にもつながっていく。先に引用した対話の後に薊は母を殺すのだが、その時に母から薊は自分が妊娠していることを告げられる。衝撃を受けた薊は「母さんが、まだ匂っている。風が匂いを吹きこんでくる」[25]と匂いを感じとる。太田はエッセイの中で、異なる二種類の匂いを同じ匂いだと認識する時、それはある状態を見た時に反応して分泌された太田自身の鼻の粘液の匂いなのかもしれないと述べたが、薊の場合も、母を殺した後に「まだ匂っている」母の匂いと感じるものは、実は薊自身の匂いなのかもしれない。妊娠という肉体の変化を自認した時、薊の鼻の粘膜は母の匂いを醸し出し、母の匂いを嗅ぐ主体であった薊は、匂いを発し、嗅がれる主体にもなったと捉えることもできるのではないだろうか。『糸地獄』の薊は『風枕』の老婆と同様に、匂うことで言葉では言い表しきることのできない過去と共に自身の肉体の状態に気付く。その匂いをもたらす外部からの刺激が風であった。

岸田は家を国家の喩え、その家の構成員たちの関係性を家父長制や天皇制という制度の喩えとして用いており、糸屋もその部類に入るものである。その糸屋を運営するために、男たちが女たちに教える身の上話は、国家を維持するために都合の良い言葉で語られる歴史と置き換えることができるかもしれない。そういった身の上話を語らされる糸屋の女たちは、みなそれぞれ私的な記憶を抱えており、その記憶は複数の糸女たちが語る風を巡る表象によって示唆され、薊の母探しを誘導していく。やがて、薊は風の中に匂いを見つけることで、母を巡る言語化しにくい領域にある記憶を見つけ、母を見つける。このように『糸地獄』では、劇の転換点に言葉と対照的に匂いが用いられ、その匂いは風によりもたらされるのであった。そしてまた、匂いは自分自身の肉体の変化の認識とも関連するものであった。

太田の『風枕』と岸田の『糸地獄』の中で匂いは言語化しにくい領域へと言及するための重要なキーワードとして用いられ、それは自分自身の肉体の状態認識へとつながっていく。岸田と太田の風の表象は、文体の類似に加えて、匂いを運び込む役割を担っている点でも共通項を持つのである。

五　まとめ――言語化しにくい領域を描く

岸田は一九七六年に『硝子のサーカス』を観劇して以降、転形劇場の作品の良い観客であり、それらの作品は岸田にとってのメルクマール、指標であった。本稿では、そのような転形劇場の作品の戯曲や太田のエッセイを取り上げ、太田から岸田が受けた影響の可能性を、「風」と「匂い」の表象を巡って推察した。

22　太田省吾『飛翔と懸垂』而立書房、一九七五年、一八九頁。
23　太田省吾『太田省吾劇テクスト集（全）』前掲書、一八一頁。
24　岸田理生『岸田理生戯曲集Ⅱ　糸地獄』而立書房、二〇〇四年、九三頁。
25　同書、九七頁。

岸田の戯曲には家がよく描かれるが、それは国家の比喩として用いられており、風はその家に変革をもたらすものとして用いられていた。岸田の風を巡る文体の特徴は、独特の副詞の造成と、一つの風を巡る台詞を三人で分けて語る点だが、それらの特徴は、太田の『風枕』の風娘の台詞にも見出せるものである。そのような文体の類似に加え、匂いを家の中に運びこむ役割を風が担っている点も共通していた。匂いは匂いを感じる主体が言語化しにくい領域の記憶に踏み込むきっかけとなるものであり、匂いを感じる主体の肉体の確認にもつながっていくことも、岸田と太田の匂いを巡る表象に共通することであった。

太田は、個々人の内部にのみある言語化しにくい領域を、風や匂いの表象を用いて舞台上で表現した。観客席に居た岸田は、舞台を通して太田から手渡された言語化されにくい領域を描く試みの重要性を受け取り、それを『糸地獄』の中で自分たちの劇団の観客へと手渡したのではないだろうか。

本稿で取り上げた『糸地獄』などの戯曲は、言葉の質感や台詞のリズムに気を配った台詞劇であったが、一九九〇年代に岸田は台詞を減らし、身体表現を重視するようになっていく。まさにその転換期である一九九〇年に、太田は湘南台文化センター市民シアターで『夏の船』を上演し、その公演に岸田は助手として参加をしていた。[26]太田の稽古場で何を岸田が受け取りどう自身の作品に生かしたのかは稿を改めて考えたいが、何らかの影響は受けていたのではないだろうか。少なくとも、それから四年後の一九九四年に岸田が作・演出を行った『花──芙──』は、太田の影響を感じとることができるような作品だったようである。

『花──芙──』は、『夏の船』の上演場所と同じ湘南台文化センター市民シアターで上演された。それを観た西堂行人は『テアトロ』で「言葉が極度に切り縮められ、四人の男優によって即興的に演じられる芝居である。〈場（トポス）〉が劇を生んでいくというモチーフは両者（著者注：『花──芙──』と金亜羅演出の『私たちがまだ出会っていない時間』）に共通しており、そこにも太田省吾の影を感じとらないわけにはいかなかった」[27]と述べている。エッセイ「船出に」で岸田は「転形劇場が作りあげた沈黙の豊饒、歩行のフォルム、身体の在り方……、それを分析しようとするのではなく、今ある私自身の現場を通じて共有しようとしています」[28]と述べているが、そのような試みの成果が『花──芙──』の中に認められたのかもしれない。

一九七〇年代や一九八〇年代は言葉で台詞を書き込みながら、一九九〇年代は言葉を削り取りながら、言語化しにくい領域へ岸田は眼差しを向けていた。それはただ岸田だけの創造行為というよりは、同時代人たちの動きとどこかで呼応する要素のある創造であり、その傍らにある指標の一つが太田の作品世界であったのである。

26 『夏の船』のチラシのクレジットを参照。チラシは雛涼子氏を介して辻上彰二氏にご提供いただいた。この場を借りて感謝申し上げる。

27 西堂行人「李潤澤と金亜羅──韓国演劇は、いま──」『テアトロ』六一五号、カモミール社、一九九四年、四六頁。

28 岸田理生「船出に」前掲書、九〇頁。

社会包摂とエビデンスへの抵抗

長澤慶太

1

たとえばクレア・ビショップは自身の著書『人工地獄 現代アートと観客の政治学』のなかで、「オダ・プロジェシィ」というトルコのアート・コレクティブの活動に対し、その多くが「美術教育や地域イベントのレベルにある」ために「それに対する最初の反応にありがちなのは、芸術をより多くの観衆のもとに届けるコミュニティのメンバーとして、彼女たちが活動的であるということへの称賛」であると論じながら、自身が「オダ・プロジェシィ」にインタビューを行った際に聞かれた発言について以下のような考察を行う。「私は「オダ・プロジェシィ」にインタビューをしたとき、なにを基準に自らの表現を裁定しているのかという質問を投げかけた。このときに返ってきたのは、審美的考察というより、活力と持続性のある関係が成功の指標となるという答えだった。なるほど、「オダ・プロジェシィ」のプラクティスはコラボレーションに基づくのだから、彼女たちは「美学」を議論の場で控えるべき「禁句」とみなすわけだ」。

さて、ここでは「美学」と「活力と持続性のある関係」が対比の関係に置かれるが、たとえば九州大学と文化庁との公開研究会において公益財団法人セゾン文化財団理事長の片山正夫が語る「価値創造型」と「課題解決型」の対比、あるいは可児市文化創造センターala館長兼劇場総監督である衛紀生（えいきせい）が掲げる「芸術の殿堂より、人間の家を」という標語に見られる対比は、どれも同じような意味合いを持っているかのように見える。つまり、聖と俗、権威と寛容などによってイメージされる、垂直軸と水平軸との対比である。

2

そして往々にして実演家は「美学」を取るが、とはいえ、哲学者の佐々木中が「現実の利害や利益に関わらない、「無関心性」こそが美を設定する」といった「美学」について、それを「晩年のカントを結節点とする、時代的・地理的にも限定されていた「近代美学」の理念のもとにある藝術の理解」でしかないと論じた通り、「美学」とは、芸術活動を語るにおいてどの時代でも有効とされる普遍的な概念ではなく、ゆえにそれが「禁句」であるような芸術活動があることも当然である。言い換えれば、「現実の利害や利益」へ積極的に関わり合う「社会包摂」の「有用性」によって文化芸術を価値付ける「課題解決型」の芸術理念というものが、今日の「藝術の理解」における基準となっても一向に構わない。

ただし、そもそも「社会的包摂（social inclusion）」または「社会包摂」とは、「社会的排除（social exclusion）」への抵抗を示す概念として一九九〇年代のヨーロッパにて提唱されたものであり、さらに日本の文化政策に関するものとしては、二〇一一年閣議決定の「文化芸術の振興に関する基本的な方針（第三次）」の中で「社会包摂」という語が初めて使われたとされるように、「藝術の理解」の方法としては歴史的にも極めて新しいものだと言える。また、それゆえに、それらの文化事業に対する反省的な議論もいまだ多くは重ねられていない。

そのなかで、たとえば九州大学大学院芸術工学研究院ソーシャルアートラボが発行する冊子では、日本の社会包摂事業に対する以下のような指摘が行われている。「日本の現状を見ると、社会包摂を単純に社会参加と読み替えただけの取り組みも少なくありません。マイノリティの人たちに表現の機会を提供することで満足する」あるいは「マジョリティの活動にマイノリティが加われるようにしただけで目標が達成されたと勘違いする」。

むろん、厚生労働省の進める「社会的包摂」が主には雇用や所得の問題を中心とする一方で、文化芸術活動を通じた「社会包摂」の場合、そこでは厚生労働省の議論で後回しにされがちな「自己承認」や「エンパワーメント」の可能性などが期待されると言われている。しかし、ひとまずの「参加」だけで社会包摂事業を行う意味があったかのように振る舞うような現在の風潮は、本来的な目的や意義からは少し離れてしまっていると言えるだろう。

また、「排除」される他者を含めた新たな制度の開発を目指すのではなく、「マジョリティ」のなかに「マイノリティ」が「参加」したことだけをひとまずの価値とみなすような「包摂」においては、そのような態度が「トークニズム（tokenism）」という概念へと近づいてしまうことについての注意が必要であるだろう。「トークニズム」とは、社会包摂性への配慮や多様性への視点といった社会的配慮の態度を示すことだけを目的として、会社組織や創作物へ社会的少数派を取り込むこと、すなわち、社会的少数派を「美徳信号（virtue signaling）」のための「トークン」として扱うことを指す言葉である。そして、「参加」によって「目的が達成された」とする今日の「社会包摂」のあり方とは、ひとまず他者がそこにいるだけで配慮が完了されているとする「トークニズム」的な発想に、やがて似てしまう可能性が含まれているようにみえる。

3

しかし、仮に以上のような問題が含まれているとはいえ、前述の「第三次方針」や、「劇場、音楽堂等の活性化に関する法律」にそれぞれ「社会包摂」の語が使用されている以上、文化行政や地方公共劇場は、それに準じた事業方針や評価基準を設えざるをえないらしい。さらに、国際的に見ればそもそも低い文化予算が今後はさらに縮小されると言われ続ける日本において、予算獲得を目指して「福祉」や「地域創造」などの大きな問題へ舵を切る今日の戦略は、東京一極集中かつ少子高齢化の進む日本においては必要であると言える。

ただ、今日の状況を見ていると、この「社会包摂」を行う目的それ自体もまた、前述のような取り違え、すなわち「参加」自体をそのまま「達成」と定めるような、事業の目的の取り違えが進んでいるかのようにも見える。

というのも、たとえば今日の「社会包摂」事業は、仮にそこで参加者の「自己承認」の可能性が芽生えなかったとしても、しかし「文化芸術の振興に関する基本的な方針（第三次）」に準じていることを示すための「信号」としてはほぼ自動的に機能してしまう。また、たとえば「福祉」や「地域創造」など、あらかじめ誰もが問題として共有している出来事に対する誠実な取り組みを行うことは、そこで参加者の「エンパワーメント」の可能性が見込まれなくとも、しかし社会問題に対し誠実であるという「美徳信号」の発信を可能にしてしまう。すなわち「社会包摂」を行うことは、実際的な可能性をひとまず保留してもなお、諸制度における位置づけのなかで様々な「信号」を発信することができるのである。

むろん、以上の「信号」を示すために行われる「社会包摂」とは、「マイノリティ」の存在を、それらの「信号」のための「トークン」として扱うことにもつながっていると言える。しかし、「福祉」や「地域創造」といった大文字の問題に関わり合っていることを示すために行われる文化事業が「トークン」としているのは、そこに参加する社会的少数派と呼ばれる人々だけではなく、そこで実施される文化活動それ自体や、それに付随する作品そのものすら、「美徳信号」のための「トークン」として扱いかねないのではないか。たとえば、参加によって生まれる価値を求めるのではなく、参加という言葉を肯定してしまうことのようにして、もし芸術によって生まれた価値ではなく、ただそこにアートがあることで良しとされる関係が築かれたとすれば、それは芸術に対するトークニズムであるとしかいうことが出来ないはずである。

このように、本来の目的が見失われた「社会包摂」は、「マイノリティ」そして「作品」に対する無自覚なままの「トークニズム」へと容易に傾きやすいように見える。ゆえに、今日の「社会包摂」においては、「参加」によってそれの「目標が達成されたと勘違いする」ような風潮、または「美徳信号」のために他者を「トークン」として扱う態度を見直し、もう一度、その目的や意義を改めて問い直すような反省的な議論が必要であると思われる。そして同時に、「社会包摂」という「美徳信号」のために、そこで行われる「事業」や「作品」すらも一つの「トークン」のように扱ってしまう関係性が築かれないような、文化と社会の有機的な関わり方についても、議論されるべきではないかと筆者は考える。

4

しかし、本来であれば「参加」によってもたらされる変化に意義があるはずのものが、いつしか「参加」それ自体が変化であり意義であるような取り違えだけでなく、そもそも行政が掲げる目的というものは、往々にして、自らに都合の良い形へと変換されてしまいがちなものらしい。

九州大学大学院芸術工学研究院学術研究員の村谷（むらや）つかさは、「エビデンスに基づく政策立案」すなわち「その場限りのエピソードに頼るのではなく、政策目的を明確化したうえで合理的根拠（エビデンス）に基づく」企画や評価を行うといった方針と、それに準じた形で文化芸術の事業に対する「評価」が行われる際の問題を以下のように指摘している。

まず、そもそも文化芸術に対する「評価の目的が」「予算獲得に向けたものになってしまってい」る現状において、「特に行政内部では、担当者が財務に説明をするときに数値の方が説得しやすいため、取れる数値の報告を現場にも求め」、そこで現場は「事業で起こっていることの意味や効果はちがうところにあるのに、と思いながらも」「行政に求められるのでとりあえず何かの数値を」提出せざるをえなくなってしまうと言う。そして、この結果として文化事業の「評価」が、「参加者数とかイベント開催数」といった「アウトカム（成果）ではなくアウトプット（結果）の数値ばかり」になってしまうという悪循環に陥っていると村谷は指摘する。

　むろん、ある事業や作品に付随した「数値」を重視する現在の方法が、高度な専門性や知識を必要としない「評価」を可能にする効率の良いシステムとして重宝されるといった事情は理解できるため、それを一概に否定することはできない。ただ、「現場」の一人としては、そもそも文化芸術は「予算獲得」や「財務に説明」するためだけに行われているわけではなく、ゆえに「説明」へ奉仕することを前提とした「評価」の基準とは、それを「評価」する側の都合による一方的な価値基準だと、訝りたくもなってしまう。

　しかし、ところで「評価」にまつわる以上のような状況は、ジェリー・Z・ミュラーが自身の著書『測りすぎ――なぜパフォーマンス評価は失敗するのか――』のなかで指摘する以下の問題を反復してしまってはいないだろうか。「ほとんどの組織には複数の目的があるが、測定され、報酬を与えられるものばかりに注目が集まって、ほかの重要な目標がないがしろにされがちだ」「仕事にもいくつもの側面があるが、そのうちほんのいくつかの要素だけを測定すると、ほかを無視する要因になってしまう」「求められる成果が複雑なものなのに、簡単なものしか測定しない」「一番簡単に測定できるものしか測定しない」などがミュラーの指摘の一部であるが、「取れる数値の報告を現場にも求め」ることで生じる「事業で起こっていることの意味や効果はちがうところにあるのに」といった現場の嘆きとは、すなわち「測定され、報酬を与えられるもの」にばかり注目が集まることで「ほかの重要な目標がないがしろ」にされていることへの嘆きとよく似ている。

　そしてミュラーは、以上のような問題に対しいくつかの解決策をチェックリストとして提示している。「どういう種類の情報を測定しようと思っているのか」「情報はどのくらい有益なのか」「測定はどのような目的のために使われるのか、言い換えるなら、その情報は誰に公開されるのか」などがリストの一例であるが、さて、文化事業に対する「評価」を行う場面においては、はたして、以上のような自己反省は行われてきたのだろうか。

　少なくとも、「担当者が財務に説明をする」といった「目的のために使われる」ような「数値」がはたして「どれくらい有益なのか」を改めて問い直すことや、「事業で起こっていることの意味や効果はちがうところにあるのに」と嘆く現場のために「どういう種類の情報を測定しようと思っているのか」を考えなおすような議論は急務であるように思う。というのも、繰り返しになるが、文化芸術は「予算獲得」や「財務に説明」するために行われているわけではないのだから、説明のためにその事業の価値を勝手に変更されては困るのである。

5

　以上のように、二〇一〇年代の文化行政を象徴する「社会包摂」や、今後もますます進んでいくはずの「エビデンス」は、いずれも小さくない問題を抱えているように見える。しかし同時に、多くの地方公共劇場や文化行政や中間支援団体、あるいは実演家も、おそらく大小さまざまな不信感を持ちながら、しかし、それらの方針を甘んじて受け入れてきたようである。

　そこで思い出すのは、「飼い馴らし」について語る精神分析医の藤田博史の言葉である。

自我というのは、いってみれば柔らかい粘土と同じで、ある程度可塑性があるのです。森田療法は自我に働きかけて内観的な反省を生じさせ、自我を矯正する技法です。例えていうなら粘土細工です。歪んだ粘土細工を「正しい」粘土細工へと作り変えてあげよう、という、多分に治療者の欲望が関与する治療技法なのです。わたしにいわせれば、あれは要するに「飼い馴らし療法」の一つだと思います。

ある他者に対峙する主体者が、自らの欲望に従い他者のあり方を「正しい」形へ変形させる行為を藤田は「飼い馴らし」と呼ぶ。

そして筆者は、欲望の主体者が「説明しやすい」からといって、ある事業や作品を「数」へと一方的に変換するような行為を、その事業や作品に対する「飼い馴らし」であると考える。あるいは、「マジョリティ」が設えた場所へ「マイノリティ」を「参加」させるだけで完結されてしまう関係性もまた、異なる他者を自らの制度の内に押し込めるといった意味で、「飼い馴らし」に似た関係性の構造を築いているかのように思える。

しかし、「現実には、飼い馴らすことイコール治療だと思っている人が少なくありません。政治家もそうです。狡猾な政治家であればあるほど国民を飼い馴らそうとしているようなところがあります」といった藤田の警告に反して、「社会参加の機会を開く社会包摂の機能を有する基盤として、常に活力ある社会を構築するための大きな役割を担っている」といった劇場法の方針などに準じ、文化行政や中間支援団体の多くが「社会包摂」へと舵を切った近年の動向から察すると、それに対する疑問を持った人々は、案外少なかったようである。

もちろん、「多文化理解」や「共生社会」といった「美徳信号」を発信することのために、他者や作品を「飼い馴らし」すること、または、ひとまず収集した「数」という一方的な指標によって事業や作品を「飼い馴らし」することには、少なくない利点もある。それはたとえば、本来においては多義的である文化芸術活動や作品の価値が、あらかじめ準備された、「美徳」や「数」によって簡単に「説明」されるという利点である。すなわち、あらかじめ良しとされた基準に準じた事業として行うことによって、その価値や意義が判断しづらいとされる文化活動あるいは芸術作品は、ひとまず制度的には良いとされるもの、という単純な価値観のなかで肯定することが可能になるわけである。

しかし筆者としては、「社会包摂であるがゆえに価値を持つ」「多くの動員が見込めるゆえに価値を持つ」などの説明により、文化事業や作品の意味を裏付けようとすることが、まるで、そう言わなければそれが何かを説明することすらままならないという、文化芸術の「無力さ」への自覚が含まれているように見えてしまう。そして、だからこそ筆者は、「社会包摂」や「エビデンス」により文化活動を評価する現在の状況に対し、嫌気が差してしまうのである。

6

むろん、芸術が「無力」であるはずがない。

たとえば自然主義文学の提唱者であるエミール・ゾラの小説である『居酒屋』や『ナナ』などの代表作には、第二帝政時代のフランスにおける小市民の生活が描かれている。それは言い換えれば、行政や軍事に関する全権が皇帝に集中し、あらゆる官職が任命制となるような独裁的な政治が進み、産業革命の進行に伴って資本家階級が成立するような時代のなかで、誰もが見過ごした多くの悲惨な下層階級者の現実が、そこに描かれたということである。すなわち彼の小説とは、当時のパリにおいてそのような現実が存在していたにもかかわらず、しかし誰にも書かれなかった階層に属する人々の日々を客観的に描いたという意味での「自然主義」文学として書かれ、ゆえにそれは、一つの階級闘争であり、このような現実が生きられているのだという告発であり、勧善懲悪や人情劇に還元される物語を消費するのではない政治小説であり、だからこそ、成長の影で死にゆく人々を見過ごそうとするパリの姿をあられもなく描くことによる社会への抵抗を文学として読まれることができた。つまり彼は、現実にある不当な制度や環境に対する抵抗を、文学として描いたのであり、そのような抵抗として、彼の言葉は書かれたのである。

むろん、そのような自然主義的な抵抗の可能性は、現在においても少しも変わりはしていない。たとえば演出家の村川拓也が上演した『Fools speak while wise men listen』という作品などは、まさしく今日の文化行政が進める「社会包摂」と対をなすような別の価値観を前提として創作された作品であると同時に、今日の欺瞞的な「共生」のあり方への抵抗を意味する作品であったとも言える。

実際に交わされた対話を元に創作された、いわゆるドキュメンタリー演劇とよばれる形式の本作では、日本人と中国人が向かい合い、結婚観や国歌の違いなど、ありふれた話題を朗らかな空気のなかで語り合うような時間が過ごされる。しかし、その朗らかな対話は、上演のなかで一言一句違わぬ形で何度も繰り返されるような演出を施され、そして、繰り返される対話の中に、実は他者への不理解や不寛容が潜んでいることが、やがて演出によって少しずつ強調され始めると、ゆるやかに過ごされていた両者の関係は、いつしか気だるく拗れる不和により覆い尽くされてしまう。つまり本作は、異なる他者が同じ価値観を共有しつつわかり合うような表面的な姿を一旦は描きながら、その表面を深く覗き込むことで、他者を無意識に「排除」してしまうような関係が生きられているという現在の姿を描いたわけである。

また、同作に対し村川は、「「そんなこと問題にしなくてもいいんじゃないか」とかそういう雰囲気がありますが」といった一文を含んだテキストを残している。むろん、多くの外国人が押し寄せていた「コロナ禍」以前の世界において、また、現在も多くの中国人留学生が訪れる京都においては、うちに秘められ隠され続ける無自覚な差別や嘲笑などといった「排除」への無自覚な加担などは、「問題にしなくてもいい」はずの出来事であった。

しかし、成長を続けるパリにおいて「問題にしなくてもいい」はずの貧困に陥る人々の姿を文学として描くことが、一つの階級闘争としての価値を持ち、さらに第二帝政時代の制度のなかで国家の御用学者となった文学者に対する批評的視座まで手に入れることが出来たことと同じく、数々のヘイトスピーチが語られ、中国や韓国に対するヘイト本が書店に並んでいるにもかかわらず、しかし「社会包摂」や「多文化理解」や「共生社会」などの方針によって文化芸術が方向づけられていた日本において、本当であれば「問題にしなくてもいい」はずの差別や不和や嘲笑を上演したその作品は、他者への不理解や不寛容を含めた現在の姿を描くドキュメンタリーとして、あるいは、殊更に「共生」を謳いながらもしかし実際にはトークニズムに傾いてしまう現在の「社会包摂」のあり方に対する批評的な作品として、すなわち制度への抵抗としての価値を持ち得たはずである。

芸術の無力さに対する自覚から短絡的な善行へ加担することは、芸術が持つ多くの可能性を潰してしまいかねない。少なくとも文学や演劇は、社会のなかで見えづらい何か、「問題にしなくていい」はずの何かを表象し、すでに内側にありながら、しかし見過ごされている何かを描くことだって可能である。それは言い換えれば、誰しもに見過ごされ、ゆえに欲望の対象にすらならないからこそ、もはや「飼い馴らし」すらされることのない別の世界を、芸術は描くことができるのであり、そのような別の生き方を表象することによって、いつもどこか欺瞞的である制度に対する異議申し立てや抵抗を示すことだって出来るのである。

7

だからこそ筆者は「社会包摂」や「エビデンス」へ準じることに対し、ある種の恥ずかしさを感じてしまう。それは、「飼い馴らし」されることによって、社会に対する抵抗を忘れてしまった従順な芸術の姿を、そこに見てしまうからである。

しかし、「美学」が「時代的・地理的」に限定された「藝術の理解」であったことと同じく、「社会包摂」も限定的な「藝術の理解」でしかない。あるいは、いまでは普通のものとされている公的助成金制度ですら、九〇年代から始まった、たった三〇年程度の歴史で育まれてきた「普通」でしかなく、ゆえに「予算獲得」につながる「エビデンス」などもまた、かなり限定的な時代のなかでしか有効とされることのない、非常に特殊な価値観でしかないとも言えるわけである。言い換えれば、それが「社会包摂」であろうと「エビデンス」であろうと、それらの方針に「飼い馴らし」されることをひとまず選んだとしても、それがいつまで有効であるか、などの保証はないわけである。

第一、「参加」そのものに否定的な意味が含まれてしまい、あらゆる「数値」を重ねることが困難になってしまった今日の「コロナ禍」の状況において、「参加」や「数値」による価値付けは、以前ほどには有効な基準として機能しないはずである。その意味でも、今日まで進められてきた「社会包摂」や「エビデンス」は、いま、あらためてその必要性を問われる場面を迎えている。

あるいは、だからこそ、この「社会包摂」や「エビデンス」による「飼い馴らし」に抵抗し、善行のために参加を促し、予算のために数を集めることを肯う言葉ではない、新たな価値を定礎するような言葉を新たに作り出すことが、二〇二〇年代の文化芸術のあり方を定める上で重要な意味を持つと筆者には思えるわけである。

参考・引用文献等

クレア・ビショップ著、大森俊克訳（２０１６）『人工地獄 現代アートと観客の政治学』、フィルムアート社。

佐々木中著（２０１６）『戦争と一人の作家 坂口安吾論』、河出書房新社。

中村美亜編（２０１９）『文化庁×九州大学 公開研究会「文化事業の評価 現場×行政それぞれの視点をつなぐ」〈報告書〉』、九州大学大学院芸術工学研究院附属ソーシャルアートラボ。

ジェリー・Z・ミュラー著、松本裕訳（２０１９）『測りすぎ——なぜパフォーマンス評価は失敗するのか？』、みすず書房。

藤田博史「『セミネール通信』Webマガジン版 セミネール通信 復刊第３号 ２０１２年３月号」、２０１２年３月、http://www.office-http://euroclinique-dc.com/_src/sc1974/83Z837E83815B838B92f8FCD20129４N28C8E.pdf

小林真理編（２０１８）『文化政策の現在２ 拡張する文化政策』、東京大学出版会。

村川拓也（２０１６）『Fools speak while wise men listen』初演 アトリエ劇研。

舞台芸術 Performing Arts

論考 Disquisition

世阿弥再見
——世阿弥の『砧』続々考——

天野文雄

現在の『砧』と古態の『砧』

いまから六百年ほど前に作られた曲が圧倒的に多い現在の能の上演曲は、詞章も演出も多かれ少なかれ原作と同じではないのが普通である。それは作者の世阿弥自身が『申楽談儀』で、「無上無味なるところは、味はふべきことならず」と自賛し、「（このような能の味わいは）末の世に知る人あるまじ」と慨嘆している『砧』も例外ではない。その『砧』については少なくとも詞章に関しては、近年までは、これが世阿弥が書いた『砧』本来の形だと言える詞章が、能楽研究の共通認識として定着していた。もっとも、本来の詞章とはいっても、それは現行の詞章とわずか一句が異なるだけなのだが、その一句は以下のように、『砧』一曲の読解の小さからぬ障害になってきた、やや理解に苦しむものなのであった。

現行の『砧』は、訴訟で三年在京していた芦屋の某（ワキ）が故郷の芦屋（福岡県遠賀郡芦屋町）で留守を守る妻（シテ）のことが気になって、「いまは帰れないが、この暮れには必ず帰る」という伝言を侍女の夕霧（ツレ）に託して芦屋に下向させる。詞章には明示されていないが、季節は秋という設定と思われる。しかし、この伝言は芦屋に着いた夕霧からすぐには妻に伝えられない。伝言を伝えないまま夕霧は夫を思う妻とともに砧を擣つ。繊細かつ複雑な妻の心情が綴られた名文からなる「砧の段」と呼ばれるこの場面のあと、夕霧が口にするのは、「いかに申し候、都より人の参りて候ふが、この年の暮れにもおん下りあるまじきにて候」というものである。「都より人の参りて候ふが」とあるように、これは夕霧が芦屋から託された伝言の伝達ではなく、夕霧の下向後に、新たに都から芦屋が遣わした使いの言葉を、夕霧が妻に伝えたのである（使いは実際には登場しない）。この報に接した妻は落胆し、「病の床に伏し」て空しくなる。ここで妻は退場し（中入）、前場が終わる。

これに対して、『砧』本来のものと思われる古態詞章では、「砧の段」が終わるや、夕霧は、使いの伝達としてではなく「いかに申し候、殿はこの秋もおん下りあるまじきにて候」と妻に伝えるのである。芦屋が夕霧に託した伝言は「この暮れには帰る」だったのに、夕霧はそれを「この秋も帰らない」と伝えたのである。

このようなわずか一句の夕霧の文句の違いは、室町期の観世流テキストを底本にした、昭和三十五年の岩波日本古典文学大系『謡曲集（上）』の『砧』に、現行の『砧』との違いとして校異欄に示されていたが、この違いはしばらく問題にされなかった。その違いに着目して『砧』を論じたのが田口和夫氏の「〈砧〉の時間（秋・三年）」（『銕仙』昭和六十三年十一月、『能・狂言研究』所収）、「〈砧〉を読む――三年・夕霧」（『能楽研究』二十三、平成十一年）である。田口氏はこれらの稿で伝存する室町時代の『砧』のテキスト（謡本）が夕霧の言葉を、「この秋も帰らない」としていることから、これを本来の文句とし、それをふまえて副題の「秋」「三年」という設定、あるいは「夕霧」という存在をめぐって『砧』について論じたのである。

この夕霧の文句は、一見、現在の文句のほうが筋が通っているようにみえる。芦屋の伝言は「この暮れには帰る」だったのに、あとから遣わされた使い（前述のように実際には登場しない）が、「この暮れにも帰らない」と伝えてきたのだから、とくに不自然ではない。一方、本来と思われる古態の文句では、夕霧は芦屋の伝言をかならずしも忠実に伝えなかったことになる。かならずしもというのは、「この秋も帰らない」は「この暮れには帰る」と決定的に背馳するものではないからである。しかし、古態の夕霧の言葉が「暮れには帰る」という芦屋の伝言に忠実でなかったことは確かであり、そこからこの文句を芦屋の愛妾だった夕霧の悪意ある意図的な改変とする解釈も生まれたりしている。

筆者の『砧』読解

一方、筆者も田口氏の論に教えられながら、この古態と思われる不可解な夕霧の文句をふまえて、この文句の『砧』を整合的に読み解こうと試みてきた。「《砧》の「三年の秋」とその背景――「戸令」の「再嫁」規定などをめぐって――」（『能苑逍遥（上）世阿弥を歩く』平成二十一年、初出は平成十七年）、「世阿弥の《砧》を読み解く」（大槻能楽堂会報『おもて』平成二十三年十月）、「世阿弥の《砧》続考」（『観世』平成二十五年十一月）がそれである。ここにあらためてその論旨を、多少その後の理解も交えて要約すれば、以下のようになる。

すなわち、『砧』では妻がしきりに「三年」という年限にこだわっていること、その「三年」は律令時代の『戸令』（こりょう）において、夫が行方不明になって三年音信がなければ、妻は「改嫁（再婚）」できるとされていた慣習が中世にも生きていたろうこと（それは現行民法の相続法にまで継承されている）、それゆえ、妻はひたすら三年になる「この秋」の夫の帰国を待っていたこと（「改嫁」が認められることは夫婦関係の破綻を意味する）、しかし、妻は一人で下向してきた夕霧を見たとき、「この秋」には夫の帰国がないと直感したこと、それは妻にとっては夫の違約（心変わり）以外の何物でもなかったこと、そのことは夕霧に対面した妻の言葉「珍しながら恨めしや」「人こそ変はりはてたまふとも」に読み取れるし、この場面が、妻の思いを察した夕霧には「この暮れには帰る」という芦屋の伝言はとてもすぐには伝えられる状況ではないように書かれていること、それゆえ、続く「砧の段」は従来理解されていたような、ひたすら夫の帰国を「期待」する妻の思いではなく、夫の違約にはとんど「絶望」しつつも、なお一縷の希望をもつ妻の複雑きわまりない思いが描かれていること、「殿はこの秋も帰らない」という夕霧の言葉を聞いた妻が、「恨めしや、せめては年の暮れをこそ、偽りながら待ちつるに、さてはやまことに変はりはてたまふぞや」と嘆くのは古態詞章も現在の『砧』も同じだが、この「偽りながら」は、現在の一般的な解釈、すなわち「夫の言うことを偽りとは思いながらも」の意ではなく、「（この秋が無理なら）せめて年の暮れにでも帰ってきてくれればと、自分の本心を偽りながら（直視せず）待っていたのに」と解するのが語法的にも文脈的にも正しいこと、「さてはやまことに変はりはてたまふぞや」には夕霧に対面した時の「直感」が現実のものとなった「絶望」が刻印されていること（それゆえ、この直後に妻は空しくなるのである）、などを根拠に、結局、妻が問題にしていたのは、「三年目のこの秋」の夫の帰国だったのであり、そうした設定であれば、夕霧の言葉はおのずから芦屋から託された「この暮れには帰る」ではなく、「この秋も帰らない」でなくてはならない――それが世阿弥が『砧』で描こうとしたものだと考えたのである。

なお、現在のような、夕霧のあとから遣わされた芦屋の使いが「この暮れにも帰らない」と伝えてきたという形については、『砧』の前場では妻が砧を擣っているうちに季節は秋から暮れに移り、そこに使いが下ってきたとする解釈も出ていたが、田口氏の「〈砧〉の時間（秋・三年）」では、「砧の段」は明らかに秋であり、そのあとの妻が亡くなる場面の文句も「声も枯れ野の虫の音の、乱るる草の花心、（中略）つひに空しくなりにけり」だから、『砧』の前場の季節は一貫して秋だとして、夕霧の「この秋も帰らない」が本来の文句であるともされているが、筆者も同感である。夕霧が下ってきたのは妻が待っていた「三年目の秋」だったのである。従って、「砧の段」直後の「殿はこの秋も……」という問題の言葉は、彼女が芦屋に着いて妻とともに砧を擣ったその日のうちに伝えられたとみるべきで、夕霧が芦屋に着いてから「砧の段」を経て妻の死にいたる前場の場面は、ある晩秋の一夜の出来事と解すべきであろう。とすれば、直後の「せめては年の暮をこそ、（本心を）偽りながら待ちつるに」という妻の述懐も、「三年目の秋」における妻の慨嘆として、まことに自然であり、ふさわしいのである。

現行の『砧』は、このあと、帰国して妻を弔う芦屋の前に、「邪淫の業」ゆえ地獄に堕ちた妻の亡魂が現われ、地獄での苦患を訴え、芦屋の違約を激しく責める。しかし、帰国した芦屋の弔いと、生前にたまたま砧を擣った、その行為が菩提の因となったとして、妻の成仏が告げられて終わる。この後場は古態のテキストにおいても変わりはない。なお、この終曲部の文句は、

　これも思へばかりそめに、擣ちし砧の声のうち、開くる法の花心、菩提の種となりにけり、菩提の種となりにけり

というものだが、生前、ふと砧を擣ったことがなぜ「菩提の種」になるのかが、よくわからない。筆者は、この背後には「あらゆるものに仏性が宿る」という禅思想があるのではないかと考えたこともあるが（拙稿「禅の「無」と世阿弥の「無」――「六祖壇経」をめぐって――」『禅からみた日本中世の文化と社会』平成二十八年、ぺりかん社）、この点も世阿弥が「無上無味」と評価する『砧』が、われわれに突き付けている一つの課題なのである。

古態テキストによる『砧』上演

平成二十五年二月、大槻能楽堂自主公演の研究公演において、問題の夕霧の言葉を「殿はこの秋もおん下りあるまじきにて候」に変えた『砧』が、観世流野村四郎氏のシテで上演された。これは宰主の大槻文藏氏が、拙稿「世阿弥の《砧》を読み解く」に関心を持た

図1　古態テキストによる『砧』（平成25年2月9日、大槻能楽堂研究公演）シテ野村四郎、ツレ上野雄三。

れて実現した上演だった。当日は、まず上述のような筆者の『砧』読解についての解説があり、そのあとに原形と思われるものの不可解な文句になっている『砧』の上演を置いたのだが、要するに、はたしてそのように読み解くことができるかどうか、それを実際の上演で試してみようという企画であった。

　もっとも、詞章としては通常の『砧』とは夕霧のセリフ一句が異なるだけだから、企画したわれわれはともかく、その時の観客がどう感じたかは定かではない。たとえば、筆者の読解に関心を持ってこの上演を実現させた大槻文藏氏も、「恨めしや、せめては年の暮れをこそ、偽りながら待ちつるに」が冒頭の芦屋の伝言とも照応しているし、この場面が秋ではなく暮れのように思えるという趣旨のことを上演後に漏らされていたが、当日の観客にはそう思われた方も少なくはなかったであろう。ちなみに、前項であらためて述べた筆者の読解にはそうした疑問への回答も含めたものになっている。

　ところで、その研究公演での上演は、詞章こそ常の『砧』とほとんど変わらなかったが、演出は筆者の読解に沿うように、随所に通常とは異なる工夫が試みられた。これには『砧』は世阿弥の制作時から今日まで継続して演じられてきた曲ではなく、十五世紀中頃から十七世紀中頃までの約二百年ものあいだ上演記録がなく、その間、ほとんど中絶に近い状態にあり（表章氏「〈砧〉の能の中絶と復興」『観世』昭和五十四年十月）、現在の演出が江戸時代の復興にさいして新たに工夫されたもので、本来のものではないという理解も前提としてあったのだが、たとえば、最初はワキの芦屋の登場に先だって、妻が何事もなく無言で登場してワキ座に掛ける「出し置き」にしたり、現在はシテが舞い通す「砧の段」の前半を極力動くことなく演じたり、現在の『砧』の終曲部の妻の成仏には唐突感があるので、その前に芦屋の合掌を置くなどの工夫がなされた。その結果、当日の『砧』は舞台面では通常の『砧』とはかなり印象の異なるものになった。このうち、冒頭に妻が無言で登場してワキ座に掛ける演出は『葵上』の巫女や『清経』の妻の「出し置き」を参考にしたものだが、この演出は観世元章編『謡本書入砧型付』（観世文庫蔵）に十三世観世大夫重記（滋章、享保元年〔一七一六〕没）の創案としてみえているものであり（表章氏「〈砧〉の能の中絶と再興」）、また、「砧の段」の演出は、この場面の現在の型には文句に即した当てぶりが多く、本来のものではあるまいという指摘（竹本幹夫氏「砧の作風」第九回「橋の会」解説冊子、昭和五十七年）に従ったものだった。また、終曲部の芦屋の合掌は『夕顔』の小書「法味之伝」を参考にした。このときの演出については、拙稿「世阿弥の《砧》続考」付載のアフタートークの記録も参照されたい。

　なお、この野村版『砧』は、その後、平成二十六年に都民劇場能（宝生能楽堂）で、平成三十年に国立能楽堂開場三十五周年記念公演で、いずれも野村四郎氏のシテで上演されている。筆者は都民劇場能の解説冊子にも『砧』についての私解を寄せている。

『聞書色々』の『砧』の「元広型付」

しかるところ、最近になって、現時点では最古と思われる『砧』の演出資料（型付）が、平成二十三年三月の能楽研究所紀要『能楽研究』三十五に掲載された宮本圭造氏の論考「戦国期能伝書の伝来をめぐる一考察――「聞書色々」と「細川十部伝書」――」に付録として翻刻された能伝書『聞書色々』なる書にあることを知った。宮本稿が出たのは平成二十三年十月の拙稿「世阿弥の『砧』を読み解く」の約半年前である。つまり、まことにうかつながら、拙稿では『聞書色々』の『砧』の型付を見落としたまま、世阿弥の『砧』について上記のような「読み」を開陳していたのである。しかも、その型付はそれまで知られていた『砧』の展開や演出とはかなり異なるもので、本来の『砧』の形を考えるのに不可欠の資料であるだけでなく、問題の「殿はこの秋もおん下りあるまじきにて候」が本来の詞章であったかどうかについても、あらためて検証を要する記事を含んでもいる。それはとりもなおさず、この文句をめぐる上述のような筆者の『砧』理解の妥当性も再検討の必要があるということでもあった。

そこで遅まきながら、以下では、この新出の型付をふまえて、あらためて世阿弥の『砧』の展開と演出について考え、さらに筆者が上記のように考えた、『砧』の「作意（主題と趣向）」についても、あらためて検証してみることとした。この稿の副題を「続々考」とした所以である。

ついては、まず『聞書色々』の『砧』についての記事を掲げることにする。なお、型付は『砧』の展開に沿って、〔前場〕〔アイの段〕〔後場〕の順に書かれている。

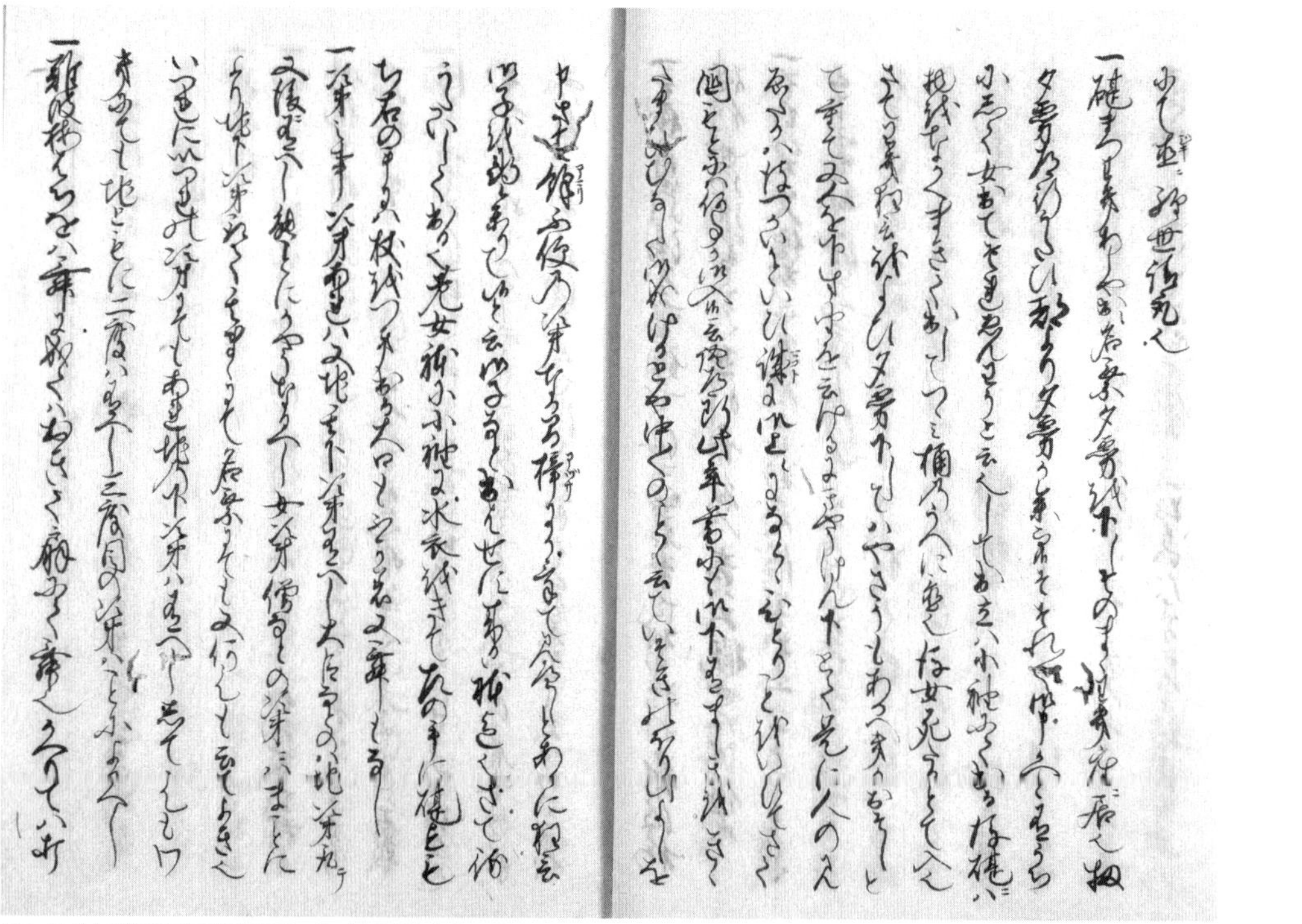

図2　法政大学能楽研究所蔵『聞書色々』の『砧』型付。『砧』の型付は2〜14行目。

一、砧。まづ、わきあしや出候。名乗。夕霧を下し、そのまゝわき座ニ居也。扨、夕霧、道行うたひ、「都より夕霧が参而候ぞ、それ〳〵御申候へ」と有うちに、して女出て、「それゑんわう」と云也。して、出立ハ小袖にて出る。後、砧ニハ物をながくまきて出して、つゞミ桶のうへに置也。後、女死たるとて入也。【以上、前場】

さて、わき、狂言をよび、「夕霧下してハやさうもあるべきか、おそし」とて重て又人を下す由を云けるに、きやうげん下とて、「是に人の見ゑたるハ彼つかいか」といひ、「誠に御上候に」など、ひとりごとをいひて、さて「国もとにハ何事か御入候。言語道断、此年ノ暮にも御下有まじきをきゝたまひ、むなしく御成けるとや」「中〳〵のこと」ゝ云て、いそぎのぼり、此よしを申。【以上、アイの段】

さて、「余不便の次第なる間、梓にかけて見べし」とあるに、狂言、「御子を尋参りて候」と云。御子など出はせず。来る躰迄也。さて、待うたひ。して出る也。老女躰に小袖に水衣をきて、左の手に砧をもち、右の手にハ杖をつき出る。大口も不可着。又舞もなし。【以上、後場】

現在の『砧』と異なる点については傍線を付したが、みてのとおり、その多くはアイの段に集中している。また、その他の場面についても、この型付が伝える『砧』の展開や演出は現在のそれとかなり異なっている。それらについては次項で紹介するが、その前に、この記事がある『聞書色々』がいかなる素性の資料なのかを、右の宮本氏の稿によって略記しておきたい。

この『聞書色々』は金春家の旧蔵で、近年、法政大学能楽研究所に寄贈された江戸中期頃の百四十三丁からなる大部の写本だが、宮本稿によれば、もともと金春家に伝わったものではなく、金春大夫重栄（宝永五年〔一七〇八〕没）の時代に重栄の素人弟子だった細川家の分家、宇土細川家の当主細川和泉守有孝から贈られたもので、一部に金春系のものも交じるが、全体は観世系の能伝書だという。その原本は隈府熊本の細川本家の所蔵で、世阿弥伝書『風姿花伝』の一部や『五音下』をはじめ、六世観世大夫元広（道見）、観世小次郎信光、同弥次郎長俊、小鼓の名手宮増弥左衛門の鼓伝書など多様な伝書の合写本で、奥書などからいずれも永正（一五〇四〜）から永禄（〜七〇）までの伝書のようである。このうち問題の『砧』の型付は、宮本氏が仮に「永正観世能伝書」と呼んでいるもののなかにあって、そこには『砧』のほか、『鵜羽』『実盛』『誓願寺』『湯谷（熊野）』『難波梅（難波）』など八曲あまりの型付や型付以外の伝承が記され、最後に「右条々、観世大夫元広物語之分、大概書置候。定而相違所候哉／于時永正年月日」とある。つまり、この「元広物語之分」は『砧』制作のおよそ七十年ほど後のものとなる。また、『鵜羽』『湯谷』『難波梅』などには明らかに古態と認められる演出が記されており、宮本稿がいうように、「これらはまとまった能の型付として最古のものとされる『宗節仕舞付』より、さらに一時代古い型付である可能性が高く、能の演出史の資料としてきわめて貴重な資料である」ということになる。次項では、まずこの世阿弥に近い時代の「元広型付」を紹介し、あわせて、それから知られる『砧』の展開や演出の変化について考えてみる。

なお、その場合、前述のように、『砧』が十六世紀中頃から二百年ほど中絶に近い状態にあったことはぜひふまえておかなければなるまい。問題の夕霧が妻に伝える文句の違いや、以下で紹介する『砧』の展開や演出の変化は、いずれも『砧』が二百年ほど中絶に近い状態にあったことに起因していると思われるからである。

「元広型付」の『砧』

以下では、「元広型付」が伝える十六世紀初頭の『砧』の展開や演出を、現行の演出や、古態と思われる室町時代のテキスト、現行のテキスト、その中間と思われる十六世紀末～十七世紀初期頃のテキストと比較しつつ紹介してゆくことにする。なお、この三種のテキストを、以下では、【古態テキスト】【現行テキスト】【中間テキスト】と呼んでゆくが、この三種のテキストが具体的にどのテキストをさすかについては後に述べる。

まず、「元広型付」の前場では、芦屋が直接夕霧を呼び出して、妻への伝言を託している。この展開は、現行演出や【現行テキスト】【古態テキスト】と同じである。しかし、現在の演出では、芦屋は伝言を託したあと退場してしまうが、「元広型付」ではワキ座に居残っている。つまり、このあとの九州芦屋で展開される場面のあいだ中、芦屋はワキ座にいるわけで、いわば絵画でいう異時同図法的な演出になっている。これは都の芦屋が故郷のことを気にかけていることを印象づける演出と言えようか。なお、【中間テキスト】では、芦屋は直接夕霧を呼び出すのではなく、従者（トモ）を介して夕霧を呼び、夕霧に「この秋下るべきよし申して候へども、いまだおん暇出ず候ふほどに、この年の暮れにはかならず下るべきよし懇ろに申し候へ」などと問題の「この秋」に言及するが、「元広型付」では従者が登場した形跡はない。【現行テキスト】や【古態テキスト】と同様に、芦屋は従者を介さず、直接夕霧を呼び出しているようである。この点、従者を介する演出や「この秋」に言及する【中間テキスト】は一時期の改変としてよさそうである。【中間テキスト】が文字通り本来のものでないことはこの後でも述べる。

ついで下向した夕霧が妻と対面する場面の文句としては、夕霧の「都より夕霧が参而候ぞ、それ〳〵御申候へ」と、妻の「それゑんわう（鴛鴦）」というセリフが記されているが、この文句は【現行テキスト】や【古態テキスト】と同じである。また、この場面では、【現行テキスト】【古態テキスト】とも夕霧は芦屋の伝言を伝えていないが、「元広型付」でも芦屋の伝言は妻に伝えられていないように読める。一方、【中間テキスト】では、この場面で夕霧は芦屋の伝言を伝えている。それには、「さん候、この秋おん下りあるべきよし仰せられ給ひつれども、いまだおん暇出ず候ふほどに、この年の暮にはかならずおん下りあるべきとのおん使ひに参りて候」（天正十七年観世大夫忠親（黒雪）筆本）などとある。この場面の【中間テキスト】の問答は、前述の【中間テキスト】冒頭の伝言に対応させた改変とみてよいであろう。

続く「砧の段」あたりの記述は簡略で、妻の装束と砧の作り物についてしか記されていない。その砧には「物（布であろう）」を「ながく」巻いて、葛桶の上に乗せて出すとあるが、葛桶に乗せて出すのは現行はもとより、他の演出資料にも所見がない。砧だけを出す現在の形にくらべると違和感があるが、これが本来の形だったのであろうか。そのあと、「元広型付」は「後、女死たるとて入也」で前場の記述は終わっているが、問題の夕霧の言葉がどのようなものだったかは記されていない。記されてはいないが、それは少なくとも、現行のように、新たな使いが都から下向して（くりかえしになるが、この使いは実際には登場しない）、「殿はこの暮にも帰らない」と告げるという設定でなかったことは確実である。というのは、「元広型付」では、「女死たるとて入也」で妻が退場（中入）したあと、ワキ座の都の芦屋が夕霧の帰洛が遅いので、新たに従者（狂言）を芦屋に遣わしているからである。「元広型付」では、妻は芦屋の使いの下向前に空しくなっているのである。つまり、「元広型付」は夕霧のあとに遣わされた（実際には登場しない）芦屋の使いが「この暮れにも帰らない」と夕霧に伝えてくる現行の設定が『砧』本来のものではなかったことを示す有力な資料なのである。

ついで、「元広型付」では「アイの段」となり、まず芦屋が従者（アイ）に下向を命じ、従者が芦屋に下向する。ここで注意されるのは、従者の芦屋下着後の場面については、そこに夕霧が居残っているように読めることである。たとえば、「是に人の見ゑたるハ彼つかいか」の「人」「彼つかい」などは下向してきた従者のことらしく、これは夕霧のセリフのように思われるからである。もっとも、「是に人の見ゑたるハ彼つかいか」を従者のセリフとし、「人」「彼つかい」は夕霧のことと解することもできるかもしれないが、その場合でも夕霧が「アイの段」に残っていることになり、ここはどうやら夕霧が残っているという設定のように思われる。現行演出では、夕霧は妻のあとから退場して、「アイの段」にはいないから、そうだとすれば、これは大きな違いである。そして、妻が空しくなったと聞いた従者は、ただちに上洛して、事のしだいを都の（ワキ座の）芦屋に報告する。ここまでが「元広型付」の「アイの段」である。

この「アイの段」は現行の「アイの段」とはかなり異なっている。江戸時代中期に復興される以前の『砧』の「アイの段」のようすはまったく知られていないから、この記事は室町時代の「アイの段」についての唯一の資料である。現行の「アイの段」では、空しくなった妻が退場し、続いて夕霧も退場したあとに（つまり、誰もいなくなった舞台に）、芦屋の下人がアイとして登場し、それまでの展開とほぼ同じことを〔立チシャベリ〕で語ると、そこに都から下向してきた芦屋が掛絡を掛けた姿で数珠を手に幕から現われるのである。

このような「元広型付」の「アイの段」に接すると、夕霧が、「都より人の参りて候ふが、この年の暮れにもおん下りあるまじきにて候」と、「都よりの人」の登場がないまま妻に伝える現行の設定は、妻の死後に芦屋に下向した従者（アイ）が妻の死を聞く「元広型付」のような「アイの段」をもとに改変された可能性が高いと思われる。

さて、「元広型付」の後場は比較的簡略である。芦屋は妻の死を知って下向し（下向のことは明記されていないが、後場の舞台は芦屋であろう）、梓巫女の弓の音で妻の霊を呼び寄せようと言うと、従者は巫女を探してくると言い、芦屋は妻の亡魂が寄ってくるのを待つ（巫女は実際には登場しない）。そこに梓に引かれて現われた妻の亡魂が、砧を左の手に持って登場しているのは驚かされる。現行では、砧は妻の登場前に後見によって脇座か正先に置かれており、妻は杖だけを突いて登場しているからである。妻の亡魂の装束は現行では着流しと大口の両様があるが、ここでは「不可着大口」とある。また、現在は太鼓は同じ流儀でも有無両様があるが、ここでは太鼓については記されていない。

ここであらためて、「元広型付」に記された、現行とは異なる『砧』の「かたち」を整理してみると、

第一に、ワキの芦屋が前場では異時同図法のように、ワキ座に居続けること。

第二に、前場の「砧の段」で妻と夕霧が擣つ砧は葛桶に乗せた形であること。

第三に、「砧の段」のあとには、現行のように、都からの従者（登場はしない）が芦屋に下るという設定はなく、「砧の段」のあと妻は絶望して空しくなっていること。

第四に、「アイの段」では、妻が亡くなったあとに芦屋の従者が下向してきて、妻の死を知らされ、都の芦屋に報告すること。そこには夕霧も残っていたらしいこと。

第五に、後場では、従者のアイが巫女を連れてくるセリフがある

こと（巫女は登場しない）。
第六に、そこに砧を手にした妻の亡魂が杖を突いて現われること。

となろう。

以上のように、「元広型付」の『砧』の展開や演出は現在の『砧』とはかなり異なっているが、とりわけ「アイの段」が大幅に異なっている。長い中絶を経た『砧』の「アイの段」は後代には継承されなかったわけである。そして、「元広型付」が少なくとも十六世紀初頭頃のものであることを思えば、これが世阿弥の『砧』の展開や演出により近い展開であり、演出であると考えてよいことになろう。室町時代の『砧』の上演記録は、寛正五年（一四六四）の糺河原勧進猿楽の三日目と翌寛正六年の将軍義政の院参にさいしての能の二例だけで、演者はいずれも元広の三代前の観世大夫元重（音阿弥）である。とすれば、それは「元広型付」の五十年ほど前のことになるが、そう考えると、「元広型付」が伝える「かたち」はいよいよ本来の『砧』、つまり世阿弥の『砧』の面影を伝えていると思われるのである。

古態の『砧』から現在の『砧』へ——伝存テキストから

しかし、以上はあくまでも、「元広型付」からうかがえる『砧』本来の展開や演出である。前述のように、『砧』の【古態テキスト】によれば、芦屋から「この暮れには必ず帰る」という伝言を託された夕霧は、「砧の段」のあと、妻に「殿はこの秋もおん下りあるまじきにて候」と告げており、この文句が世阿弥の『砧』についての最も重要な点なのだが、型付たる「元広型付」には問題の夕霧の言葉は記されていない。従って、夕霧がどう伝えたかは、「元広型付」からは分からないのだが、しかし、「元広型付」にはそのことを考える材料がなくはない。それは、「アイの段」の「国もとにハ何事か御入候、言語道断、此年ノ暮にも御下有まじきをき、たまひ、むなしく御成けるとや」という従者の言葉である。

これをそのまま受け取れば、夕霧は【古態テキスト】のように、妻に「殿はこの秋も帰らない」と伝えたのではなく、現行と同じく、「この暮れにも帰らない」と伝えたことになろう。もしそうだとすると、「元広型付」には記述がないものの、これが本来の『砧』の夕霧の言葉だったとも考えられる。さらに「三年目の秋」が「妻が待つことができる期限」としたのが世阿弥の『砧』の最大のポイントだとした筆者の『砧』理解も再考を迫られることにもなるのだが、この点はどう考えたらよいであろうか。

結論から言えば、夕霧の言葉はやはり【古態テキスト】のように考えるのが妥当と思う。以下、その理由を述べることにするが、それにはなんといっても、まず伝存する『砧』のテキストのその箇所の文句を確認しておくことが必要であろう。この点は田口和夫氏の「〈砧〉の時間（秋・三年）」にも概括的な言及があるが、ここにあらためて披見しえた伝存テキストによってその点の整理をすると、以下のようになる（能の写本のテキスト（謡本）は書写年次が特定できないことが多いが、以下の諸本の筆写時期は『国書総目録』『鴻山文庫本の研究』『能楽研究所蔵書目録』『早稲田大学演劇博物館蔵書目録解題』などを参考にした）。

A【古態テキスト】（夕霧の言葉を「殿はこの秋も帰らない」とするテキスト）

①淵田虎頼等節付本（八代松井家蔵、大永〜天正頃〔一五二一〜九二〕写）

②伝信光筆謡本（能楽研究所蔵、天正〔一五七三〜九二〕初期頃写）

③堀池忠清・忠継節付本（能楽研究所蔵、天正四年〔一五七

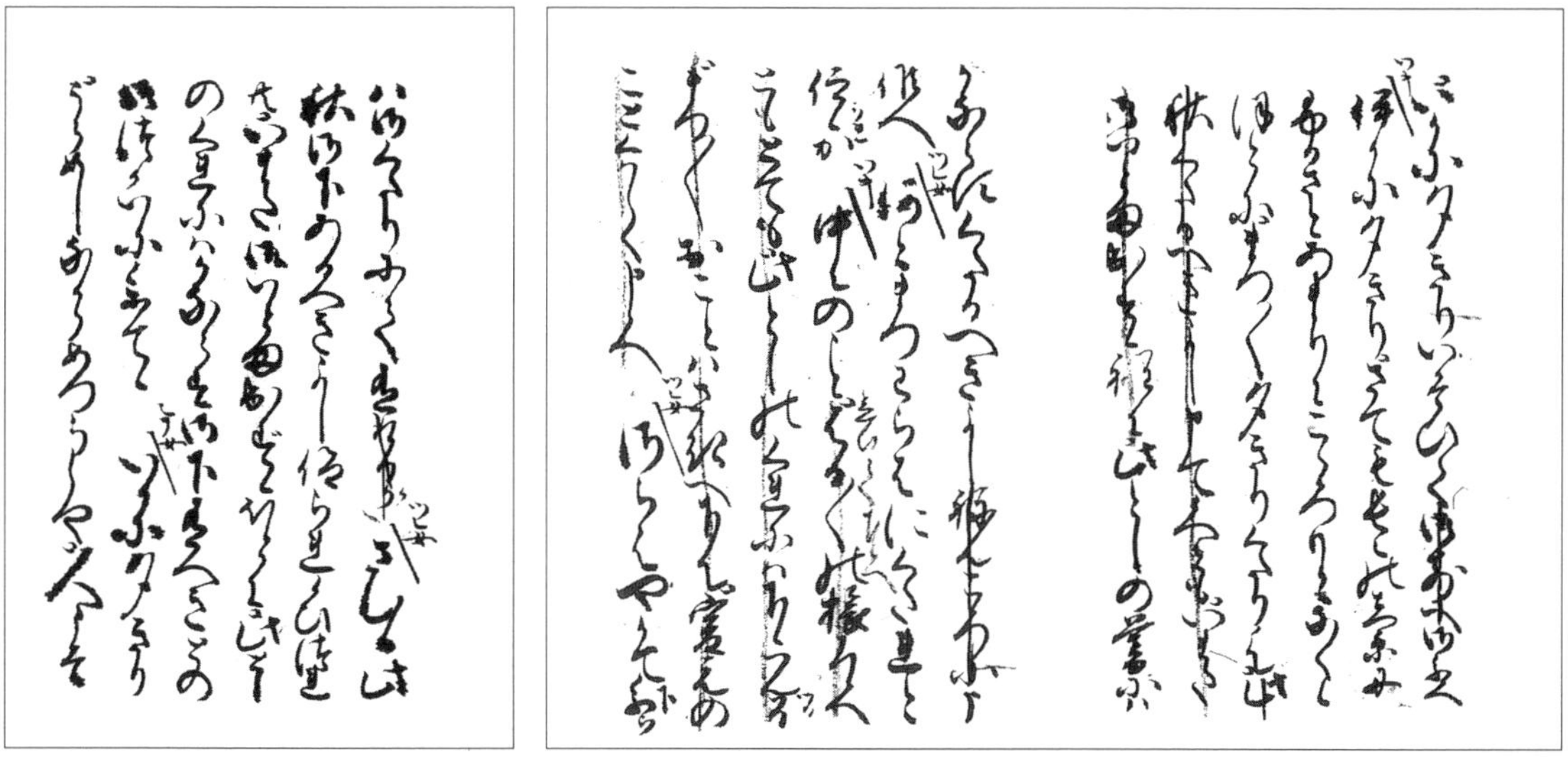

図3　天正17年観世与三郎忠親筆「きぬた」。　右：芦屋が夕霧を下向させる場面、左：芦屋に着いた夕霧と妻の問答。
表章氏編『観世文庫蔵室町時代謡本集〔影印篇〕』より。

六）写）
④観世元尚筆謡本（観世文庫蔵、天正五年〔一五七七〕以前写）
⑤下間少進旧蔵車屋謡本（能楽研究所、天正〔一五七三〜九二〕末頃写）
⑥長頼奥書本（鴻山文庫蔵、天正〔一五七三〜九二〕頃写）
⑦堀池宗活節付本（神戸松蔭女子学院大学蔵、慶長〔一五九六〜一六一五〕頃写）
⑧明暦三年（一六五七）刊観世系版本外組本

B【中間テキスト】（AとCの中間に位置するテキスト）
①観世与三郎忠親筆謡本（観世文庫蔵、天正十七年〔一五八九〕写）
②伝松平伊豆守旧蔵本（鴻山文庫、慶長〔一五九六〜一六一五〕頃写）
③豊島作右衛門忠次手沢本（鴻山文庫蔵、元和〔一六一五〜二四〕初年頃写）

C【現行テキスト】（夕霧の言葉を「この暮れにも帰らない」とするテキスト）
①妙庵玄又手沢本（八代松井家蔵、慶長三年〔一五九八〕）
②室町末期写上掛り三番綴謡本（演劇博物館蔵、慶長〔一五九六〜一六一五〕頃）
③龍年寺旧蔵観世流五番綴謡本（演劇博物館蔵、慶長〔一五九六〜一六一五〕頃写カ）
④元禄三年（一六九〇）刊観世系版本
⑤貞享四年（一六八七）刊金春系版本
⑥明和二年（一七六五）刊改正（観世流）謡本

⑦寛政十年（一七九八）刊観世系版本
⑧現行観世系テキスト（観世流、宝生流現行謡本）
⑨現行金春系テキスト（金春流、金剛流、喜多流謡本）

前述のように、これは夕霧が妻に伝えた言葉を基準にしたもので、テキストの年代は考慮せずに整理したものだが、結果的に、夕霧の言葉を「殿はこの秋もおん下りあるまじく候」（A）とするテキストの大半が観世系（⑤以外）と金春系（⑤）を含め、十六世紀以前のものとなり、現行のように、「（新たに下向した使いから）この年の暮れにもおん下りあるまじきにて候（と告げられた）」とするテキスト（C）は、観世系（①②③④⑥⑦⑧）と金春系（⑤⑨）も含め、十六世紀の末期以降のものとなる。これによって、伝存するテキストの上では、「殿はこの秋も帰らない」という夕霧の言葉が古態を伝えていることは明らかであろう。なによりもまずそのことを確認しておきたい。なお、B【中間テキスト】としたものは、筆写年代がちょうどAとCの中間あたりの時期に限定的に集中していて、その夕霧の言葉は後代のCに継承されていない。その点において、これらは過渡期のテキストとしてよいであろう。

さて、これらのテキストからは、夕霧の言葉がAからCに変わった時期や経緯についても、ある程度は窺うことができる。たとえば、A—④は天正五年（一五七七）没の八世観世大夫元尚筆のテキストだが、それでは夕霧の言葉は「この秋も帰らない」である。それがA—④の筆者元尚の嗣子九世忠親（身愛）の筆になる天正十七年の（B—②）では、現行と同じ「この年の暮れにも帰らない」となっている。この変化が観世大夫家二代の間に起こっているのであって、その改変者は確実に九世忠親とみてよいであろう。元尚は天正五年（一五七七）没であり、忠親本の年記は天正十七年（一五八九）だから、改変はほぼその間、少なくとも十二年あまりのあいだになされたことになるが、改変の時期はどうやら天正十七年のようである。というのは、忠親本では、この夕霧の言葉にかかわる箇所に少なからぬ推敲の跡があるからである。

すなわち、忠親本では、まず冒頭の芦屋が夕霧に託した伝言、「此秋くだるべきよし申て候へども、いまだ御いとま出ず候程に、此としの暮にハかならず下るべきよしねんごろに申候へ」の傍線部分が抹消され、続く芦屋の言葉、「はる〳〵の旅にて候へども、とても此としのくれにハ下り候ハんづる間、まづ〳〵おことハさきへ下て、爰元のことくハしく申し候へ」がすべて抹消されている（図3参照）。これらの抹消された文句は、AにもCにもないものである。ついで、忠親本には夕霧が芦屋に着いて妻に対面した場面には、

ツレ女「都より夕霧が参りて候
シテ女「なに夕霧と申すか、あら珍しや、さてはおん下りにてあるか
ツレ女「さん候、この秋おん下りあるべきよし、仰せられ候ひつれども、いまだおん暇出ず候ふほどに、この年の暮れにはかならずおん下りあるべきとのおん使ひに参りて候

という問答があるが、これも前述のように、AやCにはない問答である。要するに、B—①の忠親本では、この場面で、夕霧は妻に、「殿はこの秋には帰るとおっしゃっていたが、暇が出ないので、帰国はこの暮れになる」と告げているのである。夕霧は忠親本の冒頭の芦屋の伝言を忠実に伝えているわけで、その点では整合性はあるが、芦屋は自訴で上洛しているのだから、「おん暇が出ないから」というのも妙な文句で、これもここが改変であることを思わせる。

そして、忠親本では、問題の「砧の段」のあとの夕霧の言葉が、「いかに申し候、また都より人の下り候ひて、この年の暮にもおん下りあるまじきよしを申し候」と、C（現行テキスト）と同じになっているのである。

このような忠親本の推敲の跡からは、観世家に伝わっていた元尚本（A—④）の夕霧が「殿はこの秋も帰らない」と、芦屋の伝言とは異なることを妻に告げているのに不審を抱いた忠親が、夕霧と妻の対面の場面において、「約束のこの秋には帰れないが、暮れには帰る」と伝える場面を加え（その文句は抹消された冒頭の芦屋の伝言にもみえる）、「砧の段」のあとの言葉を、現行と同じ「いかに申し候、また都より……」としたという経緯が想定されるのだが、なるほどこれだと筋はよく通る。しかし、この忠親本の形は観世家伝来のものではなかったのである。

ともあれ、ここに、「いかに申し候、また都より……」というCつまり現行の文句の先蹤が認められるのだが、この形は観世忠親系といえる【中間テキスト】たるB—②③には継承されたものの、後代の観世流には継承されなかった。それにはたぶん当時の『砧』が中絶という状況にあったことが影響しているのであろう。

なお、江戸期刊行の版本はA—⑧の明暦三年版本を除くと、すべて夕霧の言葉はCの【現行テキスト】と同じである。版本には古いテキストが用いられていることが珍しくないが、明暦三年版本の『砧』もその一例と言えよう。管見では現行と同じ文句の版本の出現は元禄三年（一六九〇）の版本（C—④）のようである。

「殿はこの秋もおん下りあるまじく候」が本来の文句

さて、伝存テキストからは、問題の夕霧の言葉の古態が「殿はこの秋もおん下りあるまじきにて候」だったと言えるのだが、それでは、さきに提起した問題、「元広型付」のアイ（芦屋の従者）のセリフ、「国もとにハ何事かおん入り候、言語道断、此年ノ暮にも御下有まじきをき丶たまひ、むなしく御成けるとや」の傍線部はどう理解すればよいであろうか。前述のように、この箇所は妻が夕霧からこのように聞いたと解しうる文言だからである。かりにそうだとすれば、「砧の段」のあと、夕霧が妻に告げたのは、「この年の暮にも帰らない」だったことになるわけである。

前述のように、「元広型付」が伝える『砧』の設定は、アイの従者が「妻の死後」に芦屋に下向してくるというもので、現行のように、妻が死ぬ前に下向してくるという展開ではない（繰り返しになるが使いは実際には登場しない）。従って、「此年ノ暮にも御下有まじき」というのは従者ではなく、夕霧がそう伝えたことになり、その場合、夕霧は冒頭の芦屋の伝言とはまったく異なることを妻に伝えたことになる。しかし、【古態テキスト】の「この秋も帰らない」がかならずしも芦屋の伝言に反してはいないのに対して、夕霧が「この年の暮にも帰らない」と伝えたのなら、それこそ「意図的な嘘」としか考えようがないが、そもそも作者の世阿弥には、夕霧にそのような「嘘」をつかせる理由がないと思う。そのことは「筆者の『砧』読解」の項で述べたつもりだが、要するに、世阿弥が「無上無味なる味はひ」とまで評した『砧』一曲を総合的かつ統一的に、つまり一曲全体をその設定や文辞の相互関係を考えて読んでみるならば、せっかく「三年目の秋の帰国」という点に一曲の焦点を絞って、妻の心理をこれ以上はないというレベルまで純化して描いているのに、あえて意味のない「嘘」を夕霧につかせることはありえないと思うからである。

そうすると、「元広型付」のアイのセリフは理解不能ということになってしまいそうだが、ここで想起されるのが、問題の夕霧の言葉に続く、

〔クドキ〕シテ〽恨めしや、せめては年の暮をこそ、偽りながら待ちつるに、さてははや、まことに変はりはてたまふぞや
〔下ゲ歌〕地〽思はじと、思ふ心も弱るかな
〔上ゲ歌〕地〽声も枯れ野の虫の音の、乱るる草の花心、風狂じ

たる心地して、病の床に伏し沈み、つひに空しくなりにけり、
つひに空しくなりにけり

という、すべてのテキストにある詞章である。これは【古態テキスト】では、夕霧の「殿はこの秋もおん下りあるまじく候」に続く箇所だが、前述のようにその内容はみずからの心を偽って「せめて年の暮にでも」と思って待っていたのに、「この秋」も帰国しないという夕霧の言葉を聞いて、絶望の淵に沈んだ妻の心境である。その妻の心境を「元広型付」の従者は「此年ノ暮にも御下向あるまじきをき丶たまひ」と言ったとも考えられるからである。厳密には正確ではないのだが、ここは「定而相違所候哉」という聞書のうちのアイのセリフでもあり、それは十分ありうることなのではあるまいか。

かくて、「元広型付」時代の夕霧の言葉は、やはり【古態テキスト】と同じだったろうということになり、さらに、「この秋も帰らない」という文句をふまえた筆者の『砧』読解にもとりたてて訂正すべきものはないことになろう。

以上、「この秋も帰らない」が『砧』本来の夕霧のセリフだったことについてあらためて述べてみた。いささか細部にわたりすぎた考証になってしまったが、それはひとえに【古態テキスト】の「殿はこの秋もおん下りあるまじく候」という夕霧の言葉が『砧』理解に決定的な意味を持っていると思う故である。

世阿弥の『砧』の復元プラン

最後に、「元広型付」をふまえるならば、世阿弥の『砧』を復元するには、どのような展開あるいは演出がふさわしいかについて述べておきたい。

① 詞章は現行の「都より人の参りて候ふが、殿はこの年の暮れにもおん下りあるまじきにて候」を、本来の文句と思われる「殿はこの秋もおん下りあるまじきにて候」に変えたい。これは野村版と同じである。

② 冒頭に登場したワキの芦屋は夕霧を故郷に下したあとも、退場せず中入までワキ座に居る演出は採用したい。その場合は葛桶に掛けることになろう。

③「砧の段」は野村版のように、あまり舞わないのが好ましい。砧は葛桶に乗せない現行の形態がよい。

④「アイの段」は「元広型付」に従って全面的に変えたい。テキストも作る必要があるが、夕霧が「アイの段」居残る形にするかどうかは慎重でありたい。

⑤ 後ジテの妻の亡魂が砧を手に登場する演出は採用したい。その場合、砧は小道具がふさわしいが、「砧の段」の砧をどう処理するかが課題となる。

⑥ 終曲部の妻の成仏にやや唐突感があるので、野村版のように、「法華読誦の力にて」の前にワキ芦屋の合掌を置きたい。

およそこのようなことになろうか。この演出プランは、夕霧の言葉をめぐる筆者の『砧』の作意についての理解とも齟齬がないと思う。なお、今後、このプランによる上演の機会があれば、シテはやはり【古態テキスト】で三度演じておられる野村四郎氏にお願いできればと思っている。

インタビュー Interview

KYOTO EXPERIMENTの10年を振り返って

橋本裕介　聞き手：森山直人

二〇一〇年に誕生した国際舞台芸術祭であるKYOTO EXPERIMENT（京都国際舞台芸術祭、以下、KEX）は、二〇一九年に一〇回目を迎えた。これを機に、第一回以降、一貫してフェスティバルのプログラムディレクターをつとめてきた橋本裕介氏が退任し、第一一回からは、あらたなディレクター・コレクティブ体制に移行する。そこで、橋本氏にこれまでの一〇回を振り返っていただいた。

※以下、カッコ内の年代は、断りのない限り、当該作品が招聘された年を指す。

「南アメリカ」という視点

森山　さて、どこから始めましょうか……。まず、はじめに断っておくと、橋本さんは、KEXの第一回から第一〇回まで、すべてのプログラムの責任者をつとめられた。一方、私自身は、第四回から第一〇回まで、実行委員長を拝命していたのですが、その間、私は橋本さんのプログラムディレクションに一切口出ししたことはなかったと思います。もちろん全幅の信頼を置いていたし、なによりこの種のイベントは、プログラムを立てる人の個性がはっきり立たないとダメですからね。そういうわけで、今日の私の立ち位置は、ひとまずはKEX一〇年のプログラムについての、たんなるインタビュアーです。とはいえ、部外者ではないから、完全な外部の視点にはなりえないですが……。

そこで、あらためて一〇年間のプログラムを振り返ってみると、意外と日本のアーティストが多かったかな、と……。

橋本　確かにそうですね。ただ、同じアーティストが繰り返されている傾向にあると思います。

森山　日本のアーティストだと、三浦基さんが五回で最も多い。次いで、池田亮司さん、高嶺格さん、岡田利規さんが、それぞれ四回招聘されています。三浦さんは、『――ところで、アルトーさん』

（一〇年）、『かもめ』（一一年）、『はだかの王様』（一二年）、『光のない。』（一四年）、『スポーツ劇』（一六年）。池田さんが、『datamatics [ver.2.0]』（一二年）、『superposition』（一三年）、『concert pieces』と『the radar [kyoto]』（一六年秋）、『music for percussion』（一七年）を、高嶺さんは、『ジャパン・シンドローム』シリーズを一一年から一四年にかけて上演しています。そしてチェルフィッチュの岡田さんは、『ホットペッパー、クーラー、そしてお別れの挨拶』（一〇年）、『地面と床』（一三年）、『部屋に流れる時間の旅』（一六年春）、『消しゴム山』（一九年）の四回。次いで、庭劇団ペニノのタニノクロウさんや木ノ下歌舞伎が三回、という順で、こうみると、全部男性ですね。

橋本　それに対して、繰り返し二回以上参加している海外のアーティストは女性の方が多いはずです。

森山　なるほど。たとえば、フランスのジゼル・ヴィエンヌが『こうしてお前は消え去る』（一〇年）と『CROWD』（一八年）、アルゼンチンのロラ・アリアスが『憂鬱とデモ』（一三年）と『MINEFIELD　記憶の地雷原』（一八年）、ドイツのSheShePopが『シュプラーデン（引き出し）』（一三年）、『春の祭典』（一四年）と『フィフティ・グレイド・オブ・シェイム』（一八年）。それから、大御所中の大御所ともいうべきアメリカのトリシャ・ブラウン・ダンスカンパニーが『In Plain Site』（一六年春）と『Anthology: Trisha Brown』（一七年）など。こうしてみると、やはりヨーロッパ系は多かったですね。もう少しアジアの作家が多かった印象があったのですが。

橋本　実は当初、アジアのアーティストに手をつけるのはなかなか難しいなと思っていました。地理的に近いという理由だけで気軽に選ぶわけにはいかず、近現代史のことも慎重に考えないといけない。

森山　えてして、日本でアジアを取り上げると、「大東亜共栄圏」的な発想に近づいてしまいかねない。

橋本　「国際」フェスティバルといっても、やっぱり開催されるここは「日本」なんです。だから、あくまでも結果的に振り返ってみるとですが、そういう磁場から逃れるために、あるいは批評的な距離をとるために、特に最初の五年間は、南米の作品が多くなったのではないかと思います。一度地球の裏側まで行っておいて（笑）、少しずつ距離を詰めて最後の三年間くらいで、ようやくアジアから数多く採り上げられたのはよかったです。やっと自分にとって適切な距離で考えられるようになったかな、という気はします。

　ラテンアメリカのアーティストについては、KEX開始前からなんとなく見聞きしていた情報の中で、ブラジルから才能あるアーティストが出てきていることは知っていました。もうひとつは、KEXを、日本の地方都市である京都で始めるということの意識とも、実はつながっていました。

　ただ、おそらくそれはキュレーション的なことというよりは、フェスティバルのアイデンティティをどう確立するかという戦略的な狙いのような気がしています。どういうことかといえば、西ヨーロッパには否応なしに、既存の中心的なプラットフォームがいくつもあるわけですけど、それを自明のものとして参照するのはやはり違うのではないかと。KEXは、そもそも国内においては、東京に一極集中していくことに対する違和感というものを考えていきたいと思っていました。二年目から無謀にも、そのアイデアを地球規模で広げて、すべてのものが西ヨーロッパ的視点に収斂している状況に対して、「いやいや、あなたたちの知らないところにも素晴らしいものがあるんだ」っていうふうに、そこにいる人たちに気づかせるためにも、ちょうど西ヨーロッパを挟んで、その両端である日本と南米が手を取り合っている。そこで面白いことが生まれているという形をつくりたかった。彼らの頭越し、というふうに見えるといいな、と考えたのがもともとのきっかけです。もう一つ加えるならば、いわゆる先進国には国際文化交流を促進する政府機関がそれぞれあり、彼の地のアーティストを招聘する際に、旅費の支援をしてくれることがあります。実際それは非常に助かっているのですが、旅費をサポートすることも一つの国策であって、そうした文化芸術の先進国が行う国策に無自覚に加担してしまうのもどうなんだろうと感じていました。そうした政治と距離をとりながら人々の交流を行うことも、世の中には必要なはずです。

森山　橋本さんが最初にラテンアメリカの作品を観たのはいつ頃ですか？

橋本　フェスティバルの準備をしはじめた二〇〇九年くらいからですね。実際、第一回のKEXで、フェデリコ・レオン（アルゼンチン）の演劇作品を呼んだわけですが、それ以降、ブラジルのアーティストをだんだん知るようになり、かつ二〇一〇年に「パノラマ・フェスティバル」のディレクターに知り合ってから、一気に情報が増えるようになりました。

森山　ブラジルの「パノラマ・フェスティバル」は、KEX一〇年間の前半期にとって、最も重要なパートナーのひとつとなったフェスティバルでした。日本のプロデューサーは、それまではこのフェスのことを知っていたんですか？

橋本　ほとんど知らなかったんじゃないでしょうか。ただ、すでに日本のアーティストは何人か参加したことはあったんです。白井剛、川口隆夫、真鍋大度、藤本隆行による『true』が参加しています。でも、それがどういうフェスティバルだったかっていうのは、詳しく聞かなかったので、自分でリサーチしてみるまではよく知らなかったですね。むしろ、そのディレクターから「日本の作品を紹介したことあるよ」と聞いて驚いて、あとからそのことを知りました。

森山　KEXの二年目からは、マルセロ・エヴェリン（ブラジル）が一一年、一三年、一七年と継続的に三回来ているし、パノラマ・フェスティバルの創設者でもあるリア・ロドリゲス（ブラジル）は、招聘は一度だけですが、彼女たちの『POROROCA』（一二年）は強いインパクトを残した作品でしたね。二度来ているルイス・ガレー（アルゼンチン）も、『マネリエス／メンタルアクティヴィティ』（一四年）の二本立ては、忘れがたい作品です。個人的な好みにもよるけれど。

橋本　リア・ロドリゲスは京都造形芸術大学・舞台芸術研究センター（名称は当時）のダンス企画に講師として再び京都に訪れていますし、マルセロ・エヴェリンとルイス・ガレーは京都芸術センター主催「京都の暑い夏　京都国際ダンスワークショップフェスティバル」に講師として数度招かれています。このようにKEXを経たあとに京都の芸術シーンとのつながりも生まれています。

森山　高嶺さんがブラジルとコラボレーションする『ジャパン・シンドローム：step1 球の裏側』も、二年目から始まった。さきほど触れたロラ・アリアスの『MINEFIELD　記憶の地雷原』も素晴らしい作品だったし、マルセロ・エヴェリンには、『病める舞』（一七年）など、いい意味でいつもハラハラさせられた。そういう意味で、やはり「南米」は、この一〇年間のフェスティバルのひとつの軸になっていたと思います。

アジア圏と日本

森山　一方、アジア圏のアーティストに関しては、後半、つまりロームシアター京都に拠点が移ってからの方がたしかに増えているかもしれません。比較的最初の頃から招聘されていたのが、シンガポールのチョイ・カファイで、『Notion：Dance Fiction』、『Soft Machine』（いずれも一二年）、『ソフトマシーン：スルジット&リアント』（一六年春）、『存在の耐えられない暗黒』（一九年）とあるわけですが、彼については、私自身は、感心するところはありつつも、ちょっと信じきれないなあ、という部分も拭えないのですが……ともかくアジア圏については、どうでしょう？

橋本　アジアのアーティストに関しては、彼らが西欧でどういうプレゼンスをもっているのかを、ある程度知った上で呼びはじめることができたのはよかったと思っています。というのも、台湾、韓国、シンガポールあたりは、アーティストの意識も政府の意識も、欧米のマーケットで自分たちの国のアートがどういうふうにプレゼンスを高められるか、という視点から、かなり戦略的に動いていましたから。そういった戦略は、日本よりもうまくやっていることに気づきました。しかも、それらのアーティストの中には、そうやってある種国家を背負わされていることも知っていて、だからといって完全には内面化せずに、いいとこ取りをしながら自分のチャンスを摑もうとするしたたかさがあるという気がします。振り返ってみると、そうした西欧のサーキットでの受容と現地での受容を比較しながら、アジアのアーティストと距離を縮めていくことが自分には必要でした。

　ちなみに日本の場合、インディペンデントに道を切り拓いている人たちと、国家ブランディングの政策に素直に乗っている人たちと、あまりに極端に分かれてしまっている。それは国内の舞台芸術のマーケットの分断とも相似形をなしているともいえるかもしれないです。

森山　この一〇年間というのは、中国でいえば、ＫＥＸが始まった二〇一〇年にＧＤＰで日本を抜くわけだし、東南アジアの経済的なステータスも高くなってきた。誰もが指摘するように、この一〇年間は「アジア」がかなり大きく動いた時代でもあると思います。アジアのアーティストに関して、そういう変化との関係性みたいなものは何か感じましたか。

橋本　そのグローバルなマーケットに着実に進出しているということはいえると思います。そういう意味で舞台芸術に関しては、日本は結果として国が音頭をとったわりには進展がさほどないのではないかと感じますね。結局、個人のアーティストの力によるところが大きいという印象をもっています。

森山　というか、日本にはそこまでの国策自体がないということでは？

橋本　そのことは、実際に自分が各地に移動してみてよく感じました。日本にいると、日本は文化に多くのお金を使って国際発信しようとしているようにみえるし、実際少なくないお金が流れている。それにもかかわらず、実際にはそれがほとんど実を結んでいないことを感じる一〇年間でした。

　日本の場合は、向こうで受け入れられないものに必死でお金を使おうとしているように私の目には映ります。歓迎されていない演目を無理やり売ろうとして、ときにはバーターで売り込もうとしたりすることさえある。あえて何、とはいいませんが。あるいは、日本のアーティストを国際的に発信したいという野心のもとで「国際〇〇祭」のように銘打っておきながら、現実には「国内マーケットにウケるものを」という圧力が、おそらくマッチョな男性の意思決定者から発せられ、ドメスティックなラインナップへと引きずられてしまう悲劇も見聞きします。そもそも「国際〇〇祭」を行う狙いが国内アーティストの国際発信でいいのか、という疑問がありますが。

森山　これはフェスの振り返りというより、二〇一〇年代そのものの総括みたいになってしまいますが、ＫＥＸは二〇一〇年代を駆け抜けたフェスティバルでしたよね。この辺は、いい方が難しいけれど、単純化していえば、日本の舞台芸術の世界における二〇一〇年代に起こったことは、一種のプロデューサーにおける世代間闘争だったと思うんです。橋本さんにしろ、相馬千秋さんにしろ、おおざっぱにいって、一九七〇年代半ばに生まれた若い世代のプロデューサーは、どちらかというとフェスティバルをベースに、そのすべてがうまくいったわけではないにせよ、ともかく新しい波を起こそうとしていた。

それに対して、それより二〇歳くらい年上のプロデューサーの方は、今や一九九〇年代に誕生した公立劇場の責任ある立場についていることが多い。こちらは、劇場の観客を維持しなければならないというミッションもありますが、ともすれば演劇に対する考え方が保守的になりやすい。よかれ悪しかれ、ポストドラマ演劇的なものを通じて同時代性を表現しようとする、欧米のフェスティバルの最も新しい動きとは齟齬が生じていたと思います。客観的に見て、そういう動きに応答していたのは、やはり橋本さんや相馬さんの世代の方です。若い観客は、ミュージカルをのぞくと、従来型の演劇に必ずしも足しげく通っているわけではないから、公共劇場側にもそれなりの焦りがあるのかもしれないけれど。

世界的なフェスティバルの動向

森山　外国のフェスティバルのこの一〇年と、KEXの一〇年というものを見比べてみると、どうですか。

橋本　二〇〇〇年代の後半からすでに始まっていたとは思いますが、二〇一〇年代になってからは、巨大なフェスティバルのプレゼンスや影響力は確実に下がったと思います。中規模のフェスティバルのキュレーションの活きのよさが、圧倒的に支持を集めるようになったと思います。アジアが経済力をつけたことや、LCCなどで流動性が高まったことも相まって、グローバリゼーションが舞台芸術の分野でも明確になってきました。すると、自由度が利く中規模のフェスティバルで、かつディレクターも、身軽に動ける年代の人で、ということが大事で、そういう人が場合によってはコレクティブによって、いち早く世界の動向をキャッチするようになってきたのではないかと。

森山　アヴィニヨン演劇祭のプログラムとかでさえ、公式プログラムの常連がある程度かたまってきて、あまり変わり映えしなくなってきていますね。

橋本　その規模の、たとえばアヴィニヨンのメイン会場のひとつである「法王庁の中庭」のような巨大な空間でやることを前提とした作品は、いわゆるページェントみたいなものになってしまっているのではないでしょうか。つまりそれは、古典的な意味での演劇、つまり共同体の意識を醸成する装置としてのイベントに回帰しているのではないかと。よいか悪いか別として。

森山　たとえば、一九五五年のバリン会談という史実を追跡する形で制作された、一種のレクチャーパフォーマンスの趣きもあったマーク・テ（マレーシア）の『Baling（バリン）』などは、当時の記録フィルムやドキュメントをもとに現代の視点から再考していくという、重厚な作品で、まさに今にふさわしい感触の作品でした。でも、表面的にはすごくさりげなくつくっている。そんなに巨額の予算がかかっているとは思えないし、しかし、かけるところにはちゃんとかかっている。

橋本　それらの作品は、リサーチやプロセスにきちんとお金を使っています。中規模・小規模のフェスティバルに参加しているアーティストには、そういう方が増えてきていますね。マーク・テのアプローチやロラ・アリアスのアプローチは、創作の過程でいろいろな人を巻き込むわけで、巻き込まざるを得ないテーマを選ぶというところが、そのアーティストの同時代性に対するアンテナの張り方だと思うんです。それがその時代にとってすごくアクチュアルな問いであればあるほど、そのプロセスにおいて、普段は演劇なんて観ないかもしれない人も巻き込むし、かつ、作品もその時代と切り結ぶものになるということですよね。やはりアーティスト本人は、どれだけ時代を読むかということで、われわれの立場は、それを誰がやっているのかを見極め、それを見守ることに尽きるのではないかと思いますけど。

森山　アヴィニヨンやエディンバラの公式プログラムにラインアップされるようなスター級、ということでいえば、ＫＥＸでは、ハイナー・ゲッベルス（『Black on White』、一七年）やウィリアム・ケントリッジ（『冬の旅』、一九年）、ウースター・グループ（『タウンホール事件』、一八年）、ダンスでは、さきほど触れたトリシャ・ブラウンやボリス・シャルマッツ（『喰う』、一六年春）などが招聘されています。いずれも見応えのある作品だったけど、こういう顔ぶれだけではやはり現代はわからない。他方、リサーチ・ベース型の作品は、世界的にはもはやありふれているかもしれないけれど、マーク・テやロラ・アリアスほどの深みのある作品はなかなかないのではないでしょうか。こういう作品は、まさに今あってくれてよかった、という種類のもので、こういう作品を京都に紹介できたことは本当によかったと思います。

それから、ＫＥＸに招聘されたアーティストが、その後に京都芸術センターでアーティスト・イン・レジデンスプログラムに参加するとか、私たち舞台芸術研究センターとつながっていくとか、そういう流れもありましたね。現にシャンカル・ヴェンカテーシュワラン（インド）『水の駅』（一六年秋）は、もともとは私たちから橋本さんに提案したものだけど、ＫＥＸで採り上げてもらったのを機に、今日まで実質的な交流が続いています。

橋本　KYOTO EXPERIMENTの前身は「演劇計画」（〇四―〇九年、京都芸術センター主催）ですから、それは当然のことです。最初の動機からして、アーティストと継続的に仕事し、丁寧に創作できる環境をどう維持するのかという課題があって、その解として、広くたくさんの人に知ってもらい、評価してもらうことが不可欠だと考え、フェスティバルという形式を選んだともいえるので、むしろそこが失われて一過性のお祭りになってしまったら本末転倒です。

「京都」における意義

森山　橋本さん自身は、このフェスの二〇一〇年代における意義は、どう感じていますか。

橋本　京都における意義という側面では、京都でそれぞれ活動していた舞台芸術にまつわるさまざまな組織や団体が、このフェスティバルを通じて結びついたことが重要です。そのことで京都市も、いわば「面としての文化政策」を意識できるようになったのではないでしょうか。ロームシアター京都の構想が、ＫＥＸと並走したのは、ある意味ではいいタイミングだったのかもしれません。六回目から、ロームシアター京都がＫＥＸのメイン会場に位置付けられ、ロームシアター京都は単独で存在するだけでなく、他の文化施設や団体のハブになって、いろんな人材や情報が交流したり循環したりしていくような機能をもつべきだということになった。実際そうすることで、少ないリソースで最大限の効果を京都はあげている気がします。実際同じ人材が市内のあちこちの場所で仕事しているではないですか。

森山　こういう側面は、やはり外側からではよく見えない部分ですね。つまり、最小限のコストでやれているっていうこと……。

橋本　もう少し内部的な話をすれば、ノウハウの流通みたいなこともあります。さらに細かい話でいけば、管理するチケット週報のデータの整理の仕方のフォーマットが、だんだん確立されてきて、あちこちに流出して使われるようになってきている。

森山　一種のオープンソース化ですね（笑）。

橋本　それは自分の性格もありますけど、芸術という公共的な営みを継続、発展させるうえで、誰かが何かを独占するっていうこと自体、もったいない気がします。各施設間での機材の貸し借りなんかも増えてきている。たとえば京都芸術センターに関しては、連携している特定の施設であれば外部にも機材を貸し出すことを、ルールとして決めちゃったんですよ。

森山　だいたいいつ頃から確立されてきたんですか。

橋本　機材に関しては、二年くらい前だったでしょうか。チケット関係のこととかも、ロームシアター京都ができて少ししたくらい。複数の施設にまたがって仕事をしている人も、フリーランスに限らず出てきています。なんとなく、「私はここの所属だから」というより、むしろ「京都の舞台業界の所属である」という意識で仕事をしている人も少なからずいるのではないかと。そうすることで明らかに無駄が減ったと思います。

私自身その辺の意識が変わったのは、ON-PAM（＝ＮＰＯ法人舞台芸術制作者オープンネットワーク）のおかげだと思います。二〇一一年のフェスティバルが終わった冬くらいから、ＴＰＡＭ（＝国際舞台芸術ミーティング in 横浜）のディレクターである丸岡ひろみさんが、「とにかくネットワークが大事だから！」と、もうずーっといい続けていました。正直そのときにはピンときてなかったです。「ただの仲良しサークル的なものなんじゃないか、ネットワークは各自でどんどんつくっていけばいいじゃないか」みたいな疑いすらあった。けれども、東日本大震災がひとつのきっかけになって、ON-PAM 的なものの必要性を、制作者の一部の人たちが本当に感じるようになってきた。それで、一二年のＫＥＸ期間中に京都でキックオフミーティングをやって、一三年に正式に発足したんです。

丸岡さんは、ある種時代を読んで、これからはいろいろなものがオープンソースになっていくんじゃないか、というようなことを思っていたのかもしれない。たとえば、それまではお互いに牽制しあっていたプロデューサーや制作者とも、ON-PAM を通じて話すようになった。いったんそうなると、大きな目標は意外とお互いに違わないし、ある程度の情報はそんなに警戒しなくても提供して大丈夫だ、っていうことがわかり、頻繁に顔を合わせて未来の話をしていく中で、お互いに理解し合えるようになってきたのは大きかったです。

森山　なるほど。では、作品の創作面という点では、どうでしょうか。

橋本　美術畑のアーティストを、かなり舞台芸術に巻き込めるようになってきたな、という実感はありますね。自分でいうのもおこがましいですが、それが成果のひとつに入るのかなと思います。

森山　金氏徹平さんの『tower（THEATER）』（一七年）は本当にいい作品でした。最初はチェルフィッチュのコラボレーターとしてＫＥＸに参加してもらった金氏さんや、それから久門剛史（ひさかどつよし）さんも、次第に自分で作品をつくるようになったというような変化は大きいですね。

橋本　池田亮司さんも日本においては劇場で作品を発表するということはほとんどありませんでした。おかげで観客層も広がったと思います。ただ、その一方で、従来から活動していた関西の特に演劇系のアーティストとの距離は徐々に広がってしまったかもしれません。そのことは積み残しの課題になってしまったので、次のディレクターたちは、そことの関係をもう一度結び直そうとしてくれていますね。

次代につながる成果と課題

森山　ところで、二〇一八年のフェスティバルでは、「女性作家」と「コレクティブ」というコンセプトを前面に打ち出していました。

京都では、ダムタイプが先駆者だったわけですが、カリスマ主義とは違うコレクティブ的な発想というものは、今どのくらい生まれているというふうに、橋本さんの目には見えますか。

橋本　発展途上でまだ確立されたものとしては少ないのではないでしょうか……。カリスマ主義以外のある種の成功例というものを、実はまだ十分に紹介できてないと思います。しかし確実にコレクティブというあり方は広がってきています。アーティストだけでなく、フェスティバルのキュレーションという部分でも。

森山　紹介するネタはあるという感じですか。

橋本　あります。広く世界を見渡せばあります。

森山　KEXに来たところでは、SheShePopもコレクティブですね。ただ、作品の表面のフックが強すぎて、コレクティブ的な「プロセス」っていうのはなかなか伝わりにくいのかな。

橋本　これが、彼女たちが拠点にしているベルリンの観客、ドイツの観客だったら、伝わるかもしれない。プロセスもオープンにできる機会がある。やはりツアー地では、できあがった作品を紹介する以外のアウトプットを設けることはスケジュール的、経済的に難しいですから。

森山　コレクティブで、橋本さんが注目しているところは他にありますか。

橋本　まだ作品の紹介はできていませんけど、興味をもっているのは、「The Agency」という女性中心のアーティスト集団がドイツにあります。その創設メンバーの一人は、ミュンヘン・カンマーシュピーレの元ドラマトゥルクで、岡田さんの作品にも二作品くらい参加しています。

森山　本当の意味でコレクティブというものが日本でなかなか成立しにくいとすれば、何が原因なんでしょうね?

橋本　難しい問題ですね……。ただ、少なくともそれに関連することとしては、KEXの一〇年を通じて、十分に達成できたとはいえないけれども、それでも少しマシになったかなと思うこととして、「制作」という仕事の位置づけの問題があると思っています。少し嫌味ない方をすれば、従来の典型的な日本の劇団における制作の仕事は、予算管理やスケジュール管理だけでなく、ケータリングや打ち上げの手配など、ともすれば雑用係のような側面があって、家父長制的な劇団のあり方を側面から補強する役割でもあったと思います。

しかし制作の仕事の延長上に、フェスティバルのディレクターというものがあって、制作というのは、ただの雑用係ではなく、かといって商業映画のプロデューサーのように作品を「売れるもの」にするため内容に介入するのとも違う。そうではなく、そのときどきの社会で提示すべきだと考える芸術的基準について、ある種の理論というか、情理を尽くしてそのアーティストや観客と向き合う、ということが大事だと思っています。少なくともKEXの中では、そういう仕事としてのディレクター業務というものがだいぶ確立できたのかなという気はします。平たいいい方をすれば、『制作者は知的労働者である」というモデルになったらいいな、と思って仕事をしてきた部分があります。

いちばんたいへんだったのは、ここでプログラムしたりするのは、単なる私の好き嫌いではないんだ、ということを理解してもらった上で、いろいろな団体や組織と協力関係を結んで、それを支えてもらえるようにしていくことでした。カリスマ的な演出家がその影響力を発揮して、芸術監督として振る舞えば話は単純です。ここでやりたかったのは、そういうパワーの問題じゃないということ。交渉を積み重ねていった先に、一定の予算を確保したり、協力をとりつけたりすること。このことはキュレーションそのものと同じくらい頑張ってきたと自分では思います。制作者は文化政策に関しても、ちゃんと意識しながら、その一端一翼を担っているという心がけをしましたし、ここでやってきていることを、ON-PAMなどを通じても繰り返しいろいろな人たちと共有してきました。

でも、そうはいっても、やはり続けてくると、権威になってくる危険性もあるから、一〇年で一区切り、というのはちょうどよかったかなと思いますね。そして、ロームシアター京都という場所で仕事をするようになり、京都の舞台芸術の大きなプラットフォームを二つも同じ人間がプログラムしているのはおかしい、とも考えました。私にとってフェスティバルのプログラムと劇場のプログラムの違いを考えられたのは大きな学びでしたが、その一方で、機会を独占しすぎていて、同業者に対しても、観客に対しても、もっと多様な可能性を開いておくべきだと考えたことも、退任の理由です。

森山　橋本さんから見て、この一〇年のベストといえる作品はありますか。

橋本　立場上、ベストをいうことはできませんが（笑）、高嶺格さんの『ジャパン・シンドローム』シリーズの三年目に、京都市役所前の広場でやった『ベルリン編』（一三年）は、さすがにあれほどヒリヒリするような体験はなかったですね。

森山　野外パフォーマンスでした。京都市役所前の広場で、高嶺さんたちが大音響で踊りはじめると、飛び入りで通りがかりの人たちがどんどん輪の中に入ってきて、たしか一〇〇〇人以上になったんじゃなかったかしら。市役所の建物には、フクシマや風営法に関する高嶺さんからの質問とそれに対する応答がツイートを通じてライブでプロジェクションされていくわけですが、あのときは橋本さんと二人で、様子を見にきたお巡りさんと話をしたりもしましたね（笑）。

そういう政治的な問題でいうと、韓国のジョン・グムヒョン『リハビリ・トレーニング』（一八年）もとてもよかった。あれもかかっている金額を考えると、アヴィニヨン演劇祭の大会場でやるような作品では全然ないけれど。

橋本　しかし、日本でマーク・テ、SheShePopやロラ・アリアスのような作品がなかなか生まれてこないのは、どう考えたらいいでしょうね。

森山　ある意味では小泉明郎（めいろう）さんなどがその辺をやっている、といえばやっているけれど。

橋本　けっして時代と切り結ぼうとしているアーティストが少ない、といっているわけではないんです。当事者性やドキュメンタリー性という部分に重きが置かれていたり、あるいはカリカチュアに昇華させることで、時代を描こうとしている人たちはいます。今、私が期待しているのは、演劇としてのナラティブが観客の現実に侵食してくるような作品です。知的な操作だけではなく、観ている側の心を動かすナラティブが、いわゆるポストドラマ演劇においても必要なのではないか、ということです。

森山　ロームシアター京都に移ってからの、橋本さんなりにいちばん手応えのあった年はいつになるんですか？

橋本　二〇一八年、一九年がやはりそうかなと思いますね。完全とはいえないまでも、全体的なプログラムのプロポーションみたいなものを意識しながら、それに対応するメッセージを同時に提示できたのが、最後の二年間だったかなという気がします。ある程度訴求力のあるメッセージをプログラムで出そうと思ったときには、できるだけその問題について取りこぼさないようにいくつもの視点を用意しないといけない。それだけでなく、やはり私の立場は興行主でもあるので、観客の耳目を集めるものも織り交ぜていく必要もあって、予算規模のイメージもある程度見えてきます。その点については、資金的な困難がありましたが、最終的には二〇一八年、二〇一九年はおおむね何とかなったと思います。その点では二〇一六年や一七年も発展途上ではありましたが、意識しながら進めていたかなと。そうやって、よりプログラムをある種厳密にしていくということが、最後の二年間でできたなと思います。

森山　KEXは、ロームシアター京都、京都芸術センター、それに私たちの研究センターが京都市と組んで、連合体のような実行委員会を構成しているわけですが、お互いの風通しがずいぶんよくなってきたとはいっても、それぞれの思惑というのもあるわけで、そういう中でバランスのよいキュレーションを実現していくのは、けっこうたいへんな作業じゃないかと思いますが。

橋本　実行委員会の構成メンバーは、場所や予算の単なる提供者じゃなくて、フェスティバルにおいてはパートナーであって、やはり皆さんが自分たちの主催公演であるという気持ちで臨んでもらえなければいけないと、常に思っていました。それはつまり、普段その会場が紹介しているプログラムとの何かつながりが感じられることや、その場所が掲げているミッションとつながるような作品を紹介したほうが、そこで仕事をする人たちにとってもやりやすいし、観客にとってもアクセスしやすいだろうと思っていました。だから単にアーティストのスケジュールと会場の空き状況をパズルしているわけではないんです。

森山　パク・ミンヒの『No Longer GAGOK: room5』（一七年）や、『ケソン工業団地』（一九年）もそうだけど。

橋本　一九年の神里さんの作品（『ニオノウミにて』）も、それ以前の京都芸術センターとの関係性の上にこそ成り立っていたのだと思います。

森山　スタッフとかボランティアとか、そういうところではどうですか？

橋本　ボランティアもさることながら、インターンの質が上がってきています。それは、担当の専門スタッフがいて、インターンというのは教育プログラムだっていう考えをもって、しっかり面倒みているんですよ。定期的に面談をして、その時点でどう思っているか、残りの期間でチャレンジしたいことは何か、自分の中で変化したことは何か、など、本人のいろいろな気づきを促すような対話をきちんとしている。さらに参加者の振り返り面談やアンケートの結果をきちんとデータ化し、アクセスできる状態で残しています。

最初は、何をそんなに丁寧にそこまでやるんだろうというふうに、なんとなく私を含め、見ていたわけですよ。でも、そのデータがだんだん溜まっていくと、その後、出会っていくインターンに、どういうタイミングで課題を指摘すればいいのかとか、どうやって本人が考えていることを聞き出せばいいのか、みたいなことがわかり、やはり感覚じゃなくて、データに基づいているからこそ、インターンの力をしっかり引き出していると思います。

森山　外国への発信、とくに英語での発信は、いまのところの成果はどうですか？

橋本　とくに期待されて始まったフェスティバルではないので、国内ですぐに知名度が上がったわけではありませんでした。一方で、招聘した海外アーティストを通じて開始当初から、海外の劇場・フェスティバルの関係者が訪れてくれていました。ありがたいことに、NXSTPという欧州七つのフェスティバルのネットワーク組織に、「アソシエート・フェスティバル」として非欧州五つのフェスティバルの一つとして招かれ、二〇一二年からの五年間はとくに欧州でこのフェスティバルの存在を紹介する機会を得ました。さらに、二〇一四年からの四年間はアメリカのＮＰＮ（National Performance Network）との交流プログラムも行い、アメリカ合衆国の新しい動向を知るとともに、北米とのネットワークも広がりました。一般の観客向けとしての海外発信という意味では、新しい取り組みを始めた一年目（二〇一八年）にかなり来場者が伸びましたね。二年目の今年も同様に伸ばしたいと思いましたけど、そこまでには至らなかった。いろいろ課題も見つかってきて……。セゾン文化財団から三年の支援をいただいているので、来年なんとかもうひと頑張り。はじめてフェスティバルセンターとしてオリジナルの場所を設けたのですが、その場の活かし方というのがまだまだ思っていたようにはできなかったので。

それから、あえて国策に照らして効率的かどうかという視点に立っていえば、KEXは、基本的に海外のディレクターに観にきてもらうために飛行機代を払ったことがありません。二〇一六年の春に、海外プレゼンター招聘プログラムを企画して文化庁の受託事業として行ったことはありましたけど、それ以外の年でそういった招聘予算は一切設けていませんでした。でも、ありがたいことに、皆、自分の予算で観に来てくれて、京都で紹介されたものを自分たちの場に招聘してくれています。村川拓也のほか、スン・シャオシンや、パク・ミンヒなど京都に限らずアジアのアーティストが、ここで見出され、いくつもの土地に呼ばれていきました。

森山　まだまだ話したいトピックもたくさんありますが、時間が来たので、今日はこのあたりで。どうもありがとうございました。

（二〇一九年一二月二八日、ロームシアター京都にて。その後に加筆・修正）

アンケート　Enquête

劇場二〇周年企画
舞台芸術学科卒業生「私と劇場」

京都芸術劇場（春秋座　studio21）は、二〇〇一年四月の柿落し以来、今年でちょうど二〇周年の節目を迎えることになりました。

本格的な歌舞伎公演が可能な春秋座と、自由な空間設計が可能なブラックボックスであるstudio21という、二種類の異なる施設を備えた「大学の劇場」は、過去二〇年間にわたって、国内外の一流のプロフェッショナルから、学生の授業発表公演、卒業制作公演まで、実にさまざまな舞台作品を、世に送り届けてきました。二〇周年にあたり、決して短くはないこの時間のなかで、この劇場が生み出してきたものは何なのかを、私たちなりに検証してみたいと思いました。

通常の劇場であれば、自主制作の作品群や観客創造が、ひとまずその成果であるといえるでしょう。本劇場におけるそうした成果は、すべてではありませんが、その都度、本誌でできるかぎり紹介してきました。けれども、この場所が大学の劇場である以上、学生としてこの場を体験し、卒業していった人たちのことを考えないわけにはいきません。

そこで、すでに相当の数にのぼる卒業生の中から、さまざまな場所で活躍している約二〇名の卒業生に、①いま、何をしているのか、②劇場でどんなことを学んだのか、について短いコメントを寄せていただきました。

たとえば、前号の表紙写真が、舞踊家・きたまりさんの春秋座公演（木ノ下歌舞伎『娘道成寺』）であることも含めて、すでに本誌に単独の原稿やインタビューを掲載してくださった本学卒業生のアーティストもかなりの数に上ります。ここでは、原則として、そうした人たちではなく、それ以外の人たちにも、できるだけ多くの声を寄せてもらえれば、と思いました。紙幅の関係上、ほんの一握りの人になってしまいましたが、舞台芸術の現場で活躍している人を中心に、できるだけ多様なジャンルやキャリアの人を紹介できるように試みています。

なお、本学の舞台芸術教育カリキュラムは、二〇〇〇年度〜二〇〇六年度入学生が、「映像・舞台芸術学科」、二〇〇七年度入学生以降は「舞台芸術学科」に所属しています。

荒木優光
（映像・舞台芸術学科　映像芸術コース二期生）

①アーティスト、サウンドデザイン等。②実は、何度か春秋座の舞台に演者として立った経験がある。待機時に舞台袖で寝転び、本番中の仲間の音を聞いている時間は小宇宙とでもいうべき時空間で、一生いれるな、と思ったものである。光と闇と言えばたやすいが、悪くもない例えだとすると、闇で感じる光も最高なのだ。故に、闇または裏なくして表なし。裏を知り、裏にも光を当てる面白みを現場で感じたことは大きい。MBのクレマスター*、姜泰煥（カンテファン）の唸るサックスに異常な奥行きを感じるほど彼方からやってきた感のある観世栄夫、花道、提灯。カオティックな状況による齟齬、エラー的使用法が歪みをうみ、不思議な高揚感を与えたのでしょう。

*世界的なアーティストであるマシュー・バーニーの『クレマスター』。二〇〇三年に春秋座で一挙上演。

井上安寿子（本名：観世安寿子）
（舞台芸術学科　舞台芸術コース一期生）

①②京舞井上流。京都芸術劇場開場二〇周年、誠におめでとうございます。今は、舞手として舞台に立っておりますが、在学中は、ずっと裏方の勉強をしておりました。主に舞台照明を。重い灯体を持って脚立を上り下りしたり、卒業制作展の仕込み前日に春秋座の照明のカラーフィルターを部屋いっぱいに広げて呆れられたことなど、楽しいことも恥ずかしいことも数えきれません。卒業して、日本舞踊家として、自身の初めての会「葉々の会」を春秋座でさせていただいたのも、祇園とは別のホームな空間での公演を望んでのことでした。その後、「都をどり」「温習会」をさせていただいたり、「京舞と狂言」など、携わらせていただき、舞台作りの難しさ、楽しさに毎回ぶち当たっております。好きなことをやってみなよと、大きく手を広げられているような気が致します。

岩澤侑生子
（映像・舞台芸術学科　舞台芸術コース五期生）

①台湾在住の俳優。淡江大学修士課程。日本統治時代の台湾演劇について研究。二〇二一年夏帰国予定。②大学入試の前に京都芸術劇場で太田省吾先生のテキストを元にした作品「10の地点」を観ました。当時はどのように作品を理解すれば良いのか戸惑いましたが、その分からなさにかえって惹かれて、受験を決意しました。暗闇の中から浮かび上がる無限の可能性を追求したくなりました。観世栄夫先生の「綾の鼓」と渡邊守章先生の「繻子の靴」で京都芸術劇場の舞台に立ちました。京都芸術劇場では分からないことを考え続けるための体力を培いました。

上野愛実
（舞台芸術学科　演技演出コース三期生）

①振付家・ダンサーとして京都で活動しつつ、今はアーティストのコミュニティの場を作るための実験をしています。②学生時代、京都芸術劇場で多数の作品に様々な立場から関わり、作品を多角的に捉え考えることの面白さを学びました。これはわたしにとってとても貴重な経験で、今でも作品制作の時に大切にしていることです。また充分に時間がある時期に、若い発想の挑戦を支えてくれる場や人に恵まれたことも大きな財産となっています。古典芸能から実験的な作品まで、芸術の多様性を受けいれる懐の深さがあるこの場所が、いつまでも続いていくことを願っています。

宇野恵理子
（映像・舞台芸術学科　舞台芸術コース四期生）

①京都芸術大学舞台芸術学科デザインコース専任教員。卒業後、滋賀県立芸術劇場びわ湖ホールにオペラの舞台監督助手として入職し、様々なオペラ公演に携わる。二〇一六年より京都造形芸術（当時）大学・学科の技官を勤め、現在に至る。②入学するまではほとんど舞台に触れる機会がなかった私ですがご縁があったのかこの大学に迎えていただき、入学後は頻繁にstudio21や春秋座に出入りしていたように思います。舞台に触れ、それまでの生活からは想像もできない新しい価値観や物事の見方・捉え方

を学び、中でもstudio21での公演、太田省吾先生の「↗（やじるし）」は卒業後も舞台を続けていくきっかけとなり自身の世界を広げることができました。今では教員として京都芸術劇場にお世話になることになり、今の学生たちへ舞台の面白さやこの劇場の素晴らしさを伝えていきたいと思っています。

岸本昌也
（情報デザイン学科　先端アートコース）

①舞台関連の印刷物を制作するとともに、フリーの俳優として活動しています。②当時は舞台のことをあまり知らなかったので、春秋座やstudio21で観る作品がほぼ初めての舞台芸術でした。よく分からないけどおもしろい、という直感のもと劇場に通っていました。いつのまにか授業発表公演のちらしを作り始め、同級生の企画に参加し、舞台に立つようになりました。それらは今の自分のスタイルの根幹になっています。他学科の学生が紛れ込んでも迎え入れ、領域の境目を取り払うことの豊かさを教えてくれる。そんな懐の深い場所でした。

木村悠介
（映像・舞台芸術学科　舞台芸術コース五期生）

①演出家、「gallop」共同代表。卒業後、IAMASとHZT Berlin（ドイツ）でそれぞれ修士号を取得。最新作はベケット『わたしじゃない』。②gallopの『馬の最も速い走り方』という突拍子もないパフォーマンス（卒業制作公演）の上演を許してくれた場所。と同時に、当時「上演実験シリーズ」という名で国内外のエッジの効いた作品が紹介され、また我々を指導する教員陣がそれぞれ問いを設定し、我々と同じ場所で作品を生み出し、さらにそれに批評が加えられるプロセスを見た。実践主導型の新しいアカデミズムは私の制作の基礎を形作った。それが稀有なことであることは、卒業後に知るのだけれど。

清川敦子
（映像・舞台芸術学科　舞台芸術コース七期生）

①フリーランスで舞台衣装、服飾デザイナーをしています。②今でも大事にしている事は色、素材の選び方。例えば黒は黒でも、赤っぽい黒、青っぽい黒があり、それは照明にあたってみると一目瞭然で、まだ何もわからない時に、美術家の方にそれを教えて頂きました。色の可能性、色が与える印象など色の持つ力は、劇場にいなければ気にもしなかったと思います。

衣装と服の違いはたくさんのダンサーに教わりました。まずゼロは生の身体がそこにある事で、素材、形も共に組み立てていく作業は、劇場にいなければ体験しなかったと思います。

大事なことは別のジャンルの方々から教わってきました。たくさんの出会いとアイデアをくれた劇場、二〇周年おめでとうございます。

倉田翠
（映像・舞台芸術学科　舞台芸術コース七期生）

①演出家・振付家・ダンサー。二〇一六年より倉田翠とテクニカルスタッフのみの団体「akakilike」を主宰し、アクターとスタッフが対等な立ち位置で作品に関わる事を目指し活動しています。②studio21では学生時代本当にたくさんの作品を作らせていただきました。舞台はパッとそこにあるものじゃなくて、一から色んな人が関わって作り上げるものなのだということを身を持って学ぶことができましたので、未だに仕込みの朝から小屋に入り、何もできないなりにお手伝いして、ありがとうございます、と思いながら舞台に立っています。

茂山忠三郎
（映像・舞台芸術学科　舞台芸術コース二期生）

大蔵流狂言師。劇場でヘルメットをかぶり汗だくで作業していたことを懐かしく思います。卒業してプロの役者になってからは劇場の準備やバラシなどをしなくなりましたが、今でも裏で大変な思いをして準備してくれているスタッフがいればこそ、気持ちよく舞台に立てるという事実を忘れないようにしようと思っています。分からないものを調べる為に参考書をひらくように、芸術に生きる者として必要なもの全てが大学にあったと思います。何を学べるかではなく学べないものはない。そんな大学だと今でもおもっています。

高原文江
（映像・舞台芸術学科　舞台芸術コース一期生　大学院修了）

①②二〇〇八年山口情報芸術センター（YCAM）のスタッフに着任。展覧会や公演などの照明デザインを担当、近年はフィールドワークやバイオ・テクノロジーについて研究・開発するプロジェクトにも参加。今のように領域横断した仕事をする切っ掛けは、入学した日、太田省吾さんの挨拶で聞いた「この学科は専門外の授業にも参加できる。色々試して卒業するまでに舞台を続けるか決めればいいし、もちろんやめても良い」という言葉でした。妙に印象に残ったこの言葉を再び意識したのは、一年後studio21の柿落し公演「羽化の理由」の現場でした。事前に決まったシナリオで舞台が完成する、と思っていた私の想像とは逆で、リハーサルをする度、ダンスも照明も音も各部署の提案で次々変化し、最終的に当初と全く違う舞台になりました。その後様々なジャンルの先生方の授業でも共通したこの経験が、実験を繰り返すこと、ジャンルを越境し共同制作をすることの重要性を知ることに繋がりました。

田村興一郎
（舞台芸術学科　ダンスコース五期生）

①振付作家・ダンスアーティスト　二〇一五年～二〇一八年京都を拠点に振付家として舞台作品制作を数多く手掛ける。二〇一九年から横浜を新拠点に活動。②京都芸術劇場studio21では自分が発足したチームで卒業制作公演を上演しました。当時、生徒であり、野望にあふれていた自分の世界観を、劇場でそのまま再現することに喜びと楽しさを感じたからこそ、今でも現役（プロとして）でその形を仕事にしています。春秋座では客席案内のフロントスタッフ（アルバイト）として長年携わってきました。その度に、世界的なアーティストが舞台作品を手掛けているのを近くで体感することができてとても刺激的だったのを覚えています（特にKYOTO EXPERIMENT）。将来、世界へ広く舞台を発信していくための育成の場（舞台芸術学科）であり、劇場までもが備わった唯一無二の環境であるのが、京都芸術劇場だと思います。その場に関われたことを光栄に思います。

土屋わかこ
（映像・舞台芸術学科　舞台芸術コース二期生）

①沖縄県浦添市の公共施設「アイム・ユニバースてだこホール」にて総務企画課に勤務しています。卒業後、同期の演出家・杉原邦生のカンパニー「KUNIO」に制作として参加するかたわら舞台芸術研究センターに制作スタッフとしてお世話になり、その後、「こくみん共済（全労済）ホール／スペース・ゼロ」（東京都渋谷区）、串田和美氏が芸術監督を務める「まつもと市民芸術館」（長野県）を経て現職に至ります。②京都芸術劇場を大学の教室の一つのように使わせていただき、座学だけでなくたくさんの実践経験と出会い、古典から現代演劇の最先端まで幅広い教授陣の、ときに教師、ときにアーティストの姿と作品を本当にたくさん観せつけていただきました。私は舞台芸術の世界での自分の在り方や創作する姿勢を学ばせていただきました。とくに春秋座研究会（春秋座を学生で活用することを考える会／通称「春研」）といった活動をさせていただいたことは、いま劇場で制作をしている自分の原点かもしれません。

永井茉梨奈
（舞台芸術学科　演技演出コース六期生）

①②昨年、KUNIO15『グリークス』の京都公演で再び春秋座の舞台に立った。私にとって恐ろしい劇場だ。大きなエネルギーの渦巻く只中で自分を試される。学生時代にこの劇場で、立つのが怖いと思える舞台をいくつも経験できたことは幸福だった。自分を追い込んで試行錯誤した時間や、身体が覚えている緊張と集中の感覚が、今の私を支えている。「あの舞台を経験したのだから、まだやれる」と思えることは財産だ。大学卒業後、新国立劇場演劇研修所を経て、現在も舞台に立っているが、俳優としての根幹も眼差しも、すべて京都で培われたもの。京都芸術劇場は、いつまでも特別にきらめく、

厳しい、憧れの場所だ。

枡谷雄一郎
（映像・舞台芸術学科　舞台芸術コース一期生）

①②劇場で見た！　花粉を全身につけて踊る舞踏家、空中に浮かぶ梁、回り舞台に立つ能楽師、新聞紙でできた巨人、唐突に匍匐前進を始める同級生、魅力的に脱力できる友人たち、舞台上で絡まった赤い毛糸……などなどに憧れました。特異な感覚かもしれませんが、それらを見て抱樸されたようにも感じていました。卒業後は、俳優として過ごし、その後、舞台芸術学科の事務担当となり、今はロームシアター京都で自主事業の制作をしています。関わり方は時々で違いますが、舞台芸術の近くにいることを諦められずにいるのは、あの時の感覚とその記憶の〝せい〟です。

未来
（舞台芸術学科　演技演出コース三期生）

①卒業後、劇団カムカムミニキーナに所属。現在も劇団員として活動中。二〇一三年より芸能事務所T-TRIBE ENTERTAINMENTにも所属し、舞台の他にもTVドラマ、CMなど様々な分野で活動中。②現在、主に東京で活動しておりますが、素晴らしい劇場が身近にある場所で学んでいたのだなと離れてみて実感しました。学生が講義を受けたり実習の場としても使用させてもらえる事で、よりプロの現場に近い知識を学生の頃から得られたと感じています。二〇一三年にfukuiii企画『蟲を解放つ。』（卒業制作公演）で春秋座の舞台に立たせて頂いたのがいい思い出です。京都芸術劇場開設二〇周年おめでとうございます。

山田晋平
（映像・舞台芸術学科　舞台芸術コース二期生）

①舞台映像作家。現代演劇やダンスを中心に、様々な舞台作品に参加。http://yamadashimpei.com ②私が三回生の時に、当時四回生だった桑折現さんが、太田省吾さんのテキストをコラージュして演出された「10の地点」という作品を見た。映像が投影されたり照明で空間が染まったり幕のアップダウンがあったりしながら、春秋座の大きな空間のビジュアルがあっという間に変わっていくのを、気持ちよく見ていたことを思い出す。卒業後も、高谷史郎さんの「マラルメ・プロジェクト」に参加したり、春秋座では様々な作品作りに関わったが、歌舞伎ができる劇場でありながら、いつもとても現代的な表現が生み出されてきた劇場、という印象が強い。

吉田由利香
（映像・舞台芸術学科　映像芸術コース七期生）

①京都みなみ会館館長②当劇場での一番の思い出は、普段私が立ち入る事の出来ない聖域である「舞台上」で繰り広げられた伊藤高志によるインスタレーション展示【恋する虜 -The Dead Dance】だ。観客がいるはずの場所には巨大な布がかぶせられ、幽霊のような映像がそこには投影されていた。壇上には巨大な鏡が設置されていて、図らずも自分の姿が作品に影を落とす。まるで鑑賞者である私自身も出演者の内の一人であるかのように作品と劇場の中に身を投じた。劇場をその目的以外の「場」としても活用するという考え方は、映画館の運営を行っている今、とても素晴らしい体験として記憶の中に深く残っている。

和田ながら
（映像・舞台芸術学科　舞台芸術コース七期生）

①②演出家で、自身のユニット「したため」を主宰しています。このユニット名は、studio21で上演した卒業制作公演かつ私の演出家デビュー作のタイトルからつけました。つまり、私にとってstudio21は演出家としてのスタート地点にあたります。稽古して、仕込んで、クリエイションのプロセスのすべてを贅沢に学びました。現在でも演出だけでなく、企画・制作や演出助手といった立場で様々な作品に関わることができているのは、学生時代に劇場を日常的なフィールドとして、役割を横断しながら色々なことに挑戦できたお陰です。

京都芸術大学（旧名称：京都造形芸術大学）
舞台芸術研究センター活動記録　2019—2020年度

ここでは、京都芸術大学舞台芸術研究センターの主催事業のうち、本誌が担っている「研究成果の社会的還元」という視点から、主として文部科学省、文化庁などの助成を受けて実施した「研究・教育系プログラム」の概要を記載する。本研究センターでは、2001年の開設以来、文部科学省「私立大学学術研究高度化推進事業 学術フロンティア」（01〜08年度）、同「私立大学戦略的研究基盤形成支援事業」（09〜13年度）の助成を受けており、本誌はその研究報告書という位置づけのもとに刊行されてきた。2013年度からは、文化庁「大学を活用した文化芸術推進事業（2013〜15年度）」、同「劇場・音楽堂等活性化事業」の助成を受けてきた。これに加え、文部科学省「共同利用・共同研究拠点」に13〜18年度、さらに再認定をうけ19〜24年度までの6年間、引き続き拠点として認定されている。また、17年度〜19年度、20年度〜22年度には科学研究費補助金（基盤研究A）の交付を受け、いっそう充実した開かれた研究活動を行っている。なお、本研究センターでは、ここに記載されているほかにも、大学と社会を多面的につなぐことを目的に、学内の二つの劇場、春秋座とstudio21を擁する京都芸術劇場において多彩な事業を実施しているが、その詳細は京都芸術劇場公式ウエブサイト http://k-pac.org/ をご参照いただきたい（編集部）。

一、公演事業

二〇一九年度（二〇二〇年一月〜三月）——

「春秋座—能と狂言」
（企画・監修＝渡邊守章）

二月一一日（火・祝）一四時／於、春秋座／演目＝能『井筒』、狂言『川上』、プレトーク／出演＝片山九郎右衛門、渡邊守章、天野文雄、以上プレトーク／野村万作（シテ）、野村萬斎（アド）、深田博治（後見）、以上狂言／観世銕之丞（シテ）、森常好（ワキ）、野村萬斎（アイ）、竹市学（笛）、吉阪一郎（小鼓）、亀井広忠（大鼓）、青木道喜（後見）、河村博重（後見）、片山九郎右衛門（地謡）、古橋正邦（地謡）、味方玄（地謡）、片山伸吾（地謡）、分林道治（地謡）、河村和貴（地謡）、安藤貴康（地謡）、観世淳夫（地謡）、以上能／照明デザイン＝服部基／舞台監督＝小坂部恵次／制作＝川原美保、井川萌（以上京都造形芸術大学舞台芸術研究センター＝以下舞台芸術研究センター）／協力＝銕仙会、万作の会、空中庭園／主催＝舞台芸術研究センター／助成＝文化庁文化芸術振興費補助金（劇場・音楽堂等機能強化推進事業）独立行政法人日本芸術文化振興会

シャンカル・ヴェンカテーシュワラン演出・コンセプト
『インディアン・ロープ・トリック』
（企画＝山田せつ子）

二月二二日（土）、二三日（日祝）両日一四時／於、春秋座特設客席／上演言語＝英語・カンナダ語（日本語字幕）／出演＝チャンドラ・ニーナサム、アニルドゥ・ナーヤル、サンジュクタ・ワーグ／音楽＝スニール・クマール・PK／舞台美術＝ジャン＝ギ・ルカ／プロデューサー＝鶴留聡子／照明＝葛西健一／音響＝奥村朋代／舞台監督＝大田和司、劇場担当＝三木智雅（舞台）、才木美里（音響）、小山陽美（照明）、制作＝川原美保、河本彩、管理＝結城敏恵（以上舞台芸術研究センター）／製作＝シャンカル・ヴェンカテーシュワラン、舞台芸術研究センター、シアターコモンズ（東京）／主催＝舞台芸術研究センター／助成＝文化庁文化芸術振興費補助金（劇場・音楽堂等機能強化推進事業）独立行政法人日本芸術文化振興会
※二三日の回にて、シャンカル・ヴェンカテーシュワランを囲む感想シェア会実施

二〇二〇年度（二〇二〇年四月〜一二月）——

【公演中止】
川村毅作・演出
『4』

六月一三日（土）／一四日（日）両日一五時／於、春秋座特設客席／出演＝今井朋彦、加藤虎ノ介、川口覚、池岡亮介、小林隆／音楽＝杉浦英治（SUGIURUMN）／照明＝原田保／音響＝藤平美保子／衣裳＝伊藤かよみ／演出助手＝小松主税／舞台監督＝小笠原幹夫・劇工房双真／製作＝平井佳子／ティーファクトリー／宣伝写真＝野村佐紀子／宣伝美術＝町口覚／マッチアンドカンパニー／協力＝アルファエージェンシー、ケイファクトリー、文学座、レディバード、ワタナベエンターテインメント（五十音順）小宮山智津子／企画＝京都芸術大学 舞台芸術研究センター（以下、舞台芸術研究センター）／制作＝ティーファクトリー、舞台芸術研究センター／助成＝文化庁文化芸術振興費補助金（劇場・音楽堂等機能強化推進事業）独立行政法人日本芸術文化振興会

【公演中止】
「京舞と狂言」vol.2
（企画＝田口章子）

七月一九日（日）一四時／於、春秋座／演目＝京舞・上方舞『浦島』、狂言・『神鳴』、京舞＋狂言・新作『たぬき』作＝茂山忠三郎、作詞＝井上安寿子／出演＝井上安寿子（以上京舞）茂山忠三郎、山口耕道、山本善之（以上狂言）／制作＝舞台芸術研究センター／／主催＝舞台

芸術研究センター／助成＝文化庁文化芸術振興費補助金（劇場・音楽堂等機能強化推進事業）、独立行政法人日本芸術文化振興会

【公演中止】

『cocoon』

八月二二日（土）／二三日（日）／於、春秋座（特設客席）／原作＝今日マチ子（秋田書店）／演出＝藤田貴大／音楽＝原田郁子／出演＝青柳いづみ、菊池明明、小泉まき、大田優希、荻原綾、小石川桃子、佐藤桃子、猿渡遥、須藤日奈子、高田静流、中島有紀乃、仲宗根葵、中村夏子、成田亜佑美、石井亮介、内田健司、尾野島慎太朗／衣装＝suzuki takayuki／照明＝南香織（LICHT-ER）／音響＝田鹿充／録音＝東岳志／映像＝召田実子／ヘアメイク＝池田慎二（Team Ikeda）／舞台監督＝森山香緒梨／衣装部＝若林佐知子／照明部＝伊藤泰行（真昼）／音響部＝八城浩幸（artical-inc）／映像部＝宮田真理子／演出部＝熊木進、久保大輔、高橋京子、丸山賢一／宣伝美術＝今日マチ子、川名潤／WEBサイト＝伊藤眸／票券（東京・埼玉）＝植松侑子、古川真央（syuz'gen）／制作＝林香菜、古閑詩織（合同会社マームとジプシー）／デザイン（DM・WEBサイト・パンフレット）＝六月／広報協力＝金城小百合／記録＝橋本倫史／協力＝さいたまネクスト・シアター、トロピカル、ナイロン100℃、中野成樹＋フランケンズ、俳協、プロダクションキャッツアイ、文学座、融合事務所／主催＝舞台芸術研究センター／助成＝文化庁文化芸術振興費補助金（劇場・音楽堂等機能強化推進事業）、独立行政法人日本芸術文化振興会

「猿翁アーカイブにみる三代目市川猿之助の世界」第五回フォーラム〈感動〉

〈企画＝田口章子〉

一〇月一七日（土）一四時／於、春秋座／第一部「感動は驚きとともにやってきた」横内謙介、第二部「三代目猿之助が演じる感動の名作〜時代・世話・新歌舞伎」石川耕士、シークレットゲスト＝市川猿弥、特別上映あり／映像担当＝田中敏之、倉田修次／フォーラム制作担当＝川原美保、チラシ・パンフレットデザイン、フォーラム制作担当＝井川萌、フォーラムアドバイザー＝舘野佳嗣／協力＝松竹株式会社、公益社団法人日本俳優協会、株式会社キノシ・オフィス／主催＝舞台芸術研究センター

「琉球舞踊と組踊　春秋座特別公演」

〈企画＝田口章子〉

一一月二九日（日）一四時／於、春秋座／第一部　琉球舞踊＝「鳩間節」田口博章、「むんじゅる」山城亜矢乃、「金細工」石川直也・新垣悟・阿嘉修、舞踊喜歌劇「戻り駕篭」金城真次・玉城匠・山城亜矢乃、「本花風」宮城能鳳、第二部　組踊＝「二童敵討」作・玉城朝薫、立方指導・宮城能鳳、地謡指導・西江喜春、出演＝玉城盛義、田口博章、金城真次、宮城能鳳、石川直也、新垣悟、阿嘉修、玉城匠／歌三線＝西江喜春、花城英樹、玉城和樹・和田信一、箏＝安慶名久美子、笛＝宮城英夫、胡弓＝平良大、太鼓＝久志大樹／監修＝嘉数道彦、舞台監督＝中村倫明、美術＝小波津朋子、舞台＝山城和人、照明操作＝香村葵、音響操作＝比嘉輝、字幕操作＝比嘉啓和、制作＝城間留理子・比嘉啓和、展示＝兼島翔子・寺園末希、広報・宣伝＝比嘉有子・小浜紀子・豊里美保（以上国立劇場おきなわ）／技術監督＝大田和司、春秋座劇場管理＝山中仁・小山陽美・才木美里、制作＝川原美保、井川萌（以上舞台芸術研究センター）／宣伝美術＝井川萌／字幕オペレーター＝藤原彩加（Zimaku+）／主催＝舞台芸術研究センター／共催＝公益財団法人国立劇場おきなわ運営財団／助成＝文化庁文化芸術振興費補助金（劇場・音楽堂等機能強化推進事業）、独立行政法人日本芸術文化振興会

『星の王子さま―サン＝テグジュペリからの手紙―』

一二月五日（土）一六時／六日（日）一四時／於、春秋座／演出・振付・出演＝森山開次／美術＝日比野克彦／衣裳＝ひびのこづえ／音楽＝阿部海太郎／出演＝アオイヤマダ、小㞍健太、酒井はな、島地保武、坂本美雨、池田美佳、碓井菜央、大宮大奨、梶田留以、引間文佳、水島晃太郎、宮河愛一郎／演奏＝佐藤公哉、中村大史／照明＝櫛田晃代／音響＝加藤温／ヘアメイクプラン＝赤松絵利（ESPER）／演出助手＝美木マサオ／振付助手＝梶田留衣／舞台監督＝鈴木康郎／舞台監督補＝杣谷昌洋／宣伝美術＝サン・アド／撮影＝上原勇／制作＝小森あや（TASKO inc.）／プロデューサー＝小沼知子／プロダクションマネージャー＝安田武司、山本園子／主催＝舞台芸術研究センター／企画、製作＝KAAT 神奈川芸術劇場

二、レクチャー・研究会等

公開連続講座　日本芸能史
型と創造

〈企画・コーディネーター＝田口章子〉

前期【中止】

後期（全一四回）九月二八日〜二〇二一年一月一八日
毎回月曜日一五時一〇分／於、春秋座
講師＝諏訪春雄、沈壽官、常磐津都㐂蔵、常磐津都史、嘉数道彦、茂山忠三郎、井上八千代、片山九郎右衛門、坂東温子、桂吉坊、千宗左、木ノ下裕一、藤舎呂船、淡路人形座

共同利用・共同研究拠点

舞台芸術作品の創造・受容のための領域横断的・実践的研究拠点（〜二〇一四年度）

舞台芸術研究センターは二〇一三年度より、文部科学省の定める共同利用・共同研究拠点に認定された。本拠点では、本学研究者が中心となって行う「テーマ研究」と、学外の研究者・アーティストに広く課題を公募する「公募研究（劇場実験型・リサーチ支援型）」を実施。本拠点の活動理

念である「ラボラトリー機能」に関わるプロジェクトとして、様々な劇場実験・研究を通して、舞台芸術研究の基盤強化および新たな舞台芸術研究の展開を目指している。

二〇二〇年度（四月〜一二月）

テーマ研究Ⅰ

「事件」を巡る新作公演のための研究事業

〈森山直人（演劇批評家／京都芸術大学舞台芸術学科教授）〉

非公開劇場実験

二〇二一年二月一五日（月）〜一七日（水）／於、春秋座／参加者＝村川拓也、浜村修司、葭田野浩介、佐藤武紀、早川聡、城間典子、北川航平、上西美悠、陌間彩花、湯口瑠璃子、窪瀬星、三木心力、山田幸音、島田幹大、長澤慶太

テーマ研究Ⅱ

老いを巡るダンスドラマトゥルギー

〈中島那奈子（ダンス研究者・ダンスドラマトゥルク）〉

第一回研究会

二〇二〇年七月一一日（土）／Zoomにて開催／参加者＝中島那奈子、森山直人、山田せつ子、児玉北斗、天野たま、平井優子、高林白牛口二、天野文雄、竹宮華美、川原美保

第二回研究会

二〇二〇年八月三一日（月）／於、人間館NA一〇二教室、Zoomにて開催／参加者＝中島那奈子、森山直人、山田せつ子、岡田万里子、児玉北斗、高林白牛口二、竹宮華美

第三回研究会

二〇二〇年一一月一日（日）／於、人間館NA三〇六b教室、Zoomにて開催／参加者＝中島那奈子、森山直人、山田せつ子、児玉北斗、天野たま、平井優子、高林白牛口二、天野文雄、竹宮華美

劇場実験型公募Ⅰ

多和田葉子の演劇〜連続研究会と『夜ヒカル鶴の仮面』アジア多言語版ワーク・イン・プログレス上演〜

※新型コロナウィルスの影響で研究会の開催は二〇二一年度に延期。

リサーチ支援型公募Ⅰ

レクチャーパフォーマンス制作とその翻訳に向けて：崔承喜をめぐるダンスとことば

〈Yuni Hong Charpe（アーティスト）〉

リサーチ支援型公募Ⅱ

呟きにひそむ現代のことば、身体、音楽―尾崎放哉に学ぶ

〈白神ももこ（振付家・演出家・ダンサー）〉

リサーチ支援型公募Ⅲ

失われた犬牽の芸能犬―始原演劇の復元に挑む―

〈荻島大河（山政流犬牽会、ドッグトレーナー）〉

科学研究費・基盤研究（A）

アジアの舞台芸術創造における国際的な「ラボラトリー機能」の実践的研究

〈領域番号：20H00009／研究代表者：天野文雄／二〇二〇〜二〇二二年度〉

日本・台湾の現代舞台芸術交流プログラム

〈森山直人（演劇批評家／京都芸術大学舞台芸術学科教授）〉

シャンカル・ヴェンカテーシュワラン（インド）との研究・制作交流

〈森山直人（演劇批評家／京都芸術大学舞台芸術学科教授）〉

『劇場学 基礎研究Ⅰ』文化都市に建つ劇場にとって必要な条例とは何か〜「THEATRE E9 KYOTO」の事例から劇場文化の環境整備を考える〜

〈長澤慶太（舞台芸術研究センター研究補助職員）〉

※新型コロナウィルスの影響で研究会の開催は二〇二一年度に延期。

高齢者と舞台芸術――『演じるシニア』事後リサーチをめぐって

〈野澤美希（舞台芸術研究センター研究補助職員）〉

※新型コロナウィルスの影響で研究調査は中止。

※テーマ研究ⅡはJSPS科研20H00009の助成を受けたものです。

【受賞】

「市川猿之助 藤間勘十郎 春秋座花形舞踊公演」が令和2年度（第75回）文化庁芸術祭 舞踊部門・関西参加公演にて優秀賞を受賞いたしました。

市川猿之助 藤間勘十郎 春秋座花形舞踊公演

一〇月三日（土）一一時、一六時、四日（日）一一時／於、春秋座／演目＝檜垣、玉兎、黒塚〜月の巻より〜、悪太郎／出演＝市川猿之助、藤間勘十郎、市川猿弥、中村鷹之資

Profile

プロフィール

安部聡子（あべ・さとこ）

一九六五年、福岡県生まれ。早稲田大学在学中から映画制作グループひぐらしで自主映画製作に携わる。16㎜映画『恋のたそがれ』（山口貴義監督、一九九四年）出演を機に俳優を志す。主な映像出演作に『トキワ荘の青春』（市川準監督、一九九五年）、『嵐電』（鈴木卓爾監督、二〇一九年）など。

天野文雄（あまの・ふみお）

一九四六年、東京都生まれ。早稲田大学第一法学部卒、國學院大学大学院文学研究科博士課程修了。京都芸術大学舞台芸術研究センター所長。大阪大学名誉教授。KYOTO EXPERIMENT（京都国際舞台芸術祭）実行委員長。観世寿夫記念法政大学能楽賞、日本演劇学会河竹賞などを受賞。著書に『翁猿楽研究』（和泉書院）、『能に憑かれた権力者』（講談社）、『現代能楽講義』（大阪大学出版会）、『世阿弥がいた場所』（ぺりかん社）、『能苑逍遥（上・中・下）』（大阪大学出版会）、『能楽名作選（上・下）』（KADOKAWA）。共編著に『能を読む』全四巻（角川学芸出版）など。

石川耕士（いしかわ・こうじ）

脚本家・演出家。三代目・四代目の市川猿之助に協力し、猿之助歌舞伎全般の脚本・演出を担当。座付作者的存在として歌舞伎界にとっても貴重な存在。主な作品に『西太后』『四天王楓江戸粧』『華果西遊記』『四谷怪談忠臣蔵』『蜘蛛絲梓弦』『上州土産百両首』『雪之丞変化』など。平成一五年度芸術選奨文部科学大臣新人賞、松尾芸能賞演劇優秀賞、日本演劇興行協会助成賞を受賞。

石田 大（いしだ・だい）

一九七三年、千葉県生まれ。桐朋学園芸術短期大学演劇科卒業。同窓に三浦基。一九九五年、劇団「俳優座」に入団。千田是也演出『カラマーゾフの兄弟』で初舞台を踏む。以後、国内外で数多くの舞台に出演。二〇〇四年、ヨン・フォッセ作『名前』で、初めて三浦基演出作品に出演。二〇〇五年、地点の俳優として演劇活動の拠点を京都に移す。

いとうせいこう

一九六一年生まれ、東京都出身。一九八八年に小説「ノーライフキング」でデビュー。一九九九年、「ボタニカル・ライフ」で第一五回講談社エッセイ賞受賞、「想像ラジオ」で第三五回野間文芸新人賞受賞。近著に『「国境なき医師団」になろう！』「ど忘れ書道」「夢七日　夜を昼の國」「ガザ、西岸地区、アンマン」などがある。二〇二一年二月「福島モノローグ」を発売。音楽活動においては日本語ラップの先駆者の一人である。現在は、いとうせいこう is the poet などで活動。テレビのレギュラー出演に「ビットワールド」（Eテレ）、「フリースタイルティーチャー」（テレビ朝日）、「新テレビ見仏記」（関西テレビ）などがある。

大谷能生（おおたに・よしお）

音楽と批評。ミュージシャンとしてジャズを中心に、さまざまなバンドやセッションで活動。チェルフィッチュ、東京デスロック、オフィスマウンテンなど舞台芸術作品での仕事も多い。著作としては『平成日本の音楽の教科書』、『平岡正明論』、『ジャズと自由は手をとって（地獄に）行く』、『東京大学のアルバート・アイラー』（菊地成孔との共著）、『日本ジャズの誕生』（瀬川昌久との共著）、『身体（ことば）と言葉（からだ）』（山縣太一との共著）など多数。二〇二一年の最新作はサックス・ソロ・アルバム『JAZZ MODERNISM』（Blacksmoker Records）の予定。

岡田蕗子（おかだ・ふきこ）

一九八六年生まれ。大阪大学大学院文学研究科招聘研究員。近現代演劇研究、岸田理生の作品研究。論文に「手話演劇の様相――車座の実践と岸田理生の戯曲を通して――」（『待兼山論叢』四八号、二〇一五年）、「新しい『供養』を考える――『イン・リポーズ』によるオーストラリアの日本人墓地での例を参考に――」『旧真田山陸軍墓地、墓標との対話』（阿吽社、二〇一九年）など。著書に『岸田理生の劇世界』（大阪大学出版会、二〇二〇年）。

観世銕之丞／九世（かんぜ・てつのじょう）

一九五六年生まれ。観世流シテ方能楽師。四歳で初舞台。六四年に能『岩船』で初シテ。二〇〇二年、九世銕之丞を襲名。国内に留まらず海外公演にも多数参加するほか、ポール・クローデルの詩を題材にした創作能『薔薇の名――長谷寺の牡丹』（渡邊守章演出）等でシテを務めるなど新作能にも意欲的に取り組む。また映画出演や他ジャンルとのコラボレーション作品にも出演するなど、古典を越えた世界でも幅広く活躍。重要無形文化財総合指定保持者。公益社団法人能楽協会理事長。京都芸術大学評議員。二〇〇八年度日本芸術院賞受賞、二〇一一年紫綬褒章受章。

小林洋平（こばやし・ようへい）

一九七七年、山梨県生まれ。一九九八年、同年、三浦基演出作品『地点～四戯曲による二本立て構成』で、初めて三浦基演出作品に出演。二〇〇五年、地点の俳優として演劇活動の拠点を京都に移す。主な役柄に『かもめ』のトレープレフ役、『ワーニャ伯父さん』のセレブリャコーフ役、『罪と罰』のラスコーリニコフ役など。地点 note（https://note.com/chite）を監修。

佐々木敦（ささき・あつし）

一九六四年生まれ。思考家。HEADZ主宰。文学ムック「ことばと」編集長。芸術文化の複数の分野で批評文の執筆を中心に活動。雑誌や出版物の編集発行やライブ・イベントなどの企画制作も行う。『小さな演劇の大きさについて』『これは小説ではない』『それを小説と呼ぶ』『批評王』『絶体絶命文芸時評』『ニッポンの思想』『ニッポンの音楽』『ニッポンの文学』『私は小説である』『新しい小説のために』『この映画を視ているのは誰か？』『「4分33秒」論』『あなたは今、この文章を読んでいる。』など著書多数。

多木陽介（たき・ようすけ）

アーティスト、批評家。一九八八年に渡伊、現在ローマ在住。演劇活動や写真を中心とした展覧会を各地で催す経験を経て、現在は多様な次元の環境（自然環境、社会環境、精神環境）においてエコロジーを進める人々を扱った研究（『優しき生の耕人たち』）を展開。芸術活動、文化的主題の展覧会のキュレーション及びデザイン、また講演、そして執筆と、多様な方法で、生命をすべての中心においた、人間の活動の哲学を探究。著書に『アキッレ・カスティリオーニ――自由の探求としてのデザイン』『（不）可視の監獄――サミュエル・ベケットの芸術と歴史』等がある。

田口章子（たぐち・あきこ）
京都芸術大学教授。同大学舞台芸術研究センター主任研究員。文学博士。芸術選奨文部大臣新人賞受賞。著書に『ミーハー歌舞伎』（東京書籍）、『江戸時代の歌舞伎役者』（雄山閣のち中公文庫）、『おんな忠臣蔵』（ちくま新書）、『歌舞伎と人形浄瑠璃』（吉川弘文館）、『二代目市川団十郎　役者の氏神』（ミネルヴァ書房）、『歌舞伎から江戸を読み直す　恥と情』（吉川弘文館）、『八代目坂東三津五郎　空前絶後の人』（ミネルヴァ書房）『歌舞伎を知れば日本がわかる』（親典社）など。編著に『元禄上方歌舞伎復元——初代坂田藤十郎幻の舞台』（勉誠出版）、『京都のくるわ——生命を更新する祭りの場』（新典社）、『日本を知る〈芸能史〉（上巻・下巻）』（雄山閣）など。

塚原悠也（つかはら・ゆうや）
一九七九年、京都市生まれ、大阪市在住。京阪なにわ橋駅併設アートエリアB1共同ディレクター、京都国際芸術祭KYOTO EXPERIMENT共同ディレクター、京都市立芸術大学彫刻科非常勤講師。関西学院大学大学院文学部美学専攻修士課程修了。二〇〇二年にNPO DANCEBOXのボランティアスタッフとして参加したのち、運営スタッフとして勤務。二〇〇六年パフォーマンス集団contact Gonzoの活動を開始。殴り合いのようにも、ある種のダンスのようにも見える、既存の概念を無視したかのような即興的なパフォーマンス作品を多数制作。またその経験をもとにさまざまな形態のインスタレーション作品や音声作品、雑誌の編集発行、ケータリングなどもチームで行う。二〇一一—二〇一七年、セゾン文化財団のフェロー助成アーティスト。二〇二〇年「読売演劇大賞」スタッフ賞受賞（演劇作品『プラータナー』におけるセノグラフィと振付に対して）、二〇二一年京都市芸術新人賞受賞。

長澤慶太（ながさわ・けいた）
京都芸術大学舞台芸術研究センター研究補助職員。二〇一四年九月より京都の小劇場アトリエ劇研の制作室として、劇場運営から劇場主催事業の企画制作を行うほか、あごうさとし、村川拓也、akakilikeらの公演に制作者として関わる。二〇一七年五月以降より、舞台芸術研究センター研究補助職員として国内外の演劇祭を視察。現在は、同大学にてドラマトゥルクに関する研究を続けるほか、村川拓也の演出補佐として数作品の公演に参加している。

野口順哉（のぐち・じゅんや）
一九八五年、東京生まれ。早稲田大学教育学部卒。二〇〇六年、在学中にバンド「空間現代」を結成。ギターボーカルとして作曲に携わるほか、作詞も行う。二〇〇九年にレーベルHEADZより1stアルバムをリリースして以降、精力的にライブ活動を続ける。二〇一六年からは活動拠点を京都に移し、空間現代のスタジオ兼ライブハウス「外」をオープン。

橋本裕介（はしもと・ゆうすけ）
一九七六年、福岡生まれ。京都大学在学中の一九九七年より演劇活動を開始、二〇〇三年橋本制作事務所を設立後、京都芸術センター事業「演劇計画」など、現代演劇、コンテンポラリーダンスの企画・制作を手がける。二〇一〇年よりKYOTO EXPERIMENT京都国際舞台芸術祭を企画、二〇一九年までプログラムディレクターを務める。二〇一三年二月から二〇一九年三月まで舞台芸術制作者オープンネットワーク（ON-PAM）理事長。二〇一四年一月よりロームシアター京都勤務、プログラムディレクター。

藤田康城（ふじた・やすき）
一九六二年生まれ。演出家。二〇〇一年、アクターの安藤朋子、詩人、批評家の倉石信乃らとシアターカンパニーARICAを結成。『Homesickness』『Parachute Woman』『KIOSK』『house = woman/家 = 女』『恋は闇 /LOVE IS BLIND』『孤島 /On the Island』等、全作品の演出を担当。ARICAの活動では身体表現を中心としながら、様々な分野で活躍している、美術家、音楽家、建築家、映像作家、デザイナー、ダンサーらとコラボレーションを重ね、言語、空間、音楽、装置が緊密に連繋し、演劇、ダンスの領域を越境する新たな舞台表現を探究している。〇九年二月、リゲティのオペラ『ル・グラン・マカーブル』日本初演の演出を新国立劇場・中劇場で行う。一三年一〇月、ベケット作・倉石信乃訳・金氏徹平美術・安藤朋子主演『しあわせな日々』を、あいちトリエンナーレの委嘱を受け、愛知県芸術劇場で上演。同作品は、一五年一月、ケーララ国際演劇祭の招聘で、インド・トリシュールでも上演した。一五年より、多摩美術大学・統合デザイン学科非常勤講師。

宮城能鳳（みやぎ・のうほう）
宮城流鳳乃會家元。宮城流・流祖宮城能造に師事。宮城能鳳組踊研究会会長。重要無形文化財「組踊立方」保持者（各個認定〈人間国宝〉）。重要無形文化財「組踊」（総合認定）保持者。重要無形文化財「琉球舞踊」（総合認定）保持者。

森山直人（もりやま・なおと）
一九六八年生まれ。演劇批評家。京都芸術大学舞台芸術学科教授、同大学舞台芸術研究センター主任研究員、及び機関誌『舞台芸術』編集委員。主な著書に『舞台芸術の魅力』（共著、放送大学教育振興会）等。主な論文に、「『日本現代演劇史』という「実験」——批評的素描の試み」（『舞台芸術』22号）、「〈オープン・ラボラトリー〉構想へ——「2020年以後」をめぐるひとつの試論」（『舞台芸術』20号）、「エドワード・ヤン／チェーホフ——「現代」を描き出すドラマトゥルギーの「古典性」について」（『アジア映画で〈世界〉を見る』〔作品社〕所収）、ほか多数。

山田せつ子（やまだ・せつこ）
ダンサー／コレオグラファー。明治大学演劇科在学中から笠井叡に即興舞踏を学ぶ。独立後ソロダンスを中心に独自のダンスの世界を展開、国内外での公演多数。一九八九年よりダンスカンパニー枇杷系主宰。二〇〇〇年—二〇一一年京都造形芸術大学映像・舞台学科教授。現在、ダンス活動を続けながら、京都芸術大学舞台芸術研究センター主任研究員としてダンス、演劇のプログラム企画に携わる。二〇二〇年度日本ダンスフォーラム大賞受賞。著書ダンスエッセイ『速度ノ花』（五柳書院）。

横内謙介（よこうち・けんすけ）
一九六一年、東京都生まれ。神奈川県立厚木高校演劇部に在籍時に、処女作『山椒魚だぞ!』が全国高等学校演劇大会で優秀賞を受賞。一九八二年、早稲田大学第一文学部在学中に、高校演劇部の仲間（六角精児ら）とともに「劇団善人会議」（現在は「扉座」と改名）を旗揚げ、劇団公演及び外部作品の劇作、演出に携わる。三代目市川猿之助とは、一九九〇年パルコ劇場での『雪之丞変化2001年』の脚本担当で出会い、スーパー歌舞伎『八犬伝』『カグヤ』『新三国志シリーズ』などを手掛ける。ほかに、四代目猿之助のスーパー歌舞伎Ⅱ『ワンピース』（脚本・演出）、『新版オグリ』（脚本）。

企画・編集　京都芸術大学 舞台芸術研究センター
〒606-8271　京都市左京区北白川瓜生山 2-116
電話　075-791-9437

編集委員　浅田彰・天野文雄・小崎哲哉・森山直人・八角聡仁・渡邊守章
装丁・本文デザイン　菊池祐（株式会社ライラック）
本文DTP　株式会社ライラック
編集協力　佐藤和佳子・長澤慶太

本学のこれまでの歩みと、現状の学問領域、大学30周年を契機として策定した
将来構想「グランドデザイン2030」を踏まえて、その教育内容や活動に相応しい名称として、
2020年4月1日より大学名を学校法人瓜生山学園「京都芸術大学」に名称を変更いたします。
※本学は、公立大学法人「京都市立芸術大学」とは異なる大学です。

舞台芸術 24
言葉と音楽──〈日本語〉を超えて

2021年3月25日　初版発行

発 行 者　宍戸健司

発　　行　公益財団法人　角川文化振興財団
埼玉県所沢市東所沢和田 3-31-3　〒359-0023
ところざわサクラタウン　角川武蔵野ミュージアム
電話　04-2003-8700
https://www.kadokawa-zaidan.or.jp/

発　　売　株式会社　KADOKAWA
東京都千代田区富士見 2-13-3　〒102-8177
電話　0570-002-301（ナビダイヤル）
https://www.kadokawa.co.jp/

印刷・製本　図書印刷株式会社

ISBN978-4-04-876511-4 C0370